정념 기호학

문학 텍스트에 나타난 희로애락

홍정표 지음

HUEBOOKs

이 저술은 2010년도 정부 재원(교육과학기술부 학술연구조성사업비)으로 한국연구재단의 지원을 받아 제작되었음(NRF-2010-812-A00239).

프롤로그

유럽 기호학의 창시자 소쉬르는 기호학을 <사회 안에서 일어나는 기호의 삶에 대해 연구하는 학문>이라 정의하였으며, 미국 기호학의 창시자 퍼스는 <우주 전체가 기호로 가득 차 있다>고 하였다. 소쉬르 이후 현대 기호학은 1960년대 프랑스에서 연구되기 시작하였는데, 그레마스, 쿠르테스, 코케, 프티토, 란도브스키, 제니나스카, 들로름므, 아리베, 파레트 등 이론가들의 활동에 고무되어서 그 대상과 영역이 양적으로 많은 팽창을 하였다.

기호학은 프랑스의 기호학자 에노의 말처럼 우리가 갖고 있던 세계에 대한 포착과 이해 방식을 변형시켰다. 오늘날 우리의 삶과 사회의 모든 현상을 새롭고 독창적인 방식으로 해석하고자 하는 욕구가 높아지고 있는데, 기호학은 이런 욕구를 충족시키기에 적합하다고 할 수 있다.

필자는 특히 프랑스 기호학자 그레마스의 서사 기호학 이론, 서사 도식이 삶의 방향을 제시하는 보편적 도식이라는 것에 대하여 깊은 감명을 받았다. 그리고 프랑스인들이 다른 나라의 좋은 문화를 자신들의 나라에 도입하여 발전시키는 것을 보고, 필자도 프랑스의 문화로서 우리나라에 도움이 되는 연구를 하고 싶었다. 정념 기호학*Sémiotique des passions*은 프랑스 기호학자 그레마스와 퐁타닐이 저서를 발표한 이래, 우리나라에서는 필자가 정념의 기호학적 분석이라는 주제로 접근하였다.

현상학자 훗설은 모든 형태의 지식이 아무리 순수한 것, 지적인 것일지라도 결국 '삶의 세계'에 뿌리박고 있다고 하였다. 그래서 수학적 지식도 결국 '삶의 세계'의 추상적 표현이라는 것이다. 마찬가지로 정념 기호학도 인간의 정념 세계에 대한 추상적 표현이다. 이 이론은 신비한 자연의 세계에 엄밀한 수학적 질서가 있는 것처럼, 인간의 정신세계인 정념에도 모종의 구조가 존재한다는 가설에서 출발하고 있다.

1997년부터 필자는 매년 여러 학회에 정념 기호학에 대한 논문을 발표하였다. 그리고 한국연구재단(구 한국학술진흥재단)의 후원으로 "김동인의 <배따라기>에 나타난 정념의 기호학적 분석"(2004), "김동리의 <황토기>에 나타난 질투의 기호학적 분석"(2005), "그레마스 기호학에서 정념 도식의 적용과 한계"(2006), "박경리의 <표류도>에 나타난 정념의 기호학적 분석"(2007), "정념 기호학과 담화 기호학의 상호보완적 고찰"(2008), "정념 기호학 연구(2010), "담화 기호학 연구(무진기행을 중심으로)"(2012) 논문을 써왔다. 올해는『정념 기호학』이라는 책을 출간하게 되었다. 그동안 프로젝트에 선정되어 연구할 수 있었던 것에 고마움을 전한다.

필자는 모교 한국외대 한불사전 편찬에 참여하면서 우리말 번역에 있어서 단어 선택의 중요함을 깨달았다. 그동안 시간이 날 때마다 프랑스의 소르본느를 비롯한 여러 대학 도서관과 국립 도서관에서 많은 자료를 찾아가면서 기호학에 대한 연구를 해왔다. 정념 기호학의 용어가 우리말로 정립이 되지 않은 상황에서 수없이 고치고 고쳐 가면서 하나의 개념을 만들어 가는 작업으로 힘든 시간을 보냈다. 그래도 나의 온 열정을 바치고 애착을 가져 온 기호학 연구 덕분에 인생의 후반기를 바쁘고 보람되게 보내고 있다. 아무쪼록 후학들이 이 책으로 정념 기호학을 더 쉽게 이해할 수 있기를 기대해 본다.

끝으로 이 날이 있기까지 도와주신 모든 분들께, 은사님과 모교 출판부에 감사드리고, 나의 연구 생활을 곁에서 묵묵히 응원해 준 가족에게 이 책을 바친다.

2014년 여름 죽전에서

홍 정 표

차 례

I
서 론

구조주의[1]는 20세기 후반기에 서구 지성계를 풍미하였고, 이를 바탕으로 기호학을 비롯한 여러 학문이 태동하였다. 기호학은 소쉬르(1857~1913)의 언어학에서부터 시작되었으며, 메를로 퐁티(1908~1961)와 레비 스트로스(1908~2009) 세 대가의 이론적 통합으로 새로운 학문이 창출될 수 있을 것이라는 그레마스Algirdas Julien Greimas(1917~1992)의 믿음에서부터 출발하였다.

구조주의 언어학에서 출발점은 소쉬르가 인간의 언어활동langage을 랑그langue와 파롤parole로 구분하면서 시작되었다. 랑그는 한 언어 공동체에 속하는 개인의 의식 속에 체계적으로 잠재해 있는 언어이며, 파롤은 전자를 바탕으로 하여 개개인이 상황에 따라 수시로 표출해 내는 구체적인 언어를 지칭한다. 소쉬르는 파롤이 개인마다 시시각각 다르게 표출하는 가변적인 것이므로 변화무쌍해서 체계적인 연구 대상이 될 수 없다고 하였다. 반면에 우리 모두가 공유하고 있는 공통 기반인 랑그라는 체계[2)]가 언어학의 연구 대상이 될 수 있다고 하였다. 이 이론의 영향을 받은 그레마스도 이야기 분석에 있어서 이야기 내 공통적인 구조, 곧 문학적 랑그[3)]를 찾는 작업을 시도하였다.

그레마스는 이론 구축에 있어서 개념적 엄밀성과 형식화의 선도적 역할을 하는 언어학에서 다수의 개념을 차용하였다. 그는 소쉬르 계승자 코펜하겐 학파 옐름슬레우(1899~1963)[4)]의 영향도 많이 받았다. 어휘론을 연구했던 그는 옐름슬레우의 저서를 읽은 후 의미론으로 관심을 돌리게 되었으며, 이 이론을 따르면서 기호학 이론의 인식론적 바탕을 마련하였다. 그리하여 어려운 작업 끝에 기호학이라는 새로운 학문을 창시하였다. 즉 기호학은 소쉬르에서 옐름슬레우로 이어지고 그레마스에서 완성되었다고 말할 수 있다.

연구 초기에 그레마스는 파리기호학파Ecole de Paris[5)]를 일으키고 선도하였으며, 조직적이고 치밀한 이론 구성과 독창적인 방법론으로 현대 기호학에서 확고한 위치를 차지하고 있다. 그는 테니에르의 언어학 이론뿐 아니라, 메를로 퐁티의 현상학, 레비 스트로스[6)]의 구조 인류학, 바르트(1915~1980)의 구조주의 문학 비평, 프로프(1895~1970)[7)]의 민속학, 철학, 신화론의 영향을 받아 기호학의 기초적인 개념을 정립하여 학문적 토대를 마련하였다.

그의 기호학 이론은 어떤 탐구를 보여주고 있는 것인가? 그는 현상paraître을 구조화할 수 있는 선험적인 초월적 구조를 찾는 방식과 구성을 모색하였다. 모든 현상은 존재être를 감추고 있으므로 불완전한 것이며 미완성이기 때문에, 구체적 언어로 현실 세계에 표출되는 현상보다는 논리적으로 잠재하는 존재를 분석의 중심 대상으로 설정해야 한다고 주장하였다.

그레마스 기호학의 목표는 겉으로 드러난 기호가 아니라[8)], 내재해 있는 의미 체계에 관한 일반 이론을 세우는 것이다. 즉 의미의 생성과 파악의 모든 조건을 명시하고 일관된 메타언어métalangage[9]로 구축하는 것이다. 그래서 담화나 텍스트[10]에 의해 드러나는 의미작용을 가능하게 하는 것을 밝히고, 의미가 드러나기 위해 작용되는 체계나 조합과 규칙을 규명하고자 하였다. 이를 위해 여러 가지 가설을 명제로서 채택하고 의미가 생성되는 행로를 가장 기본적인 심층의 층위에서 의미 분절이 보충된 후 좀 더 복잡한 표층의 층위로 이행하는 과정으로 표현하였다. 이와 같이 그레마스 기호학은 논리적 조작의 형식 아래 파악되는 기본 통사[11]로 배치된다. 특히 심층성은 기호학에서 가설적 장치를 제시할 뿐만 아니라 토대를 이루는 가치이며 일종의 인식론적 제약이라 할 수 있다.

서사 기호학의 생성 행로만으로는 나타낼 수 없는 것에 1970년대 말부터 점차 관심이 기울어지게 되었다. 그 당시 분석 대상이었던 주체의 행동은 불연속적[12] 상태부터 고찰하는 심층 층위부터 분석될 수 있었다. 그러나 담화에서 발생하는 희로애락과 같은 정념이나 성격을 기호학적으로 조명하기 위해서는 무정형 연속적 상태를 고찰해야 하였다. 이러한 인간 내면의 혼란과 기복을 기술하기 위해, 그레마스는 타계하기 1년 전 1991년에 수제자 퐁타닐과 공저『정념 기호학』[13]을 발간하게 되었다. 이 책에서 그는 의미작용의 이산화離散化discrétisation[14]가 이루어지기 전 잠재적 존재태mode d'existence[15]로 시선을 돌려 기호학적 지평의 확대를 꾀하였다. 두 학자는 이론의 정립을 위해 훗설과 메를로 퐁티로부터 지대한 영향을 받았으며, 이것은 기호학적 공간을 지각知覺perception[16]의 수준에 위치시키고, 주체와 세계 관계에서 연속성이라는 결정적 요소를 도입할 수 있는 도구를 마련하는 계기가 되었다.

그레마스와 퐁타닐에게 정념 기호학의 목표는 무엇인가? 그것은 텍스트에 무질서하게 표출되어 있는 정념에서 질서를 찾아내는 것이다.

다시 말해 텍스트에서 불변적인 요소를 끌어내는 작업이라 할 수 있다. 예로 김동인의 『배따라기』와 『감자』를 놓고 생각해 볼 때, 두 작품이 모두 주인공의 질투로 인해 사건이 발생하고 결말을 가져오는 것이라고 생각할 수 있다. 그런데 모든 사람들이 이처럼 질투 이야기라고 한결같이 말하는 이유는 무엇인가? 이것은 두 작품에 모두가 인식하는 공통적인 모종의 구조가 내재해 있기 때문이다. 이와 같이 모든 사람들의 의견이 일치하는 내재적인 기본구조를 체계화할 수 있는 메타언어를 설정하는 것이 정념 기호학의 목표이다.

언어의 세계가 결국 유한한 몇 십 개 음소 배열과 정돈 법칙에 의해 설명되는 것처럼 정념 기호학에서는 정념 세계에도 일정의 논리적 구조가 있으며, 그런 구조가 텍스트 내에서 반복되고 재생된다는 것이다. 이것은 곧 정념 구조가 보편적이고 근본적인 성격을 지니고 있음을 증명한다. 인간의 합리적 과학이 사물의 구조 안에 이미 형성된 것을 도식화하는 것처럼, 정념 기호학도 텍스트 구조에 내재된 정념 구조를 체계화하는 것이다. 이처럼 정념 기호학은 기호학 이론의 과학적 위상을 정립한다고 할 수 있다.

서사 기호학과 정념 기호학의 차이는 담화나 텍스트에서 서사 기호학은 서사 구조를 기호학적으로 밝히는 것이고, 정념 기호학은 정념 구조를 기호학적으로 규명하는 것이다. 이 두 구조는 모두 불변의 규칙성(형식적인 뼈대)을 지니고 있다는 점에서 공통점이 있다.

더불어 서사 기호학은 언어학, 인류학, 민속학, 신화론, 철학, 현상학의 분야로부터 차용한 개념을 새로운 각도로 해석하고 적용한 반면에, 정념 기호학은 철학, 심리학, 정신분석학, 현상학, 미학, 윤리학의 분야에서 개념을 빌려 그 이론을 성립한 것이다. 그리고 전자는 실제적이고 인지적 차원dimensions pragmatique et cognitive을 주로 다룬 데 반해, 후자는 기질적 차원dimension thymique[17]을 발전시켰다.

또한 서사 기호학은 의미 생성 과정의 규명에만 집착해 온 반면, 정념 기호학은 상상적으로 성립시킨 의미의 선조건 층위niveau des préconditions[18]에서 의미 발생에 대한 가상체simulacre를 제시하고 있다. 이러한 선조건에 대한 가설은 기호학 이론 전체에 대변화를 가져왔다. 의미의 선조건이란 연속적이고 미분화된 상태를 말한다. 이것은 주어진 의미 세계가 기호 사각형을 통해 분절되고, 불연속적 단위 주체와 대상이 서사 프로그램을 통해 변형되는 과정 이전의 상태이다.

이와 같이 그레마스는 주어진 연구 대상을 구조적으로 파악하여 내재적인 체계를 기술함에 있어서, 서사 기호학에서는 주어진 담화의 의미 세계가 분절되는 개념화에서부터 이론을 전개하였으나, 정념 기호학에서는 개념화 이전, 감각과 지각에서부터 이론을 설립하고 전개하였다. 생물학적으로 비유하면, 개념화 단계 기호-서사 층위에서는 식물의 씨앗이 어떤 방식으로 싹이 트고 잎이 되는지가 연구되는데, 개념화 이전 단계 선조건 층위는 씨앗의 싹이 트는 조건을 다시 조건지우는 것으로, 내부의 흔들림이나 온도 등 추상적인 요소를 말한다. 그래서 이 층위에 설정된 추상적 요소 긴장tension이나 감感phorie[19]의 상태에 따라 똑같은 의미의 씨앗을 다르게 피운다고 말할 수 있다. 정념이 생성되고 표출되는 상황, 원인, 이유는 표면상으로 복잡하고 다양하긴 하지만 불변의 형식적인 구조가 반드시 존재하며, 그레마스와 퐁타닐은 나름대로 규칙성을 발견하여 정념의 여러 가지 분석 도구와 개념 장치를 구축한 것이다.

미주

1) 20세기 중반에 구조주의는 모든 인문사회과학 분야에서 혁명을 일으켰다. 이것은 인문사회과학의 여러 현상을 각 요소가 모여 이루어진 하나의 구조로 파악하려는 일종의 방법론이다. 인문사회과학은 구조주의에 의지함으로써 진정한 과학의 위상을 확보할 수 있다고 믿었다.

2) 프라하 언어학파에 의해 구조structure라는 용어로 대체됨. 구조는 겉으로 표출된 차원 아래 잠재적으로 존재하는 요소들이 이루는 관계망을 말함.

3) 랑그와 문학적 랑그의 차이점은 후자는 텍스트에 내재되어 한정된 것으로 세계의 모든 체계나 계열체를 포함할 수 없다는 점에서 전자와 구별된다.

4) 옐름슬레우는 소쉬르 이론에서 자신이 고민하던 문제의 해결 가능성을 발견하고 구조주의 언어학의 길잡이로 삼았다. 그러나 소쉬르 이론은 추상적이고 세부적으로는 부족한 면이 있기에 그 이론을 그대로 다 따르지는 않았다. 그레마스는 옐름슬레우를 인문과학의 인식론에 새로운 길을 열어준 독보적인 언어학자로 여겼다. 옐름슬레우 이론은 논리정연하고 과학적 추론을 기반으로 하며, 그의 메타언어는 종합적이며 경제적이고 효율적인 장점을 지니고 있어 그레마스 이론의 인식론적 주춧돌이 되었다.

5) 이 학파는 코케J.-C. Coquet, 아리베M. Arrivé, 샤브롤C. Chabrol, 들로름므J. Delorme, 플로슈J.-M. Floch, 제니나스카C. Geninasca, 란도브스키E. Landowski 등이 속한다(J.-C. Coquet, *Sémiotique L'école de Paris*, Hachette, 1982).

6) 그레마스는 기호학 연구 방법의 핵심을 레비 스트로스의 미개인 신화 연구 방법에서 배웠다. 레비 스트로스는 신화를 통합체라는 연속체에 투사된 계열체의 의미 범주로 해석하였다. 또한 기호 사각형, 양태성, 서사성 이론도 레비 스트로스로부터 배웠으며, 이러한 이론을 새롭게 이해하여 기호학이라는 새로운 틀에 담아냈다.

7) 프로프의 민담 분석은 레비 스트로스의 신화 분석과 함께 그레마스가 이야기를 기호학적으로 분석하는 이론을 정립하는 데 큰 영향을 주었다. 민담 분석은 통사적 분석에, 신화 분석은 의미적 분석에 토대가 되었다.

8) 그레마스 기호학은 명칭 때문에 기호에 관한 이론이라고 생각하기 쉽지만, 사실은 의미에 관한 일반 이론이다. 이 기호학은 소쉬르가 주장한 대로 '사회 생활 안에서 기호

의 삶'을 연구하는 것이 아니라, 의미 체계 일반을 연구하는 것이다. 하지만 그 기본 원리는 서두에서 명시한 대로 언어학에서 현상 아래에 잠재하는 체계를 연구 대상으로 삼은 소쉬르의 방법론이다.

9) 메타언어란 의미작용을 포착하고 기술하며 분석하기 위한 도구를 말함.

10) 담화는 내용 면에 대해 쓰는 용어이고, 텍스트는 표현 면에 대해 쓰는 용어임.

11) 서사 기호학에서 통사란 행위가 서로 결합하여 일관성 있는 연쇄를 이루는 것을 말한다. 서사 통사론은 서사문법이라고도 한다.

12) 불연속적 상태는 연속적 상태와 대립되는 개념이다. 연속적 상태 되어감은 이산화 작용으로 불연속적 상태 연접이나 이접으로 변형된다. 연접은 주체와 대상이 합해진 상태이고, 이접은 주체와 대상이 분리된 상태를 말하며, 전자는 ∩로, 후자는 ∪로 표시한다.

13) *Sémiotique des passions,* Seuil, 1991.(앞으로 *S. P.*로 약칭)

14) 무정형 연속적 상태가 불연속적 상태로 변형되는 것을 말한다. 그레마스는 서사 기호학이 불연속의 기호학이라는 비판에서 벗어나기 위해 연속적 상태를 다루는 정념 기호학을 연구하게 되었다고 한다.

15) 실질 상태의 잠재력의 양태인 주체의 존재에 형식을 부여함으로써 그 존재를 파악할 수 있는데, 이처럼 주체의 존재를 파악하기 위해 형식을 부여한 것을 주체의 존재태라 부르고, 주체가 역량을 갖추고 있는 잠재태에서부터 수행에 도달하는 실현에 이르기까지를 잠재태, 현실태, 가능태, 실현태 네 단계로 구분하여 분석한다.

16) 옐름슬레우는 지각의 중요성을 인정하기는 했지만 이를 언어 연구에서는 배제시켰으므로, 그레마스는 지각에 대해서는 훗설과 메를로 퐁티의 영향을 받았다. 메를로 퐁티는 지각이 모든 형태의 지식의 근원이자 귀착지라고 믿는다. 지각의 문제는 대상이 어떤 방식으로 의식되는지, 그 밑바탕에 있는 원형이 무엇인지를 규명하는 것이다.

17) 실제적, 인지적, 기질적 차원에 대해서는 V. 2.1. 세 차원 참고.

18) 선조건 층위란 주체와 대상 간의 차이와 관계가 생겨나기 전 단계로서 하나의 혼돈이며 구분되지 않는 통일체이고 원초적으로 주어지는 것이다.

19) V. 1. 선조건 층위 참고.

II
그레마스 연구

1. 생애

1917년 3월 9일 리투아니아 튤라에서 태어난 그레마스는 대학교에서 법학을 공부하였고, 1936년에 프랑스 남부로 건너가 그르노블 대학교에서 장학금을 받고 공부하였다. 1940년에 고국으로 돌아가 군복무를 마쳤으나, 1944년에는 리투아니아가 소련에 의해 강제 합병되자 프랑스로 이민을 갔다.

그 후 그는 소르본느 대학교에서 언어학자 브뤼노 교수의 지도하에 불어 어휘 연구를 하게 되었다. 그 당시에는 어휘 연구가 중요한 연구로 간주되어 유행하던 시기였는데, 이 연구로 1949년 박사 학위를 받았지만 한계를 느끼게 되었다. 같은 해에 이집트 알렉산드리아 대학으로 불어를 가르치기 위해 떠났는데, 그 곳에서 바르트를 만나게 되어 연구의 전환점을 맞이하게 되었다. 두 학자는 옐름슬레우의 저서를 함께 읽으면서 이론의 단순명료함과 치밀함에 대해 공감하였다. 특히 그레마스는 옐름슬레우에게서 범주화의 중요성과 언어 구조의 분석 방법을 배웠다. 그리고 1958년부터는 터키 앙카라 대학에서, 1960년부터는 이스탄불 대학에서 강의를 하였고, 1962년에 프랑스로 돌아와 푸아티에 대학에서 불어학 교수로 재직하였다.

1966년에는 레비 스트로스와 바르트가 그를 사회과학 고등연구원 Ecole des hautes études en sciences sociales에 일반 의미론의 연구 책임자로 임명하였다. 이때 기호학 연구 모임을 조직하게 되는데, 이 모임이 훗날 파리기호학파의 기반이 되었다. 정년퇴임 후에도 리모주 대학에서 강의하였고, 1992년 2월에 생을 마감하였다. 그가 남긴 논문은 약 100여 편이 있고, 저술도 20여 권에 달한다.

2. 세 단계 연구

2.1. 제 1 단계(1956~1968) : 구조 의미론[1)]

그레마스는 초기에는 당시 유행에 따라 어휘론[2)]을 연구했으며, 이 연구로 박사 학위를 받았다. 어휘론의 분석 대상은 주로 단어[3)]나 어휘소지만 우연히 자신의 연구에 결정적으로 영향을 미치는 옐름슬레우의 『언어 이론 서설』[4)]을 읽게 되었다. 이 책을 읽고 단어나 어휘소는 단지 현상적인 것으로 체계화의 대상이 될 수 없음을 알았다. 체계화의 대상이 될 수 있는 것은 언어라는 기호[5)] 아래 내재하는 형상소 figures이며, 기호는 이 추상적이고 비자립적인 형상소로 분석될 수 있다는 것을 깨달았다.[6)] 세계를 재단하고 분할하는 기호의 수는 무한하므로 연구의 대상이 될 수 없어서 기호 형성에 사용되는 제한된 수의 형상소 연구로 관심을 돌렸다. 이 같은 연구 대상의 전환으로 그는 어휘론에서 의미론으로 방향을 바꾸었다.

한편 소쉬르는 언어 기호를 기표signifiant와 기의signifié 결합으로 간주하고, 이 두 가지는 서로 맞물려 있어서 분리시켜 생각할 수 없다고 하였다. 반면에 옐름슬레우는 기표와 기의의 명칭을 표현과 내용으로 대체하고, 기호 분석에 있어서 표현 면과 내용 면을 분리하여 각각 따로 분석해야 한다고 주장하였다. 즉 두 가지 면이 실질substance이나 형식forme[7]과 분절되는 방식을 연구해야 한다는 것이다. 따라서 음성과 음운의 문제가 표현의 실질, 표현의 형식[8]으로 나뉘어 보다 체계적으로 연구될 수 있는 것처럼, 의미 문제도 내용의 실질, 내용의 형식으로 구분되어 체계적인 방식으로 연구될 수 있다는 것이다. 기호의 표현과 내용은 상호 의존 관계에 있으며, 기호 분석에 있어서 <표현의 실질>과 <내용의 실질>은 <표현의 형식>과 <내용의 형식>을 통해서만 존재할 수 있고, 역으로도 가능하다. 그래서 그레마스는 옐름슬레우가 분석한 네 가지 층위, 표현, 내용, 실질, 형식을 자신의 이론 기반으로 삼았다. 이 네 가지 층위의 대응 관계를 다음과 같이 도식화할 수 있다.

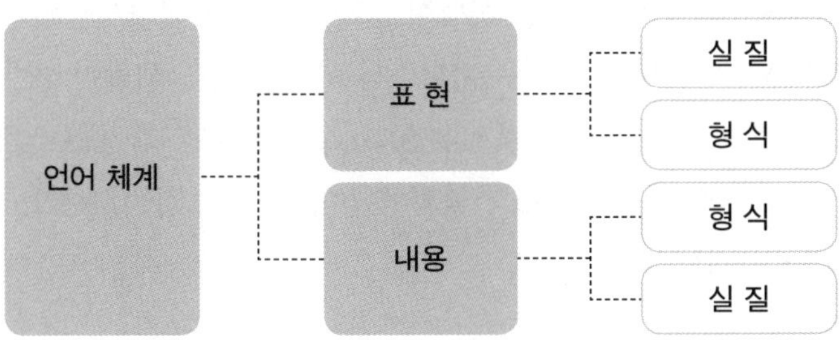

그레마스는 1966년 여러 가지 연구를 기반으로 하여 『구조 의미론 Sémantique structurale』을 발표하였다. 이 책은 기호학의 토대를 이루는 저서로서 그 당시 큰 파장을 일으켰다. 그는 이 책에서 의미론을 다음과 같이 정의하였다.

> 의미론은 자연 언어의 의미를 기술하기 위해 필요한 개념 도구를 정립하는 것이다. [9]

이처럼 그레마스가 추구하는 것은 의미 층위를 분석하기 위한 도구를 정립하는 것이었다. 소쉬르는 언어 기호는 다른 언어 기호와의 관계에 의한 차이 혹은 대립에서 그 가치를 획득한다고 하였다.[10] 이 이론에 영향을 받은 그레마스는 차이점이나 대립이 없다면, 이 세계는 지각되고 분절될 수 없을 것이라고 하였다. 그는 차이점이나 대립을 분석하고 기술하기 위해서 기호보다 작은 추상적 단위의 분석 장치를 고안하였다. 이런 분석 장치를 구축하기 위해 처음으로 시도한 것이 의미의 분절[11]이었다. 그는 이항대립binarité [12]을 가장 기본적인 틀로 가정하고, 이런 대립에서 <의미 최소 단위> 의소意素sème [13]의 존재를 가정하며, 의소 분석을 이론화하였다. 의소란 의미를 구성하는 <최소 변별 자질>을 가리키는 의미 단위를 말하며, 의소 분석은 의미를 드러내는 데 필요한 변별 자질을 선택적으로 취해서 분석하는 것이다. 즉 <아버지>와 <어머니>라는 두 어휘소의 의소 분석을 해보면, /인간/과 /부모/라는 의소가 공통적 자질(공분모)로 들어 있고, 그것은 /남성/과 /여성/으로 대립되는 의소로 변별되어진다. 이 경우 각 어휘소는 다음과 같이 의소 분석된다.

또한 의소는 핵심 의소sème nucléaire와 문맥 의소sème contextuel(혹은 분류소classème)로 구분된다. 전자는 한 어휘소 내의 불변적인 자질이며, 후자는 문맥에 따라 변화하는 자질이다. 핵심 의소가 서로 의미를 분리시키고 대립시킨다면, 문맥 의소는 어휘소를 연결하여 문맥이 통하도록 중재한다. 이것은 담화 내에서 반복적으로 사용되어 전체적인 의미 전달에 통일성을 부여하는 역할을 한다. 그리고 문맥 의소의 반복에 의해 동위소同位素isotope가 추출된다. 동위소란 원래 물리와 화학에서 원자 번호는 같으나 질량수가 다른 원소인 동위 원소로 사용되는 용어를 의미론에 도입한 개념이다. 동위소는 담화나 텍스트에서 해석의 일관성을 유지시키기 위한 언어적 장치로, 최소한 두 가지 공통적 문맥 의소가 있어야 가능하며, 담화 기능에 필수적이며 구조적인 조건이라고 말할 수 있다.

이밖에도 주어진 담화나 텍스트를 그 안에 모든 것을 갖춘 하나의 완결된 총체로 보고, 일종의 조작 개념으로 <의미 소세계micro-univers sémantique> 개념을 제시한다. 의미 소세계는 텍스트 내부를 말하며, 따라서 분석은 텍스트 외부 지식 혹은 참조물을 배제하고, 텍스트 내부 구조만을 살핀다.[14] 그리고 그것은 소세계라는 작은 자료체에 숨어 있는 서사 및 담화의 조직 양상을 밝혀서 의미 단위가 이루는 관계와 기능 작용을 규명하는 것이다.

후반부에서 『구조 의미론』은 전통적인 의미론의 범위를 넘어선다. 여기에서는 레비 스트로스의 신화 모델과 프로프의 러시아 민담 형태론, 그리고 테니에르의 행위소actant [15] 개념에서 착상을 얻어 기능 모델modèle fonctionnel과 행위소 모델modèle actantiel 등 텍스트 구조 이론의 기본적인 윤곽이 드러난다. 그레마스는 이 이론을 소개한 후에 기호학 이론에 맞게 수정하고 보완하였다. 기호학 이론의 전개에 있어서 『구조 의미론』은 최초 이론적 종합서라 할 수 있다. 이 책에서 언급된 개념의 종합은 조작적인 것이며, 이것은 서로 총체적으로 연결되며 상호 규정되고, 실로 과학적인 의미 연구의 확립을 추구한 저서이다.

이와 같이 담화와 텍스트를 분석 대상으로 삼을 때, 우선 생각할 수 있는 것은 단어와 문장의 차원과는 근본적으로 다르기 때문에, 언어학을 초월하여 독립적으로 연구되는 새로운 학문이 필요하다는 것이다.[16] 따라서 『구조 의미론』이후 초창기 연구자들은 문장을 넘어서는 담화 차원의 통사 이론과 의미 이론을 연구하게 되었으며, 본격적인 기호학 이론의 확립에 박차를 가하였다. 이 시기에 그레마스가 기호학 모임을 주도했고, 나중에 이것이 파리기호학파가 되었다. 그래서 그의 이론은 어휘론에서 출발하여 의미론, 그리고 담화 차원의 기호학으로 발전하였으며, 어휘론은 의미론에, 의미론은 기호학에 포함된다고 할 수 있다.

2.2. 제 2 단계(1968~1979) : 서사 기호학

그레마스는 『구조 의미론』이후 본격적으로 기호학 이론의 정립에 매진하였으며, 여러 논문과 이론서를 출판하였다. 그는 1969년에 「서사 문법의 요소Eléments d'une grammaire narrative」를 발표하였는데, 이 논문은 서사성과 기호학 이론, 기본 문법의 요소, 표층 서사 문법의 요소를 설명하였다(이것은 1970년에 출간된『의미에 관하여*Du sens*』에 재수록되었다).

무엇보다도 그는 일상생활에서 중요한 이야기를 지배하는 보편적 규칙을 밝혀야 한다고 주장하였다. 소쉬르가 파롤이라는 개별적인 현상 아래 랑그라는 체계가 있음을 전제하였고, 옐름슬레우가 사행procès 밑에는 체계système가 있음[17]을 전제하였던 것과 마찬가지로, 그레마스는 담화의 기저에 어떤 체계가 있어 이것이 담화의 의미를 지배한다고 가정하였다. 즉 담화나 텍스트로 표출하기 이전에 잠재하는 체계를 서사 형식으로 구성하고 있으며, 이 같은 의미의 통합적인 조직을 서사성narrativité [18]이라 지칭한다. 여기서 서사성은 모두가 지니고 있는 보편소라 규정되며, 우선적으로 이를 규명하고자 하였다. 그는 1970년에『의미에 관하여 -기호학적 시론』이라는 본격적인 기호학 저술을 내놓았다. 이 책은 의미, 역사와 비교, 이야기, 발현 네 가지 주제에 대해 논문 15편으로 편집되었고, 이야기장Le Récit에서는 앞서 언급한「서사 문법의 요소」가 수록되어 있다.

그는 이 시기에 의미 생성 행로parcours génératif de la signification를 정립하였다. 주어진 텍스트 복합적인 의미 분석 층위는 세 단계 심층 층위niveau profond, 표층 층위niveau de surface(두 층위를 합하여 기호-서사 구조structures sémio-narratives라 지칭함), 담화 구조structures discursives [19]로 나누어지며, 각 층위는 통사적 구성요소와 의미적 구성 요소를 가진다. 의미 생성 행로는 생성의 출발점ab quo인 심층 층위에서 담화가 구성되기까지 과정을 생성의 관점에서 보여주는 것이다. 즉 텍스트는 세 가지 층위를 거쳐 최종적으로 생성되는데, 각 단계에서 변형과 전환을 거치게 된다.

첫 번째 심층 층위에는 통사적 구성 요소 <기호 사각형>[20]이 있고, 의미적 구성 요소 <의소>가 있다. <의미의 기본 구조>[21]를 나타내는 기호 사각형은 이분법적 대립 관계에서 출발한 모델이며, 의미 심층 층위에서 보편적이며 논리적인 모습을 띠고 존재하는 것으로 가정된다. 다시 말해 의미 구조는 두 대상 간의 대립 관계 혹은 계층 관계에 의해서 규정될 수 있는데, 이러한 관계로부터 차이점의 분절과 관계의 망을 고려한 논리적 모델이 기호 사각형인데, 다음과 같이 도식화할 수 있다.

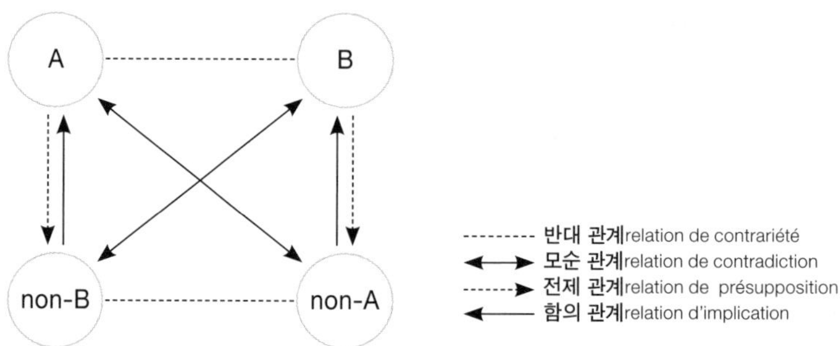

A 와 B, non-B와 non-A 사이는 <반대> 관계로 서로 대립되는 요소가 자리 잡게 되고, A와 non-A, B와 non-B 사이는 <모순> 관계로 A와 A가 아닌 것, B와 B가 아닌 것이 자리 잡게 된다. 여기에 A는 non-B를, B는 non-A를 전제하고, non-B는 A를, non-A는 B를 <함의>하는 관계가 추가되면서 기호 사각형은 완성된다. 기호 사각형은 두 가지 양상, 계열적paradigmatique이며 분류적이고 정적statique 양상과 통합적syntagmatique[22]이며 통사적이고 동적dynamique 양상을 띤다. 전자는 이 층위의 의미적 구성 요소 <의소> 간의 관계를 나타낼 수 있다. 그리고 후자는 한 관계에서 다른 관계로 이행을 드러내는 작용의 망으로 모순 관계는 부정 작용opération de négation에 일치되고, 전제 관계는 선택 작용opération de sélection에 일치된다. 즉 A → non-A → B, B → non-B → A로 나타낼 수 있으며 도식화 하면 다음과 같다.

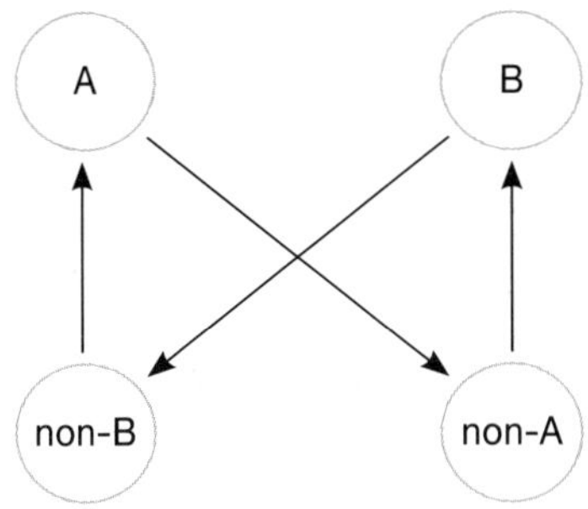

이 동적인 양상으로서 기호 사각형은 표층 층위의 서사 구조를 구성하는 바탕이 된다.

두 번째 표층 층위는 심층의 통사와 의미가 전환된 것이며, 심층에서 선별된 의미 요소가 서로 어울리면서 통합되어 이야기 전개에 필요한 서사성을 갖추는 단계로, 의미 생성 행로의 중개적 단계가 된다. 이 층위의 통사적 구성요소에는 기능과 행위소가 있어서 서사 통사론(혹은 서사 문법)을 구성한다. 전자는 기능 모델을, 후자는 행위소 모델을 구성한다.

서사 구조로서 이야기는 하나의 의미와 방향성을 갖는 통합적 장치로 간주된다. 통합적 장치 기능 모델은 <자격 시련 épreuve qualifiante>, <결정 시련 épreuve décisive(혹은 주 시련 épreuve principale)>, <영광 시련 épreuve glorifiante>의 세 가지로 구성되며, 이야기는 최초 상황이 변형 과정인 세 시련을 거쳐 그 반대 상황, 즉 최후 상황으로 역전되는 것으로 파악된다. 행위소 모델은 발령자 destinateur와 수령자 destinataire, 주체 sujet와 대상 objet, 원조자 adjuvant와 반대자 opposant로 구성되고, 실제 이야기 분석의 틀로 사용될 수 있을 뿐 아니라, 역사적 사건을 도식화하여 파악하는 데도 활용될 수 있다.

<서사문 énoncé narratif>은 이야기의 어느 순간에 주체와 대상의 관계

를 말한다. 서사문에는 주체가 처해 있는 상태를 나타내는 것과 하나의 상태에서 또 다른 상태로 변화하기 위한 행동을 나타내는 것 두 가지가 있다. 전자는 <상태문énoncé d'état>과 상태 주체sujet d'état, 후자는 <행위문énoncé de faire>과 행위 주체sujet de faire로 명명된다. 상태문에는 주체가 대상과 <연접連接conjonction 관계>에 있는 연접 상태문과 주체가 대상과 <이접離接disjonction 관계>에 있는 이접 상태문 두 가지가 있다. 일반적으로 이야기 첫 부분에서 주체는 대상과 이접 혹은 연접 상태에 있다. 전자는 <S ∪ O>(S는 Sujet의 약자 - 주체를 가리키며, O는 Objet의 약자 - 대상을 가리킴)가 되고, 후자는 <S ∩ O>가 된다. 한 상태문에서 또 다른 상태문(이접 → 연접 혹은 연접 → 이접)의 이동은 변형을 전제하는데, 이것은 행위문 형태를 띠고 행위 주체 혹은 조작 주체가 개입한다. 이접 상태문에서 연접 상태문으로 변형은 다음과 같은 공식으로 표현될 수 있다.

$$S_1 \cup O \longrightarrow S_1 \cap O$$

위에서 '주체(S_1)는 처음에 대상(O)과 이접 상태에 있다. 그런데 변형 행위를 통해 주체는 대상과 연접 관계에 놓인다'고 설명된다. 여기에 두 번째 상태를 획득할 수 있게 하는 변형 행위가 삽입될 경우에는 아래의 공식이 된다.

$$F(\text{변형 행위})\ [\,S_2 \rightarrow (S_1 \cap O)\,]$$

이것은 'S_2(변형의 행위 주체)는 S_1과 O가 연접 관계가 되도록 한다'고 설명되며, <대상 획득 프로그램>이라 한다. 반대로 주체가 대상을 상실한 프로그램도 아래와 같이 설명할 수 있다.

$$F(\text{변형 행위}) \ [\, S_2 \rightarrow (S_1 \cup O) \,]$$

위에서 'S_2(변형의 행위 주체)는 S_1과 O가 이접 관계가 되도록 한다'고 설명되고, <대상 상실 프로그램>이라 한다. 이처럼 서사 프로그램은 주체가 행위 주체에 의한 변형 행위를 통해 대상을 획득하거나 상실하는 것을 기술하는 것이다.

또한 이 층위에 분석 도구 서사 도식schéma narratif을 제안한다. 모든 이야기에는 조종 → 역량 → 수행 → 검증의 시퀀스가 불변적 요소로 존재하며, 이런 이야기의 기본 구조를 서사 도식으로 명명한다. 이 도식 두 번째 단계 역량은 <자격 시련>, 세 번째 단계 수행은 <결정 시련>, 마지막 단계 검증은 <영광 시련>에 일치한다. 첫 번째 조종과 마지막 단계 검증은 계열 관계를 이루고, 두 번째 역량과 세 번째 단계 수행은 통합 관계를 이룬다. 서사 도식 네 단계에서 <조종>은 조작 주체(행위 주체)가 어떤 프로그램을 실현하게 하는 <설득 행위>이다. 이 행위는 발령자 조종자와 수령자 피조종자 사이에서 일어난다. <역량>은 조작 주체가 수행을 실현하기 위해 필요한 조건(자격)을 가리킨다. <수행>은 어떤 상태를 연접 → 이접 혹은 이접 → 연접 변형시키는 주체 행위를 말한다. <검증>은 주체 수행에 대해 발령자가 평가를 하고 보상하는 단계로 발령자 <해석 행위>를 말한다.

서사 도식의 예로 옛날에 어떤 왕국의 아름다운 공주가 적에게 납치되었을 때 왕이 이웃나라 왕자에게 공주를 구해 오도록 설득하는 행위가 <조종>이다. 이 경우에 왕은 발령자이며 조종자이고, 왕자는 수령자이며 피조종자가 된다. 왕의 위임에 대해 <해석 행위>를 한 후 조작 주체가 된 왕자는 수행을 위해 <역량>을 갖춘다. 즉 그는 공주를 구하기를 원하고(의지), 구해야 한다(의무). 이를 위해 주체는 전투에 대한 실력을 연마하고(능력), 전략을 짠다(지식). 이와 같이 네 가지 역량 /의지/, /의무/, /능력/, /지식/을 소유한 왕자는 적과 싸워 공주를 구한다<수행>. 이것은 왕자와 공주가 이접 → 연접으로 변형되는 단계이다. 마지막으로 왕은 왕자의 행위에 대해 <해석 행위>를 한 후, 보상을 하고 공주와 결혼시킨다<검증>. 서사 도식을 아래과 같이 도식화

발령자와 주체의 관계[23]

주체와 대상의 관계

조종(계약)	역량		수행	검증
	자격 시련		결정 시련	영광 시련
	양태[24] 대상 획득		주체의 가치 대상[25] 획득	인정 획득
발령자의 설득 행위				발령자의 해석 행위
/알게 함/ /~하게 함/	/~하기를 원하다 혹은 행위-의지/	/~할 수 있다 혹은 행위-능력/	/하다/	
	/~해야 하다 혹은 행위-의무/	/~할 줄 알다 혹은 행위-지식/		
	잠재된 주체[26]	현실화된 주체	실현된 주체	영광된 주체

실제적 차원

인지적 차원

할 수 있다.

그리고 표층 층위의 의미적 구성요소에는 의미소sémème[27], 메타 의미소, 동위소가 있다.

세 번째 담화 구조는 표층 층위의 추상적인 구성 요소가 전환에 의해 더욱 더 복잡하고 구체적인 모습을 띠게 되는 구조라고 할 수 있다. 표층 층위의 의미적, 통사적 구성 요소가 텍스트로 발현되기 위해서는 담화 구조를 거쳐야 하는데, 이 때 발화를 통해 담화화談話化가 이루어진다. 담화 구조의 의미적 구성요소는 구상화具象化와 주제화主題化이고, 통사적 구성 요소를 이루는 것은 상화aspectualisation인데, 행위자화actorialisation, 시간화temporalisation, 공간화spatialisation로 구별될 수 있다. 이 구조는 구체적 언어로 표출되기 전에, 내재적으로 필요한 기호학적 발화 형식을 갖추는 단계로, 발화 행위를 거쳐서 기호학적 역량이 수행되는 층위이다.

이렇게 단계적으로 설정된 의미 구조가 가장 원형적 형식인 심층 단계부터 점진적으로 표출하는 유기적 작용을 거쳐 단계적으로 생성된다는 것이다. 이와 같이 그레마스 기호학은 텍스트가 여러 면과 층위로 이루어진 실질이라는 점에서 다른 기호학과 구별된다. 의미 세계를 평면적 관계 체계로 단순화하지 않고 여러 단계로 입체화한 점은 그의 독창적인 구조관을 보여주는 일면이라고 할 수 있다.

그레마스가 주도하는 파리기호학파는 1975년에 양태이론을 기호학 연구에 도입하여 새로운 열정을 불러 일으켰으며, 이때부터 양태는 기호학의 핵심 연구 주제로 자리 잡았다. 그리고 1976년에 모파상의 단편 소설 「두 친구」를 분석한 『모파상, 텍스트 기호학 : 실제 적용*Maupassant, la sémiotique du texte : exercices pratiques*』을 출간하였다. 「두 친구」는 6페이지 밖에 되지 않는 텍스트지만, 이것을 12개 단락으로 나누어 자신이 정립한 기호학적 개념 장치와 분석 도구로 250페이지에 달하는 정교하고도 치밀한 분석을 하고 있다. 다음 해 1977년에 그는 파리 기호학파의 최초 학술지『악트 세미오티크*Actes Sémiotiques*』를 출간하여, 많은 학자들의 기호학 연구 논문이 게재되고 있다.

마침내 1979년 그레마스는 제자 쿠르테스와 20년간 연구를 총정리한『기호학 사전*Sémiotique, dictionnaire raisonné de la théorie du langage*』을 편찬하였다. 이 사전에는 약 600개 개념이 자세하게 설명되어 있다.

2.3. 제 3 단계(1979~1992) : 정념 기호학

그레마스가 기호학을 연구하기 시작한 1960년대부터 약 20년 동안은 인간의 행동에 대해서만 연구하는 서사 기호학에 대한 것이었으며, 그 당시 정념, 성격, 기분 등에 대해서 기호학적으로 논하는 것은 일종의 금기 사항과도 같았다. 하지만 1979년 그의 논문「존재(이다)의 양태화에 대하여De la modalisation de l'être」에서 비로소 정념 기호학 연구가 시작되었다. 이때부터 퐁타닐은 거의 동시에 발화 작용 언어학, 바르트『사랑의 단상*Fragments d'un discours amoureux*』그리고 서사 기호학의 양태성 덕택으로 정념 기호학이 구조주의 관심 영역이 되었다고 설명하고 있다.[28]

발화 작용 언어학은 발화 작용과 언어에서 주관성에 대한 방브니스트 이론으로 감성의 주관적 성향에 대한 고찰을 가능하게 하였고, 아울러 그 당시 대두된 화용론이 담화의 함축된 것과 암시된 것에 관심을 갖게 하였다. 바르트의『사랑의 단상』은 메타언어를 사용하지 않고, 사랑에 대한 전형적인 형상과 장면을 극적으로 등장시켰다. 이러한 접근은 사랑에 대한 경험, 상황, 형상의 체험을 각기 재현하려고 노력하기 때문에, 심리학적인 것이 아니라 현상학적인 것이라 할 수 있다.

서사 기호학의 양태성에 뒤이어 등장한 것이 <존재(이다)의 양태화>

이다. 그레마스는 <행위(하다)의 양태화modalisation du faire>를 서사 주체의 양태 역량compétence modale으로 수년간 연구한 후, <존재(이다)의 양태화>인 주체의 양태 존재existence modale에 접근하게 되었다. 그리고 양태 역량은 단지 변형에만 관계되는 반면, 양태 존재는 상태와 변형 모두를 포함하므로 여기에 중점을 두어서 연구하게 되었다. 이러한 세 이론에 힘입어 그레마스는 정념 기호학 이론을 정립하는데 박차를 가하였다.

우선 시도된 연구는 정념 어휘소에 대한 분석으로 분노, 향수鄕愁, 인색 등을 사전적 정의를 기반으로 하여 세밀하게 분석하였으나, 텍스트의 정념 구조를 분석하기 위해서는 어휘의 분석만으로는 안 되고 정념의 효과를 생산하는 통사적이고 의미적 구조를 밝혀야 하였다. 따라서 80년대 말부터는 담화의 정념적 차원에 대한 연구로 방향을 전환하여, 텍스트에 언어로 표현되지 않은 요소, 즉 긴장, 감, 변조modulation 등에 관심을 쏟았으며, 타계하기 1년 전에 수제자 퐁타닐과 공저로『정념 기호학』(1991)을 출간하였다.

미주

1) 이것은 그레마스 기호학 이론을 저술에 따라 세 단계로 분류한 것이고, 이와 다르게 분류할 수도 있다. 즉 "제1단계는 1940~80년대 전반까지, 텍스트와 이야기성(서사성) 탐구에 전념하던 시기이며, 제2단계는 1980년대 후반부터 1990년대 초반까지, 정념 기호학에 대한 연구를 수행하던 시기이다. 제3단계는 1990년대 초반부터 서거하기까지 시기로, 이 시기에 그레마스는 영국 출신 킹여사와 함께 중세 종교 미술에 대한 기호학적 연구를 수행하고 있었다. 그는 제3단계의 연구가 제2단계 연구의 연장선상에 있다고 하면서, 그것은 <하나님의 나라에 가기 전에 해야 하는 마지막 연구>라고 말하였다."(서정철, 『기호에서 텍스트로』, 민음사, 1998, 335쪽)

2) 어휘론은 문법에 대조되는 이론을 말한다. 두 분야의 차이점은 폐쇄된 체계 안에 있는 항목을 다룰 경우에는 문법에 속하고, 폐쇄되지 않은 항목의 경우이면 어휘론에 속한다고 할 수 있다. 이것은 20세기 후반부터 학문의 대상이 되었다.

3) 언어에서 문법상으로 일정한 뜻과 기능을 가지는 최소 단위를 말한다. 단어와 어휘소는 외형적으로는 같은 것을 가리키지만, 그 차이점은 같은 단어가 반복되어 쓰이는 경우 단어의 수는 증가하지만, 어휘소의 수는 증가하지 않는다고 말한다. 소쉬르는 단어를 기호로 대체하였다.

4) Louis Hjelmslev, *Prolégomènes à une théorie du langage*, Paris : Minuit, 1971.

5) 옐름슬레우는 수학적인 형식화를 토대로 언어학 이론을 정립하고자 했으며, 이런 의미에서 언어를 기호의 집합으로 간주하였다.

6) 이런 관점에서 랑그를 기호의 체계로 간주하는 소쉬르와는 달리, 옐름슬레우는 랑그를 기호 형성에 기여하는 형상소의 체계로 간주한다.

7) 실질과 형식은 옐름슬레우가 사용한 개념이다. 실질은 아직 구성되지 못하고 체계가 잡히기 이전 무정형 상태를 말하며, 그 자체로 우리는 의미를 포착할 수 없다. 이러한 실질을 지각하고 의미를 깨닫기 위해서는 이것에 일종의 형식이 덧붙여져야 한다. 형식이란 어떤 의미를 이끌어내기 위해 주어지는 일종의 체계 혹은 분절 방법을 말한다.

8) 표현의 형식은 언어마다 다른 자음과 모음의 체계를 말하고, 표현의 실질은 그 언어에 속하는 사람들이 실제로 발음하는 음성의 연쇄체를 말한다. 이처럼 표현의 실질을 통해 음운 체계인 표현의 형식이 발현되고 지각되므로, 전자는 후자에 혹은 후자는 전자에 의존한다고 말할 수 있다.

9) *Sémantique structurale*, Larousse, p.13.

10) 소쉬르는 언어를 이해하기 위한 방법론으로 랑그와 파롤, 기표와 기의, 형식과 실질, 공시태와 통시태, 통합 관계와 계열 관계 등 두 가지로 구분하여 고찰하는 이분법을 제시하였으며, 이러한 이론은 기호학 이론을 설립하는 데 토대가 된다.

11) 연속적으로 이루어져 있는 의미를 불연속적 단위로 세분하는 것이며, 옐름슬레우의 용어로 말하면, 분절되기 이전은 실질이라 하고 분절된 것은 형식이라 한다.

12) 두 가지 유형의 관계, 유사나 연접 관계와 상이나 이접 관계의 교차점에 놓인다. 불어에서 형용사 <아름다운>과 <부유한>은 각각 <미운>과 <가난한>의 대립으로 간주된다. <아름다운> 대 <미운>은 미적 특질을 다룬다는 점에서는 연접 관계에 있고, 이 특질에 있어서 서로 부정한다는 점에서는 이접 관계에 있다. <부유한> 대 <가난한>에 대해서도 마찬가지이다. 가치의 소유를 말하는 공분모에 대해서는 연접 관계이지만, 이 공분모에 대해 서로 반대의 입장에 있는 것으로는 이접 관계이다. 이처럼 연접의 토대 위에서 이접의 두 관계로 규정된 의미작용의 요소를 의소 라 한다.

13) 사전에서 의소는 최소 단위이며 구성 단위라고 정의한다. 그런데 의소가 구성 단위라면 무엇으로 구성되어 있는가? 질베르베르그는 "의소가 구성되어 있는 것이고, 구성 요소로 하위의소가 인정된다면, 의소는 하위의소적 요소[élément subsémique] 때문에 최소의 성격을 상실한다"고 지적하였다.(Zilberberg, *Essai sur les modalités tensives*, Amsterdam, 1981, p 2)

14) 특히 옐름슬레우의 내재주의 이론에서 영향을 받은 것이다. 그는 언어를 하나의 조직체로 파악하기 위해서는 외부의 관련 없는 사실을 배제하고, 언어 내에 존재하는 순전히 내적인 조직만을 고찰해야 한다고 주장하였다.

15) 행위소는 구조주의 통사론을 독창적으로 구축한 언어학자 테니에르가 사용한 용어이며, 구체적 모습을 띠기 이전 상태로 논리적이고 추상적인 이론의 가설이다. 행위자는 명사나 대명사의 형태를 띠고 담화에서 구체적 형상을 보여 준다. 담화에 등장하는 행위자들이 서로 다르지만 모두 유사한 기능을 할 경우, 동일한 행위소 역할을 하는 것이라고 말할 수 있다. 즉 행위소는 불변소이며, 행위자는 가변소이다. 하나의 행

위소는 하나나 혹은 여러 행위자로 나타날 수 있고, 하나의 단체나 민족은 집단 행위소를 구성할 수 있다. 또한 하나의 행위자는 동시에 여러 행위소 역할을 할 수 있다.

16) 언어학과 기호학은 연구 대상에 있어서는 서로 다르지만, 그 지향점은 같다. 전자는 문장 안에서, 후자는 담화 안에서 규칙성을 찾는 것을 목표로 한다.

17) 옐름슬레우는 언어의 두 가지 양상을 체계와 사행으로 간주한다. 체계는 계열체의 의미로 사용되며 랑그에 해당하고, 사행은 통합체의 의미로 사용되며 텍스트에 해당한다. 따라서 체계는 사행을 통해 표출된다고 할 수 있다.

18) 그레마스 이론에서 이야기의 가장 중요한 틀이 시간이 아니라 서사성이다.

19) A. J. Greimas et J. Courtés, *Sémiotique Dictionnaire raisonné de la théorie du langage*, Hachette, 1979, p.160.

20) 텍스트를 분석하는 기본적인 축인데, 초기 이론에서는 기호 사각형이 심층 층위에만 위치하였으나, 나중에는 심층 층위 이외 다른 층위에서도 활용된다. 텍스트의 복잡성 여부에 따라 사각형은 육각형이나 그 이상의 다각형이 될 수 있다.

21) 의미의 기본 구조는 낮과 밤, 흑과 백, 좌와 우 등 서로 대립되는 두 사항이 이루는 가장 단순한 형식의 관계이며, 이처럼 이항 대립이 너무 단순하여 의미작용을 좀 더 분화시키기 위해 만든 것이 기호 사각형이다.

22) 통합적이란 어떤 요소가 연속적으로 결합되어 있음을 말하며, 통합 관계에 있는 요소를 <통합체>라고 한다. 반면에 계열적은 상호 대체 가능한 사항들이 하나의 집합을 이루는 것을 말하는데, 계열 관계에 있는 요소를 <계열체>라고 한다. 예를 들면 '정념 세계'라는 말에서 '정념'과 '세계'는 통합 관계를 이룬다. 반면에 '정념'은 '담화', '소설', '시' 등으로 대체될 수 있는데, 이러한 것을 계열 관계를 이룬다고 한다. 즉 언어 단위간 관계는 통합 관계와 계열 관계로 분리할 수 있다. 전자는 결합 관계 혹은 수평적 관계라고도 하며, 후자는 선택 관계 혹은 수직적 관계라고도 한다.

23) Nicole Everaert-Desmedt, *Sémiotique du récit*, De Boeck-Wesmael s.a., 1988, p.55.

24) 양태에 대해서는 앞으로도 계속 설명할 것이다. /vouloir-faire/를 우리말로 옮길 때, /~하기를 원하다/와 /행위-의지/ 두 가지로 옮길 수 있다. 왜냐하면 불어에서 vouloir와 faire는 동사도 되고 명사도 되므로 문맥에 따라 옮기는 것이 적합하기 때문이다.

25) 대상에 가치가 투여된 행위소.

26) 96쪽 주 6) 참고.

27) 의소의 합으로 이루어진다. 의미소에는 불연속적 의미소sémèmes discrets와 통합적 의미소sémèmes intégrés가 있다. 불연속적 의미소는 단일어나 복합어, 숙어적 표현에서 가능한 의미소를 말하며, 구성적 의미소sémèmes construits라고도 한다. 통합적 의미소는 다의적이며 동음이의적 단어나 어휘에 해당하는 것이다. 그 의미를 알기 위해서는 그 단어나 어휘가 들어 있는 통합적 문맥의 도움을 받아야 한다.(244쪽 주 12) 참고)

28) J. Fontanille, "Sémiotique des passions", pp.601~3 참고, in Anne Hénault, *Questions de sémiotique*, PUF, 2002.

III

정 념

1. 철학적 정의

정념이란 정신의 어떤 움직임에 의해 일어나고 지속되며 강화되는 느낌이나 지각 혹은 감동이라 정의된다. 이러한 정념은 정신이 가질 수 있는 모든 종류의 사유 작용 가운데 가장 강하게 동요를 일으킨다.

프랑스의 철학 사전에서 정념에 대한 정의는 "정념은 어떤 대상을 통해 상상되거나 느껴지는 기쁨이나 고통으로 자극받아, 그 대상을 가까이하거나 멀리하는 정신의 움직임"[1]이라고 설명되어 있다. 정념은 고대 그리스에서부터 논의되었는데, 17세기 이전의 정념은 애정, 증오, 노여움, 공포 등의 동의어로서, 이 단어들이 시사하는 바와 같이 인간의 어두운 힘의 상징이었다. 이처럼 이것은 원시적이고 주술적인 것으로 간주되었으며, 신화나 종교 혹은 예술의 형태로 표현되었다.

프랑스의 데카르트(1596~1650)는 최초로 정념에 대해 깊이 연구한 철학자로서, 외부로부터 자극이 신체에 의해 지각되고, 그 지각이 정신에 전달되면 정념이 된다고 하였다. 그는 이원론의 입장에서 신체와 정신을 대립시켜 신체로부터 정신에 작용하는 것을 정념으로 표현함으로써, 정념을 외부 자극에 의해 생기는 수동에 의한 소산으로 생각하였다. 이러한 정념의 제시는 인간을 사유하는 존재로만 보는 것을 거부하는 것이다. 그는 인간을 이성적 동물로만 생각하는 전통적 논의에 회의를 품고, 인간을 사유하고 행동하며 스스로를 형성해 가는 존재로 정의하고 있다. 정념의 역할은 이러한 인간 개념에 자리 잡고 있으며, 인간 본성의 문제로 접근하는 것이다. 그는 정념을 도덕적 개념, 관대함, 선, 덕, 의지와 대치되지 않는 것으로 파악한다. 오히려 한 개인이 도덕적 존재로 세워지는 근거가 되는 것이며, 정념의 문제는 인간의 문제와 관련된 다른 부분, 즉 생리학, 형이상학, 도덕, 교육과 연관된다.

데카르트에서처럼 칸트(1724~1804)에서 이성은 정념에 대립되며, 보편적 이성만이 인간에게 자유롭고 자치적인 지위, 즉 도덕적 주체의 지위를 부여할 뿐이다. 그래서 정념은 질서를 타락시키고 영혼을 나쁘게 혹은 병들게 한다고 할 수 있다. '나쁘게'라는 것은 정념의 의지를 욕망의 특수한 부분에 맞게 습관적으로 처리한다는 것이며, '병들게'라는 것은 유기체 혹은 인격체의 일부분에 불과한 정념이 유기체 전체를 희생하면서 부분 자체를 위하여 전개하는 계기로 작용한다는 것이다.

데카르트는 정념의 기본 형태를 경이, 사랑, 증오, 욕망, 기쁨, 슬픔의 여섯 가지로 나누었다.[2] 이와는 대조적으로 스피노자(1632~1677)는 인간의 기본 정서로서, 욕망, 기쁨, 슬픔의 세 가지 정서를 지칭하였는데, 이것은 경이, 사랑, 증오는 전술한 기본 정서에서 비롯되기 때문이라고 주장하였다. 스피노자 철학의 핵심적 탐구 대상은 정념의 문제이며, 그 의미를 조명하고 정념이 객관적 체재와 갖는 관계를 규명함으로써 정념을 해체하고 능동성과 존재의 관점에서 규명하는 것이 스피노자 철학의 근본 목표이다. 이러한 이성적 종합이 추구하는 것을 주관성의 개입 없이 객관성이 확립되도록 세계를 가지적으로 규정하는 것이다.

인간은 필연적으로 정념의 포로이며, 사람들은 다른 사람의 불행을 동정하고 반대로 다른 사람이 행복한 것을 보면 시기한다. 철학자들은 정념이 지나가는 곳에 있는 모든 것을 휩쓸어 가는 격류와 같다고 한다. 정념에는 주인이 없고, 자신의 격렬한 지배하에 있는 사람을 짓밟아 버린다는 것이다..

정념을 인간의 감정으로 인식한 것은 파스칼(1623~1662)이었다. 그는 기하학적인 정신(이성)과 함께 섬세한 정신(감성)을 인간 본성의 두 요소로 생각하였다. 그는 신을 느끼는 것은 심정으로서이지 이성으로서가 아니라고 말함으로써, 정념에 대한 이성의 우위를 주장한 데카르트보다 훨씬 더 신에 가까이 다가갔다. 반면에 영국의 경험주의 철학자 흄(1711~1776)은 이성에 대한 정념의 우위를 주장하였는데, 정념이라는 단어를 정서 혹은 감정 일반을 함의하는 것으로 사용하면서, "우리의 행위를 지배하는 충동은 오직 이성에 의해 조종될 뿐이지 그것으로부터 발생하는 것은 아니다. 이성만으로는 어떤 행위도 산출할 수 없다. 이성은 정념의 노예이며, 따라서 이성은 정념에 봉사하고 복종하는 것 이외의 다른 어떤 임무도 주장할 수 없다"[3)]고 말함으로써 이성에 대한 정념의 우위를 주장하였다.

이와 더불어 18세기 후반 사학자 헤르더(1744~1803)는 이성이 지배적이었던 계몽주의 사상에 반기를 들었는데, 그의 주요 사상은 세계를 인간의 심정으로 이해하는 것이었고, 그 시대 정념의 사학자 부르크하르트(1818~1897)도 정념을 인간과 세계의 본질적인 것, 궁극적인 것으로 인식하였다.

라신느(1639~1699)는 『페드라Phèdre』에서 정념이란 <묶여 있는 자신의 포로에게 집착하는 비너스이다>라고 말한다. 열렬히 사랑한다는 것은 죽도록 사랑한다는 것이며, 인간은 정념 때문에 죽을 수도 있고, 이것이 진정한 사랑의 가장 확실한 기준이 된다. 스탕달(1783~1842)은 『연애론De l'amour』에서 정념의 상태를 결정 작용이라 하는데, 그 남자의 꿈과 추억이 그 여자에게 <결정>되어서 평범한 여자도 매우 사랑하는 애인에게는 천상의 여인처럼 보이기 때문이다. 그래서 우리는 다른 사람의 사랑을 이해하지 못하는데, 객관적으로 판단하는 사람이 보면 그 대상은 대부분 매우 평범할 뿐이기 때문이다. 정념에 사로잡힌 사람은 스스로를 대상에 투사하면서 대상을 풍요롭게 만든다고 할 수 있다.

영국의 경험주의 철학자 홉즈(1588~1679)는 정념도 운동이라고 하면서, "외부 대상들이 감각 기관에 영향을 미치면 우리가 개념이라고 부르는 뇌의 운동과 동요가 일어난다. 이 뇌의 운동이 심장에 계속되어 정념이라고 불리게 된다"[4]고 설명하였다. 또한 "아무리 사람의 정념이 많다 하더라도 그것은 모두 운동이며, 개념이 단지 머릿속의 운동인 것처럼 정념도 심장 주위의 운동일 뿐이다"[5]라고 하였다.

프랑스의 철학자 알랭(1868~1951)은 "정념은 전적으로 우리의 성격이나 사상에서 비롯되는 것 같지만, 또한 도저히 뜻대로 되지 않는 필연성을 지니고 있으므로, (…) 정념에 대해서는 아무런 대책이 없다. 왜냐하면 내가 사랑하건 미워하건, 거기에 반드시 어떤 대상이 눈앞에 있어야 할 필요는 없기 때문이다"[6]라고 말하면서, "인간은 공포에 의해서는 별로 괴로움을 당하지 않는다. (…) 그러나 공포를 느꼈다는 수치심은 만일 그것을 사람들이 비난한다면, 분노나 변명으로 변하게 될 것이다"[7]라고 주장함으로써 정념이 인간에게 많은 영향을 미친다는 것을 강조하였다.

한편 "정신의 활동이나 의지가 아닌 모든 사유를 지각이라고 이름 붙일 수 있다. 정념이란 정신과 육체 사이에 있는 긴밀한 관계가 혼란스럽고 애매하게 되어 있는 지각의 일종이다."[8] 우리가 어떤 것도 그것을 원하고 있음을 지각함이 없이는 원할 수 없다는 것이 확실하므로, 정신이 원하고 있음을 지각하는 것은 또한 정신의 한 정념이라 말할 수 있다. 그리고 우리는 정신이 모든 육체와 결합되어 있다고 말할 수 있을 뿐이지, 정신이 육체의 부분들 중 어느 하나에 배타적으로 존재한다고는 말할 수 없다. 왜냐하면 정신은 하나나 혹은 여러 방식으로 나뉘어질 수 없으며, 우리가 정신의 반이나 3분의 1 등을 생각할 수 없고, 육체의 어느 부분을 잘라내었다고 해서 정신이 줄어들지는 않기 때문이다.

정념은 정신으로 하여금 그것이 육체에게 하도록 시키는 것을 원하도록 자극하고 마음 내키게 하는 것이다. 그래서 두려운 감정은 도망가기를 원하게 만들고, 자신감은 대항하기를 원하게 하는 것이다. 또한 도망가는 것에 대해 좀 더 깊이 생각해 보면, 도망보다는 방어에 더 많은 안전성이 있으며, 도망에서는 후회와 수치를 기다릴 수밖에 없는 대신에, 방어에서는 극복했다는 영광과 기쁨을 얻을 수 있다는 것에 유의할 필요가 있다.

결론적으로 정념은 인간의 사유 속에 깊이 뿌리박고 있음에도 불구하고 육체적인 운동에 의존한다. 그러므로 정신의 정념을 알기 위해서는 육체의 기능과 정신의 기능을 구분해야 할 필요가 있다. 다시 말해 정념에 대한 보다 깊은 인식에 도달하기 위해서는 정신과 육체 사이에 존재하는 차이점을 알아보는 것이 필요하다고 할 수 있다.

2. 기호학적 정의

정념에 대한 다양한 정의와 모호함은 보다 분명하고 구체적인 정의를 필요로 한다. 그레마스는 정념에 대해 철학의 관점과는 다른 시각에서 내면 체계가 보증되는 새로운 인식론을 제시하였다. 그가 제시한 인식론은 어떤 것일까?

정념 기호학에서 정념은 기호-서사적 분절 이전에 순수하게 느끼는 것, 겪는 것, 체감하는 것에서 출발한다. 이것은 인간의 신체에서 일어나는 것으로, 아직 세계와 분리가 안 된 연속적인 것이며 모든 사고나 행동이 형성되기 이전에 주어지는 것이다. 정념이나 정서의 원형 의미소는 느낌, 지각, 체감이라고 말할 수 있으며 아직 언표화되기 전 단계이다.

이와 같이 느끼고 지각하는 신체를 통해 외수용적 형상[9]이 내면화되며 그 형상성[figurativité 10)]이 주체의 사고 양식으로 고찰될 수 있다. 지각의 과정에 대해 초기 이론에서 그레마스는 "지각을 의미 파악이 이루어지는 비언어적 장소"[11]로 간주했는데, "자연 세계의 형상이나 사물은 지각의 결과에 의해 우리 내부에서 언어 형상으로 변형된다"[12] 고 하며 의미 파악에 있어서 지각의 역할을 강조하고 있다.

상상적인 기호학적 존재 양식은 자연 언어와 주체 내부의 동질성을 다음과 같이 암시한다. "내수용적 지각과 외수용적 지각 동질화는 주체 마음 상태와 외부 사물 상태 사이에 형식적인 등가관계를 구축한다."[13] 여기서 내수용적 지각은 마음속에 간직되어 있어 외부에서는 알 수 없는 지각을 말하며, 외수용적 지각은 주체를 둘러싸고 있는 세계에 대해 갖는 외부에 대한 지각을 말한다. 이 두 가지 상태의 개념은 정신적인 것을 신체적인 것으로 바꾸거나 외부의 표출을 내부의 사고로 바꾸는, 느끼고 지각하는 신체의 매개 역할에 의해 동질적 존재의 기호학적 차원에서 서로 화합할 수 있다는 것이다.

정념 기호학에서는 느끼고 지각하는 신체의 매개 역할에 대해 다음과 같이 서술하고 있다. “인간의 신체는 지각의 순간에 동질의 긴장 상태인 기호학적 공간을 만들면서, 외수용과 내수용적 지각 사이에 교감적 매개 역할을 하게 된다. 이 때 살아 있는 육신이 자연 그대로 자기수용적 지각을 표출하기 마련이고 총체적인 느낌으로 자신의 권리를 주장하게 된다.”[14] 다시 말해 신체는 외부와 내부 세계에 동시적으로 속하기 때문에 지각 주체는 신체를 통해 외부와 내부 세계의 영역을 정하고 이 두 세계를 결합하며, 이것이 바로 자기수용적 지각의 역할이라는 것이다. 따라서 상태와 지각은 다음과 같이 구분될 수 있다.

상태état	
마음 상태état d'âme	사물 상태état de choses

지각 perceptif		
내수용적 지각intéroceptif	자기수용적 지각proprioceptif	외수용적 지각extéroceptif

이효석의 『화분』에서 세 가지 지각에 대해 살펴보고자 한다.

> 식당에 들어가 차를 청해 놓고는 아득한 생각에 잠겨 있을 때 맞은 편 벽에 걸린 항공 우편의 포스터가 눈을 끌었다. 창공을 날아가는 비행기의 그림이 신선한 생각을 일으키며 홀연히 한 가지 생각을 뒹겨 주자 아까 사무실 단주의 책상 서랍 속에서 집어낸 여행 시간표가 또한 바로 항공 편의 페이지를 가리키고 있었던 것이 아울러 기억 속에 소생되면서 그 두 가지의 부합이 현마에게 한 줄기 광명을 주었다.[15]

주인공 현마는 처제 미란과 그의 비서 단주가 함께 도주한 곳을 찾아다니던 중 갑자기 <찻집에 항공 우편의 포스터>와 <사무실 단주의 책상 서랍 속에서 집어낸 여행 시간표> 두 가지가 부합되는 것을 느낀다. 그는 이러한 지각으로 즉시 뛰어나가 택시로 비행장을 향하여, 일본으로 동반 여행하려던 두 젊은이(미란과 단주)를 따라 잡는다. 위에서 포스터는 외수용적 지각, 현마의 기억 속에 소생되는 여행 시간표는 내수용적 지각을 나타내며 이 두 가지를 연결시켜 주는 것은 자기수용적 지각의 역할이라고 할 수 있다.

다른 예로 네르발의 작품『불의 딸』에서 작가는 젊은 시절의 사랑을 회상하던 중에 <지방의 꽃다발 축제>라는 신문 광고를 우연히 읽게 된다. 이것이 그에게 잃어버린 시간을 되찾게 해주는 단초가 되고 있다. 또한 이 신문 광고는 소설 전체를 이어가는 중심축이 되는데,[16] 다음에서 세 가지 지각을 구별할 수 있다.

> 나의 시선은 아직 들고 있던 신문을 막연히 훑어 보고 있었고, 거기서 다음 두 줄의 기사를 읽었다:《지방의 꽃다발 축제 - 내일 상리스의 궁수들이 루아지의 궁수들에게 꽃다발을 선사할 것이다.》매우 간단한 이 말이 일련의 새로운 느낌을 나에게 불러일으켰다.[17]

신문 기사 <지방의 꽃다발 축제>는 외수용적 지각, <오래 전부터 잊고 있었던 고향의 추억>은 내수용적 지각을 나타내며, 두 가지를 연결시켜 새로운 느낌을 불러일으킨 것은 자기수용적 지각의 역할이다.

이 때 내수용과 외수용적 지각 사이의 상관관계는 <긴장>을 일으키며, 이 긴장이 바로 신체에 영향을 미쳐 자기수용적 지각의 역할을 유도한다. 즉 자기수용적 지각의 역할은 신체의 긴장과 움직임을 인지하는 것이라 할 수 있다.

감각, 지각, 긴장의 토대 위에서 정념 기호학 이론은 성립되며, 정념은 긴장, 감각과 지각을 토대로 하는 하나의 조직체로 간주된다. 정념은 통사적 특성(정념은 담화의 통합체이므로)과 양태성樣態性modalité[18], 상성相性aspectualité[19], 시간성temporalité 등 다양한 구성 요소로 이루어진 담화의 형상계configuration[20]라 할 수 있다. 정념을 구성하는 요소가 다양하므로 정념은 복합적이고 다양한 요소가 겹치고 충돌하는 것으로 나타난다.

담화의 기저에는 여러 차원이 서로 조합되어 있는데, 이 차원은 상보적相補的인 구성요소constituants와 현시요소exposants로 구분될 수 있다. 전자는 <감>으로, 후자는 <긴장>[21]으로 지칭되며, 정념 기호학에서 매우 중요한 요소이다. <감>은 기질적 범주 쾌감과 불쾌감으로 분절된 후 양태로 전환된다. <양태>는 /의지/, /의무/, /지식/, /능력/으로 구성되며 정념을 분석하는 매우 중요한 도구이다. 이것은 /하다/ 혹은 /이다/와 결합하여 <양태 구성 요소>를 이룬다. <긴장>은 강도와 범위로 분절되며, 이것은 <긴장 현시 요소>[22]를 이룬다. 강도와 범위의 상관관계는 담화에서 자기 수용적 표출을 통해 템포나 리듬, 상으로 나타난다. 그러므로 정념은 그 상관관계가 가지적可知的이며 감각적인 하나의 형상계라 말할 수 있다.

<긴장 현시 요소>의 강도나 범위에 따라 정념의 어휘 목록이 작성될 수 있다. 불어에서 정념을 나타내는 많은 어휘 중에서 네 가지 정념, 정동情動émotion, 열정passion[23], 성향inclination, 감상感想sentiment을 강도와 범위를 중심으로 알아보고자 한다. 정동은 '일시적으로 급격하게 일어나는 감정'이고, 열정은 '타오르는 듯한 세찬 감정'이며, 성향은 '성질의 경향', 감상은 '마음에 느끼어 일어나는 생각'으로 정의된다. 이러한 정의를 고찰해 볼 때, 이 정념은 강도와 범위(여기서는 시간적 지속)에서 서로 변별적이다. 강도에 있어서는 열정이 비교적 가장 높고, 그 다

음이 정동 → 감상 → 성향의 순서이고, 시간적 범위에 있어서는 감상이 비교적 제일 길고, 그 다음이 성향 → 열정 → 정동의 순서라고 할 수 있다. 이 같은 정념의 유형을 나타내는 도표는 다음과 같이 표시될 수 있다.

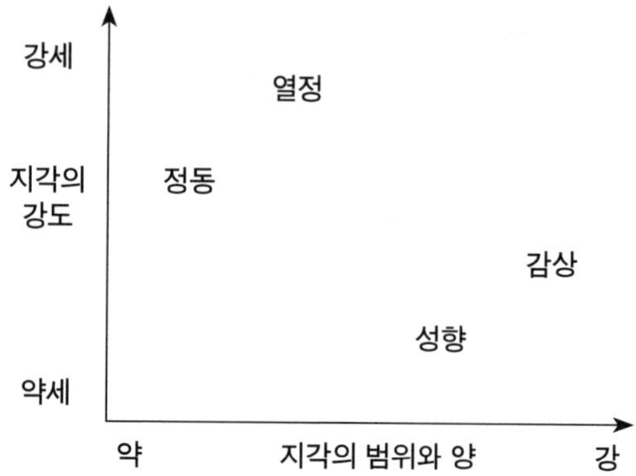

위 도표는 어떤 의미에서는 긴장 기호학의 애정 지도carte du tendre라고 말할 수 있다.[24)]

데카르트는 정념을 단지 분류를 통해 분석하며, 정념의 수, 여섯 가지 원초적인 정념, 특수한 정념을 설명하고 있다. 그러나 그레마스와 퐁타닐은 『정념 기호학』에서 "분류학적 방법은 정념 분류학이 각기 주어진 문화에 따라 상대적인 사실[25)]로 인해 출발점부터 왜곡된다. … 사실상 기호학적 방법은 무엇보다도 결합관계를 예상하는 것이며, 분류 정리하는 것이 아니라"[26)]고 설명하고 있다. 분류에 의한 정의는 항상 문화 분류학의 한계에 부딪치기 때문에, 기호학은 통사적 방식을 택함으로써 정념 통합체의 형성요소formant를 탐구하게 되었다. 담화에서는 결합관계의 가능한 위치를 예상하기 위해 담화의 전체적인 원리를 파악해야 하며, 정념 요소의 출현을 예측하기 위해 그 통사론을 알아야 한다. 이와 같이 정념 연구는 분류학에서 통사론 연구로 이동하였고, 통사론은 서사 통사론에서 양태 통사론으로 그리고 긴장 통사론으로 범위를 확대하였다고 볼 수 있다.

정념 기호학 연구의 방법론적 관점에서 보면, 1980년대에는 정념 분석이 정념 어휘소의 분석이라고 말할 수 있다. 즉 분노, 절망, 향수, 무관심, 인색, 질투의 분석이 주로 이루어졌다. 반면에 1990년대에는 정념 분석이 담화의 정념 차원에 대한 연구로 이루어지면서 담화에서 언어로 표현되지 않은 비언표적 정념 표출이 연구되었다.

기호학은 담화에 산재해 있는 정념의 이질적 집합과 그 일관성을 설명하는 도구와 방법을 제시하고자 한다. 실제로 담화에 표출된 정념은 담화적 표출을 느끼도록 할 수 있는 통사적 형성요소에 의해 특징지어진다고 할 수 있다.

미주

1) André Lalande, *Vocabulaire technique et critique de la philosophie*, PUF, 1960, p.745.

2) Descartes, *Les passions de l'âme*, GF Flammarion, Paris, 1996, p.141 참고.

3) F. 코플스톤, 『영국 경험론』, 이재영역, 서광사, 1991, 32쪽.

4) 같은 책, 50쪽.

5) 같은 책, 51쪽.

6) Alain, *Propos sur le bonheur*, Gallimard, 1928, p.20.

7) *Ibid.*, pp.20~1.

8) Descartes, Op. cit., p.117.

9) 세계나 경험과 관련된 밖으로 드러난 형상을 말함.

10) 어떤 사물을 그렇게 보이도록 하는 것. 즉 나무를 나무로 보이도록 하는 것을 말하며, 마음속에 나무의 형상성이 있으므로 나무로 보인다고 할 수 있다.

11) A. J. Greimas, *Sémantique structurale*, Op. cit., p.8.

12) *S. P.*, p.12.

13) *Ibid.*, p.13.

14) *Ibid.*, p.18.

15) 이효석, 정음사, 1974, 57쪽.

16) 20세기 초 프랑스의 작가 마르셀 프루스트Marcel Proust는 네르발의 작품을 극찬하였다. 그의 작품 『잃어버린 시간을 찾아서』에서 차와 마들렌 과자 이야기는 위에 인용한 대목에서 영감을 얻어 작품의 중심축을 이루는 것으로 전해지고 있다.

17) Gérard de Nerval, “Les Filles du Feu”, in *Oeuvres de Gérard de Nerval I*, Gallimard, 1966, p.244.

18) V. 2.3. 양태 범주, 2.4. 양태 구조와 2.6. 양태장치 참고.

19) 155쪽 주 63) 참고.

20) 243쪽 주 8) 참고.

21) <감>과 <긴장>에 대해서는 V. 1.1. 긴장과 감의 공간 참고.

22) VIII. 1. 양태 구성 요소와 2. 긴장 현시 요소 참고.

23) 정념 기호학에서 정념은 정동, 열정, 성향, 감상을 모두 포괄하는 총칭적인 용어로 사용되며, 여기에서 정념과 열정은 모두 passion이지만, passion이 여러 정념 중에서 한 가지를 가리킬 때는 열정을 가리키는 것이라 할 수 있다.(J. Fontanille et Cl. Zilberberg, *Tension et signification*, MARDAGA, 1998, p.226 참고)

24) J. Fontanille, *Sémiotique et littérature*, PUF, 1999, p.78 참고.

25) 정념은 문화적인 산물로 나라의 문화마다 큰 차이를 나타내어 정념을 지칭하는 용어도 매우 상이한 방식으로 만들어진다. 따라서 정념을 분류하는 방식이 문화마다 다르다는 것이다.

26) *S. P.*, p.105.

IV

그레마스의 「분노에 대하여」

「분노에 대하여De la colère」[1)]는 서사 기호학에서 정념 기호학으로 넘어가기 위한 과도기적 논문이다. 정념 기호학에 대한 이해를 돕기 위해 이론 정립에 토대가 되는 이 논문을 간추려서 소개하고자 한다. 단지 방법의 중요성을 감안하여 그레마스 논문을 순서대로 살펴보려고 한다.

1979년에 그레마스는 「존재의 양태화에 관하여De la modalisation de l'être」를 발표한 이후, 정념 기호학 이론을 정립하기 위해 우선 정념의 어휘소에 대한 어휘 의미적 접근으로 시도된 정념은 분노[2)], 향수, 인색 등이다. 그러나 이러한 접근 방법에 대해서는 곧 한계를 느끼게 되는데, 분노에 대한 연구에서는 통사적 긴장tensions syntaxiques을 도입함으로써 연구에 큰 진전을 가져왔다. 분노의 전체 시퀀스séquences는 그 표출에 전제되는 최초 기대감이 긴장에 의해 이루어지며, 분노는 기대감이

크고 변함없는 것일수록 더욱 더 강하고 지속적이라고 말할 수 있다.

그레마스는 '분노'를 분석하기 위해 어휘적 차원의 방법론을 선택하였다. 사전에서 표제어로 제시되는 언어적 단위 어휘소는 고정적이고 항구적인 의미를 지니고 있다. 하나의 어휘소는 여러 가지 어의를 지니고 있어, 하나의 텍스트만큼이나 복잡한 의미구조를 그 안에 포괄하고 있다. 이와 같은 어휘소에 대한 기술[description]은 담화 분석을 위한 예측 가능성의 모델로 제시될 수 있다.

이론 정립에 있어서는 계통적이고 분류적이 아니라, 통합적이고 통사적인 접근 방식을 택한다. 분노와 같은 복합적인 정념의 경우에는 상태와 행위의 뒤얽힘으로 이루어진 담화적 시퀀스와 관련되는데, 그 안에 내재된 자율적이며 통합적인 단위를 추출하기 위해서는 이를 분해해야 하고 정념의 형상계로 재구성해야 한다.

1. 어휘-사전적 접근

분노의 정의는 쁘띠 로베르 사전[3)]에서 다음과 같다.

> **공격성을 동반한 격렬한 불만족**

위 정의에서 어휘소 '불만족'을 시퀀스의 중심으로 선택할 수 있으며, 불만족의 사전적 정의는

> **희망과 권리에서 실망한 참기 힘든 감정**

이고, 두 가지 사전적 정의를 참고하여 분노는 다음과 같은 연속적인 시퀀스로 제시된다.

실망감 → 불만족 → 공격성

그런데 분노하게 될 주체가 자신의 희망과 권리에서 실망을 느낀다면, 이것은 실망감 이전에 존재하고 주체에게 희망과 권리가 주어진 비실망의 상태가 전제된다. 이와 같이 실망감 이전 상태에는 분노의 시발적 상태가 있으며, 곧 기대감이라 할 수 있다. 따라서 기대감, 불만족, 공격성(복수, 분노)을 세 개 시퀀스로 분석할 것이며, 또한 이것은 상응하는 서사 프로그램으로도 분석된다.

2. 기대감

기대감인 시발적 상태는 분노의 정념적 이야기가 시작되는 출발점인데, 중립적 상태가 아니라 강하게 양태화된 (주체가 /존재-의지 혹은 ~이기를 원하다/[4] 등의 상태에 있는) 주체 상태를 말하고, 다음 단계 <실망시키다>라는 동사를 자세히 보면 두 가지를 발견할 수 있다.

(a) (어떤 사람을) 실망시키다는 <어떤 사람에게서 이익이나 유리한 조건을 빼앗다>이며, 주체를 가치 대상과 이접시키거나 이접 상태에 두는 것을 말한다.

(b) 여기서 어떤 이익이나 유리한 조건이라는 것은 <그가 받을 권리가 있는> 혹은 <그가 기대할 수 있다고 믿는> 이익이나 조건을 말한다.

이것은 주체와 가치 대상 관계 뿐 아니라, 또 다른 주체와 준계약적 관계(파기된)를 가리킨다. 이같은 정의에서 '실망시키다'는 <어떤 기대감에 어긋나다>이며, 이로써 실망감의 시발적 상태로서 '기대감'을 제기할 수 있게 해준다. 기대감에 대해 더 세밀히 탐구하기 위해 '단순 기대감attente simple'과 '신뢰적 기대감attente fiduciaire' 두 가지로 구분해 보면, 전자는 주체와 가치 대상 관계를 말하며, 후자는 전자에 덧붙여 또 다른 주체와 양태적 관계를 가정하는 것을 가리킨다.

2.1. 단순 기대감

단순 기대감은 주체가 가치 대상과 /연접이기를 원함vouloir-être-conjoint/[5)]으로 표현될 수 있다. 이 주체는 행동으로 넘어가기 전 역량 있는 양태화된 행위 주체로 잠재된 주체이고, 행위가 이루어진 수행 단계의 주체를 실현된 주체[6)]라고 말한다. 이 실현된 주체는 그의 대상과 연접된 <상태 주체>이며 행위 주체가 아니다. 행위 주체의 현실화 순간에, 즉 가치 대상과 아직 연접 상태에 있지 않지만 연접될 수 있는 주체도 행위 주체가 아니라 상태 주체이다.

잠재된 상태 주체는 우선 현실화되고(양태적으로 /연접될 수 있음/이 주어지고), 그 다음 가치 대상과 연접되어 실현되는데, 이 연접이 상태 주체의 기호학적 존재를 보장한다고 말할 수 있다. 상태 주체의 두 가지 위치는 다음과 같이 표현될 수 있다.

-기호-서사 층위에서:
/이접/ 대 /연접/
/현실화된/ 대 /실현된/

-담화 층위에서:
/긴장/ 대 /이완/
〈기대감〉 대 〈충족감〉[7)]

위 도식은 역량을 획득하고 수행을 실현하게 되는 행위 주체의 행로뿐 아니라, 내면의 지속적인 상태로 제시되는 상태 주체의 행로를 설명하고 있다. 따라서 기대감의 정념은 다음과 같이 공식화될 수 있다.

$$S_1 \text{ /원하다/ } [\, S_2 \rightarrow (S_1 \cap Ov) \,]$$

(* S_1: 상태 주체, S_2: 행위 주체, Ov(Objet de valeur) : 가치 대상)

'상태 주체 S_1은 행위 주체 S_2가 <상태 주체 S_1과 가치 대상 Ov이 연접되도록 하기를> 원한다'는 의미이다. 여기서 행위 주체는 상태 주체와 같은 행위자로 나타날 수도 있고, 다른 행위자로 나타날 수도 있다. 전자는 재귀적 행위가 되고, 후자는 타동적 행위[8)]가 된다.

2.2. 신뢰적 기대감

주체의 신뢰적 기대감은 또 다른 주체에 대한 신뢰감을 바탕으로 한다. 상태 주체는 자신의 희망과 권리의 실현을 위해 다른 행위 주체에게 어떤 기대를 할 수 있다고 생각한다. 주체는 이 행위 주체에게 /행위-의무 혹은 해야 하다/의 의무적 양태modalité déontique를 부여한다. 이때 두 주체는 진정한 신뢰 계약이나 유사한 계약이 있었던 것은 아니다. 아마도 가상 계약으로 간주할 수 있을 것이다. 왜냐하면 행위 주체는 끝까지 이런 계약을 느끼지 못하며, 이 의무적 양태화는 단지 상태 주체의 상상적 산물에 불과하기 때문이다. 즉 이것은 두 주체 간에 확실한 계약이 있는 것이 아니라, 암묵적인 신뢰를 바탕으로 하는데, 기호학의 새로운 차원인 가상체假想体simulacre의 구축이 제시된다.

이때 가상체는 주체가 아무런 상호적 근거가 없이 자신 밖으로 투사하는 상상적 대상을 말하며, 이를 통해 다른 주체에 대한 태도가 결정된다. 따라서 우리가 상대하는 것은 한 주체와 그가 구축한 가상체 사이에 설정되는 신뢰적 관계이며, 두 사람이 구축한 상호주관적 관계는 아니다. 주체와 가상체의 신뢰적 관계를 공식으로 표현해 보면, 이것은 주체와 가상체의 관계를 '믿다'로 지칭하고 여기에 의무적 양태를 덧붙여 다음과 같이 공식화할 수 있다.

$$S_1 \text{ /믿다/ } [\ S_2 \text{ /해야 한다/ } \rightarrow (S_1 \cap Ov)\ ]$$

'상태 주체 S_1은 행위 주체 S_2가 <상태 주체 S_1이 가치 대상 Ov와 연접되도록 해야 한다>고 믿는다'는 의미이며, 단순 기대감과 신뢰적 기대감 후에는 실현이 뒤따르는데, 이것은 경우에 따라 충족이나 인내심 혹은 불충족과 실망으로 나타난다.

2.3. 실현

2.3.1. 충족

상태 주체가 실현을 결과로 얻을 때는 충족감을, 비非실현을 얻을 때는 불충족감을 느낀다. 기대감으로 지칭된 S_1 정념 상태는 S_2 개입으로 혼란에 빠진다. 행위 주체 S_2는 서사 프로그램 안에서 수여 혹은 비수여(상태 주체와 대상의 연접 혹은 비연접) 행위를 하고, 그 결과 상태 주체는 실현 혹은 비실현을 얻는다. 충족의 정의는 <기대하고 원하는 것 혹은 단순히 원할 수 있는 어떤 달성에서 비롯되는 기쁨>이다. 다시 말해 주체와 가치 대상 간 연접인 행위 결과에 충족이라 지칭된 일정한 기쁨이 덧붙여진다. 이것은 /존재-의지 혹은 ~이기를 원하다/를 특징짓는 <긴장>이 드러내는 기대감에 충족이라고 지칭되는 <이완> 상태가 뒤따르는 것을 말한다.

2.3.2. 인내심

충족은 기대감의 가능한 결과 중 한 가지일 뿐이며, 또 다른 가능한 결과로서 인내심을 말할 수 있다. 인내심은 <평정을 잃지 않고 기다릴 줄 아는 사람의 정신적 성향>이며, 기대감과 밀접하게 연관된다. /행위-능력/과 /행위-지식/을 갖는 현실화된 상태 주체와 실현된(혹은 실현되지 않은) 주체 사이 공간을 채우는, 즉 내재적인 것이 행위화 되는 과정 사이에 설정되는 인내심은 기대감과 외연적 의미(기본적이고 본질적인 의미)는 동일하다.

하지만 반의어 성급함impatience과 비교하여 살펴볼 때, 인내심patience은 기대감과는 다르게 드러나는데, 이 경우에는 기다릴 줄 모르는 자에 대립되는 기다릴 줄 아는 자의 정신적 성향으로 나타난다. <기다릴 줄 안다>는 표면적인 어휘적 표출이고, 기다릴 줄 아는 능력이 있다는 것으로, 내재하고 있는 양태는 /행위-지식 혹은 ~할 줄 알다/가 아니라 /존재-능력 혹은 ~일 수 있다/라 할 수 있다.

인내심은 기대감과 달리 자율적인 성향이다. 기대감은 주체가 함의含意되어 있는 서사 프로그램에 속하는 사건적인 정념인 반면에, 상태의 불변성과 관계되는 인내심은 기대감을 간직하고 있다. 마치 인내심이 내부적으로 충족의 지속 상태를 지니고 있어 끈질기게 계속 추구하고자 하는 것과 같다. 따라서 인내심의 양태는 /능력/에 의한 /의지/의 중첩 양태화 현상으로 /존재-의지-능력 혹은 ~임을 원할 수 있다/가 된다.

수동자의 인내심을 보면. 어떤 순간에 수동자는 초조해지기 시작하며 인내심의 한계에 도달하는가? 이와 같은 문제는 지속성에 불연속성을 도입하는 것이며, 일상생활에서 긴장과 이완, 불편함과 편안함의 파동처럼 나타나는 정념적 삶을 분할하는 것이다. 이 때 정념의 흐름에 변화를 가져 오는 것은 /지식/의 양태라 할 수 있다.

2.3.3. 불충족과 실망

정념 흐름의 변화, 즉 대립되는 두 가지 양태 /연접이기를 원하다 vouloir-être-conjoint/와 /연접이 아님을 알다 savoir-ne-pas-être-conjoint/ 간 충돌은 수많은 유사동의어 중에서 /충족/과 대칭되는 /불충족/이라는 어휘로 지칭된다. 중요한 것은 감정 강도 intensité의 역할과 관련되는 것이다. 즉 소망, 희망, 욕망 등 기대감의 <강도>와 비실현에서 비롯되는 불충족의 정도는 직접적인 관련이 있는 것 같다.[9)]

가치 대상의 비수여로 인해 나타나는 불충족이 다른 의미로 나타나는데, 이것은 행위 주체의 행태에 의해 유발되며 기대감에 어긋나는 것으로 말할 수 있다. 신뢰적 기대감을 지닌 주체의 눈에 /행위-의무/로 양태화된 행태는 일어나지 않고, 상태 주체의 믿음은 근거 없는 것으로 나타난다. 이로부터 생기는 실망감은 두 가지 관점의 신뢰 위기이다. 즉 S_2가 S_1자신에게 준 신뢰감이 어긋나는 데서 비롯되는 위기와, S_1이 잘못된 신뢰감에 대해 자신을 책망하는 데서 비롯되는 위기이다. 이 두 가지 불쾌감은 함께 결합하여 실망감을 일으키고 강한 불만족을 이루며, 최종적으로는 분노의 폭발로 이어진다.

3. 불만족

3.1. 정념의 중심축

정념의 중심축이라 할 수 있는 불만족을 알아보면서, 사전적 정의에 따라서 분노에 관한 세 가지 분할체segments를 얻었다.

실망감 → 불만족 → 공격성

세 가지 연속적 단계는 분노의 정념적 통합체를 구성한다고 할 수 있다.

불만족은 이미 구축한 구조를 포섭하고 수용하면서, 구조의 전개를 가능하게 하는 정념의 중심축으로 제시되고 있다.

앞에서 정의한 불충족은 담화화된 서사 프로그램의 종결상aspect terminatif[10]으로 나타난다. 즉 이것은 주체와 가치 대상의 비연접에서 비롯된다. 이 종결적 상태는 서사 차원에서 이접 상태에 해당하는 기동적 상태를 기호 사각형에서 다음과 같이 바로 위에 위치시킨다.

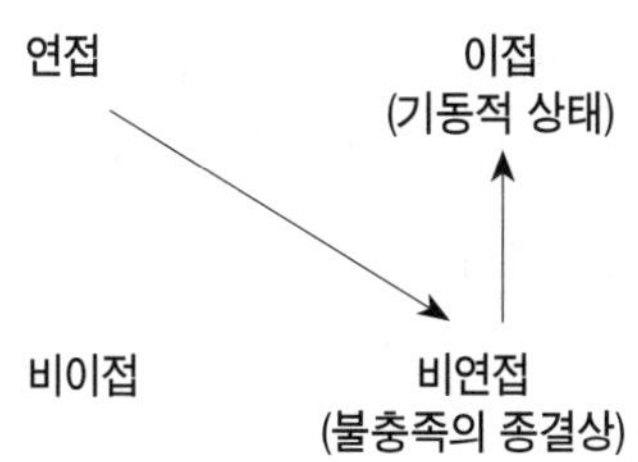

비연접은 이접 아래에 위치하는데, 이것은 마치 담화 차원에서 종

결성[11])이 곧바로 기동성으로 진행되며, 또한 정념 차원에서 불충족이 그 다음 단계에서 결핍의 감정으로 변형될 수 있는 것으로 이해될 수 있다.

이 결핍의 감정은 <불만족>이라는 분할체에 부여한 중심축의 역할을 정당화하면서, 여러 조건하에서 결핍의 해소라는 서사 프로그램의 구축을 가져 온다. 앞에서 설정한 두 기대감(단순과 신뢰)과 두 불만족(불충족과 실망감)의 구별은 끝까지 유지되어야 한다. 왜냐하면 이러한 구별이 신뢰 결핍(혹은 신뢰 위기)과 가치 대상 결핍을 따로 취급할 수 있게 해주기 때문이다. 이 두 가지 결핍은 프로프 민담 분석의 최초 상황을 불러일으킨다.

3.2. 영역 확대

지속상aspect duratif의 관점에서 분노와 관련된 다음의 유사동의어를 살펴보면,

씁쓸함amertume : 운명의 불공평, 실망, 모욕과 관련되고 분함이 뒤섞인 슬픔의 지속적인 감정
원통함rancoeur : 환멸, 억울함 뒤에 갖게 되는 씁쓸함

위 유사동의어는 지속적인 실망, 불충족, 마음 속에 품은 분노인데, 연속적인 프로그램을 지니는 결핍의 감정으로 발전되지는 않는다. 반면에 다음 유사동의어에서는 결핍과 서사 프로그램의 밑그림이 발견된다.

원한ressentiment : 당한 피해나 해악을 〈적의〉를 가지고 회상하는 것.
앙심rancune : 〈적개심〉과 복수의 욕망을 간직한 채, 모욕이나 피해에 대한 끈질긴 기억

의미론적 영역의 확대와 더불어 이처럼 분노에 좀 더 접근할 수 있다. 위에서 살펴본 지속적인 불만족을 수반하는 <적의>와 <적개심>은 분노의 정의에 들어 있는 공격성을 포함하고 있다. 이것은 적대감을 규정하는 집요한 감정인 악의[malveillance]로 지칭될 수 있다. 신뢰를 바탕으로 한 상호 주관적 관계를 특징짓는 선의[bienveillance]가 실망한 기대감으로 인해 악의에 자리를 내주며, 새로운 관계를 지배하는 것처럼 모든 일이 이루어진다. 이것은 마치 계약적 관계가 투쟁적 관계로 대체되는 것과 같다. 이처럼 또다시 이로움과 해로움이 마주치는 상호주관적인 정념의 조직체를 만나게 된다.

선의 대 악의 대립은 상호주관적 관계에서 주체의 /행위-의지/의 긍정적이거나 부정적인 분절[分節]이며, 선의는 긍정적인 /행위-의지/, 악의는 부정적인 /행위-의지/를 토대로 한다. 이처럼 악의는 부정적 /행위-의지/로 해석되는데, 이 /행위-의지/는 어떤 행위로부터가 아니라 정념적인 어떤 상태로부터 생기며, 행위 주체의 출현에 필요한 조건을 구성하게 된다.

3.3. 타인

주체의 /행위-의지/는 양태 역량을 아직 드러내지 못한다. /능력/이나 /지식/의 현실화된 양태가 수반되지 않고, 행위가 일어나는 서사 프로그램이 없으면, /의지/는 잠재적이고 가능한 것일 뿐이다. 단지 하나의 방향, 즉 선행하는 모든 기호-서사적 장치에서 비롯되는 행위소의 방향만을 지닐 뿐이다. 이 방향은 실망과 결핍을 일으킨 책임이 있는 <타인>에게 향하는 부정적인 /행위-의지/이다. 바로 이 <방향성>이 서사 프로그램을 구축하는 이유가 될 것이며, 더 나아가 이 겨냥된 타인는 이미 전제되었고, 이것은 행위 주체의 출현에 필수적인 조건이라 할 수 있다.

일반적인 서사 도식에서 제시되는 것과 같은 행위소 장치를 참조하면서, 어떤 의미적 행위소가 <다른 주체>의 위치를 차지할 수 있는지 생각해볼 수 있다. 서로 대립되는 두 가지 가능성, 즉 발령자로서 행위소와 반反주체로서 행위소가 분명히 나타난다.

발령자로서 행위소 : 악한 감정을 일으킨 주체는 <발령자> 행위소가 될 수 있으며, 주체의 /행위-의지/는 이 발령자에 대한 거부와 새로운 가치론의 탐색으로 이루어지는 반항의 서사 프로그램에 통합될 것이다.

반주체로서 행위소 : 악의를 불러일으킨 주체는 <반주체> 행위소가 될 수 있으며, 부정적 /행위-의지/(악의)는 복수의 서사 프로그램에서 출발점으로 사용될 것이다.

3.4. 모욕

'모욕하다'는 <어떤 사람을 그의 존엄성(명예, 자존감)에 상처 입히다>로 정의되는데, <모욕받은 자> 상태 주체와 <모욕자> 행위 주체의 두 행위소로 나누어진다. 실망도 이와 동일한 행위소 구조로 설명될 수 있다. 이 두 경우에 있어서 상태 주체는 <희생>의 입장에 있고, 그의 정념적 상태는 불충족, 다소 심한 고통의 상태로 특징지어진다.

모욕과 실망을 구분하자면, 모욕은 괴로움이 행위 주체의 행동에서 비롯되는 반면, 실망은 행위 주체의 비행동에서 비롯된다는 것이다. 하지만 행동이든 비행동이든 그 존재만으로 이 행위 주체로 인해 상태 주체 <모욕받은 자>는 우선은 악한 감정을 느끼고, 그 다음에는 복수 형태를 띠는 대응을 유발한다. 이 대응은 좀 더 멀리까지 전개될 수 있으며 행위로의 이행을 촉발시켜 적절한 서사 프로그램을 구성하게 되며, 동시에 분석가에게 대응하는 주체로 새로운 위상의 문제를 제기한다.

불어에서 '모욕하다'는 광범위한 유사동의어를 갖는다. 즉 상대방을 모욕하다 → 분개하게 하다 → 화나게 하다 → 성나게 하다 → 언짢게 하다 → 골나게 하다. 이런 타동사 계열에 다음 대명동사 계열이 대응한다. 감정이 상하다 → 화내다 → 성내다 → 언짢아하다 → 분개하다인데, 이것은 모욕으로 간주된 것에 대해 드러내는 다소 강한 반응으로 규정된다. 그런데 이같은 대명동사의 구축은 한 행위소 내에 행위와 상태 주체의 공존인 중합syncrétisme[12)]으로 해석된다. 따라서 반응은 분개하고 골내며 언짢아하는 행위자의 <내면 문제>이며, 상처받은 명예나 자존감을 불러일으킨다.

<모욕> 대 <복수>의 내적 구조는 행동 대 반응이나 질문 대 대답으로 간단히 환원되지는 않는다. 왜냐하면 모욕은 모욕받은 자가 상처를 받지 않는다면, 모욕자는 그를 상처 입혔다고 할 수 없기 때문이다.

3.5. 상처받은 명예

<상처 받은 명예>에서 명예라는 가상체는 드러나 있는 부서지기 쉬운 핵으로 타인에게서 보호받아야 하는 것이다. 이것은 인간이 사회생활에서 만들어낸 자신의 이미지로서 스스로를 표상하는 것이다. 또한 이것은 자신의 이미지에 대한 긍정적인 평가, 즉 스스로에 대한 신뢰를 기반으로 하고 있다.

모욕과 실망에 관해 살펴보면, 모욕의 경우 자신에게 상처를 준 타인에 대한 신뢰의 부정과 위태롭게 된 자신에 대한 문제이다. 실망의 경우도 타인에 대한 신뢰가 문제였는데, 그 신뢰가 좌절되었을 때 스스로 경솔함을 자책하면서 자신에 대한 문제가 되었다. 이 경우에 두

가상체 사이에서 확인된 차이로 형성된 신뢰 결핍이 관계된다. 이 같은 결핍은 /행위-능력/을 갖춘 행위 주체가 설정되는 주요 조건이라 말할 수 있다.

4. 복수

지금까지는 세 개의 분할체 중에서 <기대감>과 <불만족>을 살펴보았고, 다음에는 마지막 분할체 <공격성>을 알아보고자 한다. 이것은 <복수>와 <분노>로 구분하여 설명될 수 있다.

4.1. 정념적 통합체

상호 신뢰의 결핍으로 인해 일어나는 주체의 /행위-의지/와 /행위-능력/ 출현은 행위로 이행을 실현하게 한다. 공격성은 공격을 일으키게 되고, 복수의 욕구는 복수가 일어나게 하는데, 이런 조건에 역량의 <방향성>이라고 부를 수 있는 것, 즉 어떤 서사 프로그램이 구축될 수 있을 방향의 궤적을 그리는 주체의 의도를 덧붙이는 것이 좋다. 왜냐하면 아직도 주체의 행동 계획이 부재하다 할지라도, 그것은 가치대상과 관계되는 것이 아니라 또 다른 주체와 관계되는 상호주관적인 서사 프로그램이 될 것임을 이미 알고 있기 때문이다. /행위-능력/을 갖춘 공격자 행위 주체(자신에 대한 긍정과 타인에 대한 파괴로 정의되는)의 출현이 기본적이거나 보편소의 형태로 서사 프로그램의 결정적인 요소를 포함하고 있다고 생각할 수 있다.

이와 같이 구축된 정념적 통합체는 인과적인 연쇄체와는 거리가 멀다. 사실 시퀀스의 통합적 전개는 항상 중단될 수 있고, 중단될 때마다 다시 연장된 정념 상태를 가져올 수 있다. 즉 불충족은 체념으로 약화될 수 있고, 악의는 적개심으로 지속될 수 있으며, 복수 욕구는 앙심 상태로 머무를 수 있다. 말하자면 모든 정념이 행위로 귀착되는 것은 아니라고 할 수 있다.

4.2. 정념의 조절

정념의 상태는 그 반복적인 성격이 인식되고, 모티브의 방식으로 자율적 단위로서 여러 담화의 전개에 삽입된다면, 정념적 역할[13]로 고착될 수 있는데, <복수할 필요, 욕구> 혹은 <하나의 행동>으로 정의된다. 따라서 복수는 다음 두 방식으로 나타난다.

- **모욕자의 처벌을 통한 모욕받은 자(피해자)의 정신적 보상**
- **모욕받은 자를 정신적으로 보상해 주는 모욕자(가해자)의 처벌**

두 방식은 좀 복잡하다고 할 수 있는데, 문제의 행동이 두 주체와 관련되고, 모욕이나 실망 때문에 혼란스러워진 정신적 안정을 회복시키고자 하기 때문이다. 하지만 서사 프로그램을 가치 대상의 순환 차원에 위치시키는 결핍의 단순한 해소에 관한 것이 아니라, 한 주체는 정신적으로 보상받아야 하고 또 다른 주체는 처벌받아야 하는[14] 주체 간 문제에 관한 것임을 즉시 알 수 있다.

정념적 대등 관계는 복수의 서사 프로그램이 보상 프로그램이 되고, 이 보상은 <정념> 차원에서 완료되며 추구된 상호주관적 균형을 통해서이다. 만약 어떤 주체 S_1(피해자)이 고통을 받는다면, 또 다른 주체 S_2(가해자)에게 동등한 고통을 당하게 하기 위해 체벌과 괴로움을 가하는 것이 적합하다. 한마디로 복수는 적대적인 두 주체 간 고통의 재균형 잡기이며, 이러한 고통의 균형은 상호주관적 현상으로 정념의 사회적 조절 작용이다.

실제로 S_2의 고통은 자신의 적에게 고통을 주는 것을 즐기는 S_1의 기쁨 -모든 성공적인 서사 프로그램에 당연히 동반되는 충족감- 을 가져온다. 그러므로 복수는 더 이상 사회적이 아니라 개인적 차원에서 쾌감과 불쾌감의 재균형 잡기이다.

결론적으로 복수가 실제적 차원[15]에 위치하고 신체적인 행동을 포함한다는 점에서, 이 같은 행동의 정념적인 결과[16]로 규정되어 정념이라는 대상의 순환으로 이해된다고 말할 수 있다. 신체적 체벌 대신에 복수가 지향하는 고통과 쾌락의 균형은 다른 보상으로도 대체될 수 있다. 즉 재물의 박탈은 불쾌감을 일으키지만, 획득은 대등한 충족감을 주는 정신적 보상이 된다.

4.3. 인식적 제재

정념적 시퀀스(실망감, 불만족, 공격성)의 전개와 일반 서사 도식의 기본 분절 간 평행 관계는 보통의 일반적인 전개는 아니라고 할 수 있다. 이와 같이 결핍과 해소는 모든 이야기의 기본 모티브이다. 복수 이야기의 가치 대상은 정념이므로, 그 결핍의 해소는 단지 상대방에게 가해진 고통과 승리한 주인공의 기쁨을 포함하는 <결정 시련[17]>의 결과일 뿐이다.

그렇지만 이런 기본적인 서사적 분절은 단지 복수 실행의 일부에 불과하다. 프로프의 <영광 시련>의 심오한 의미와 존재 이유에 대해 많은 의문이 제기되었다. 왜냐하면 이것이 <결정 시련>의 단순한 중복처럼 나타나고, 따라서 이야기에서 생략될 수도 있을 것 같기 때문이다. 하지만 이 시련은 인식적 제재의 도움으로 주인공에 대한 인정과 배신자에 대한 착각을 밝히면서, 사회에 정착된 신뢰의 위기를 해결한다는 점에서 중요한 기능을 갖는다.

실제적 차원의 완화된 복수를 알아보기 위해서는 복수의 일탈 <용서>에 시선을 던지면 되는데, 이것이 신뢰 결핍의 해소를 내포한다는 점에서 그러하다. 또한 결투의 경우, 주인공과 배신자인 주체와 반주체의 쌍은 이분법적 분절의 결과가 아니라, 다른 것과 공존하지 않으면 결코 나타나지 못하는 분리될 수 없는 상호 전제의 결과이다. 그 형상적 표출이 흔히 <삶> 대 <죽음>의 의미론적 보편소의 활용에 기반을 두는 적대적인 대립은 <자신에 대한 긍정>과 동시에 <타인에 대한 파괴>로 간주될 수 있다.

4.4. 일탈의 형태 : 정의와 사디즘[sadisme]

복수가 행위 주체의 서사 프로그램이라는 사실과 행위 주체는 /행위-능력/의 출현에 의해서만 구성된다는 사실은 주체 역량이라는 구성 요소의 조작이 중요한 역할을 한다는 것을 잘 설명해 준다. 실제로 /행위-능력/의 위임[délégation]이 발령자-심판자를 설정하고 복수를 정의로 변화시킨다.

여기에서 위임은 주체와 발령자-심판자의 현동태 사이에, /행위-의지/와 /행위-능력/ 간에 거리를 만드는 효과가 있으며, 이것은 /지식/의 중개에 의해서만 채워질 수 있다. /지식/은 발령자가 반주체에게 가하는 고통을 주체가 알게 되는 것을 말하며, 이와 동시에 주체는 쾌락을 느낀다. 즉 쾌락은 주체가 단지 타인의 처벌에 대한 /지식/을 통해서만 느끼는 것이다.

이러한 고통과 쾌락에 대한 의식화는 복수의 정념을 가라앉힌다. 상호주관적 관계에서 행해진 신체적 행위가 부여하는 즉각성을 소멸시키는 것은 차츰 복수의 구조를 무의미화시키고 쇠퇴시킨다. 정념적 쇠

퇴 현상에 겉으로는 감정적 잉여 현상인 사디즘적 행동이 대립된다.

고통 받다 → 고통 주다 → 쾌락을 느끼다

위의 사디즘적 통합체는 복수와 공통되는 것이다. 그렇지만 두 정념의 통사 구조를 비교해 보면, 사디즘 통사론은 담화적이 아니라 문장적 성격을 지닌다는 차이점이 있다. 이처럼 시퀀스의 통합적 구성 단위가 두 정념에 공통된다 할지라도, 사디즘 담화에 결여되어 있는 것은 대용화anaphorisation[18] 능력이다. 사디즘 담화에서 각 문장 단위는 정확하지만, 서로 다른 단위의 통사적 행위소 -실망시키는 주체 S_2와 반주체 S_2와 같은- 는 하나의 행위자로 통합되지 않는다. 사디즘의 주체 S_1은 S_2때문에 실망하는 주체가 아니다. 즉 S_1이 고통을 주고 그 고통이 그에게 쾌락을 가져다주는 사디즘의 주체는 실망시키는 주체(복수의 주체)와 동일한 것이 아니다. 그 결과 답보 상태가 생기는데, 일반 서사 도식 안에 복수 통사론을 통합시키는 것만이 이에 대처할 수 있을 것이다.

5. 분노

연속적인 방식으로 시도된 분노가 다음에는 이와 유사해 보이는 정념의 서로 다른 통합적 형태를 고려하여 보았다면, 그것은 이중의 목적이 있었기 때문이다. 두 가지 목적이란 비교 가능한 형태의 계열체 안에 분노를 삽입시키는 것과, 통합적으로 그 최종 결과에까지 분노의 담화를 전개시키는 것이었다. 억제된 분노에서부터 시작한 -이것이 바로 분기점이었는데- 정념적 행태는 획득된 /행위-능력/ 덕분에 복합적인 복수의 서사 프로그램으로 전개되었다. 따라서 이러한 정념적 담화의 규칙적 전개는 분노의 혼란스런 현상을 잘 이해하기 위해 배경으로 사용될 수 있었다.

언뜻 보기에는 불만족의 격렬하고 강도 높은 성격이 바로 정념으로 전개되면서 복수의 과정을 무시하고 분노의 행로로 직접 연결되는 사실을 부분적으로 설명할 수 있는 것 같다. 하지만 이중의 강도가 중요하며, 분노는 격렬한 실망과 실망한 주체 반응의 즉각성도 전제한다. 그러나 이런 설명이 전적으로 만족스러운 것은 아닌데, 동일한 특성이 복수의 전개도 지배할 수 있기 때문이다. 따라서 분노에서는 단지 모욕당한 자의 반사적 행동의 격렬함뿐 아니라 신속함이 관계된다. 이처럼 선천적이든 문화적 특수성이든 분노와 복수의 구별되는 성격을 규정짓기 위해서는 유형학적 해석에 도움을 청해야 할 것이다.

인과론적 설명이 모두 불충분하게 나타난다 하더라도, 두 가지 행로의 기호학적 기술은 용이하다고 할 수 있다. 이 경우 정념의 결정적인 순간이 /행위-능력/에 의한 주체의 출현에 의해 구성된다는 것을 알게 된다. 복수의 경우에 이 양태는 적절한 서사 프로그램을 산출할 준비가 되어 있는 주체의 양태 역량 전체에 통합된다. 반대로 분노에서는 정점에 달한 /행위-능력/이 주체를 완전히 지배하고, 행동의 프로그램이 결정적으로 세워지기도 전에 행위로 넘어간다. 왜냐하면 /행위-능력/은 자신에 대한 긍정과 타인의 파괴인 방향 주어진 공격성으로 결합되어 있기 때문이다. 여기에서 복수와 분노가 전자는 <정념의 담화>이며, 후자는 정념에 의해 혼란스러워진 <정념화된 담화>[19]로 규정되며, 이로써 양자 간에 존재하는 차이를 잘 파악할 수 있다.

≪ 텍스트 분석 ≫

지금까지 살펴본 분석 도구와 아직 설명하지 않은 분석 도구도 설명과 더불어 활용하여, 박종화의 역사 소설 『금삼의 피』와 줄리앙 그린의 『인간이라는 괴물』을 분석하고자 한다. 두 작품을 분석 텍스트로 선택한 이유는 주인공의 복수와 분노의 정념이 많이 표출되어 있기 때문이라고 할 수 있다.

1. 『금삼의 피』

박종화의 첫 장편 소설 『금삼의 피』는 우리나라 신문 소설의 효시로 기록되고 있다. 폭군 연산군을 주인공으로 등장시킨 이 작품은 연산군이 생모인 윤비를 복위시키고자 일으킨 갑자사화(1504~연산군 10년)를 작품화한 것이다.

1.1. 줄거리

성종의 후궁으로 있던 윤씨와 정씨 중에서 윤씨가 연산군을 낳고 왕비로 책봉된다. 그러나 왕이 정씨를 더 아끼게 되자 두 여인은 서로 질시하여 부적 등을 사용하여 상대를 해치려 한다. 성종과 말다툼 끝에 윤씨는 손톱자국을 내어 정씨 일파에 의해 폐위되고 끝내는 사약을 받게 된다.

이 때 윤씨는 피를 토한 손수건을 연산군이 왕이 되면 전해달라고 하며 죽는다. 훗날 연산 군이 왕이 되자 그는 정씨 일파에게 복수를 하고 억울하게 죽은 생모를 다시 복위시키고자 한다. 그러나 강력한 반대에 부딪쳐 갈등을 겪게 된다. 그러던 중 무오사화가 일어나고, 이것을 계기로 연산군 주위에는 간신배만 모여들어 백성의 원성은 갈수록 높아간다. 마침내 박종원 일파의 모반으로 연산군은 왕위에서 폐위된다.

세 가지 지각, 진리 검증 양태화, 연산의 /지식/ 획득 과정과 수행(복수) 등으로 나누어 분석하고자 한다.[20]

1.2. 세 가지 지각

'장한편'에서 연산은 유가를 돌다가 우연히 어미소와 송아지를 보게 된다.

> "어미소를 따라서 촐랑촐랑 걸어 오는 송아지는 앰매 소리를 질렀다. 앞에서 끌려 오는 암소는 엄아 - 하고 대답했다. … 동궁은 가는 말을 멈추고 우두커니 끌려 가는 암소와 울부짖으며 따라 가는 송아지의 구슬픈 앰매 - 엄아 - 소리를 듣고 계시었다. 동궁의 얼굴에는 창연한 빛이 떠돌으시며 두 눈엔 눈물이 글썽글썽 어리우셨다."(83~4)[21]

위 대목에서 동궁 연산은 특별한 지각 경험을 하게 된다. 즉 평상시의 지각 흐름 안에서 그의 감각 능력은 감춰진 기억과 뜻밖의 만남을 불러일으킨다. 암소와 송아지의 장면은 외수용적 지각, 동궁이 내부적으로 어머니를 생각하는 것은 내수용적 지각, 두 지각의 만남을 불러일으키는 것은 자기 수용적 지각이다.

궁중에서는 동궁에게 대하여 일체 폐비 사건에 함구령을 놓았다. 그리고 새로 되신 곤전을 동궁의 생모이신 것처럼 만들어 놓았다. 동궁은 옛 기억에서 어렴풋이 불러일으킨 어머니의 얼굴과 지금 현실에 있는 어머니의 얼굴은 너무도 틀리고 먼 것을 느낀다. 전자는 내수용적 지각이고 후자는 외수용적 지각인데, 동궁의 자기수용적 지각은 이 두 가지를 일치시키는 것을 거부하는 것이다. 따라서 불길한 의혹에 사로잡혀 있는 동궁은 지금 어머니(진성대군의 어머니)의 얼굴이 변하신 것인지, 아니면 완전히 딴 사람인지 계속 의혹을 품는다.

> 하루는 동궁이 … 무심 중에 곤전에게 어리광 비슷하게
> "어마마마, 어마마마의 얼굴이 옛날보다 달라지셨오?"
> "왜?"
> "그전에 내가 아주 어렸을 때 진성만 했을 때 어마마마를 보입던 때는 갸름하고 살갗이 엷은 것 같았는데… "
> 이 돌연한 동궁의 묻는 소리에 새로 되신 곤전은 무엇이라 대답해야 옳을지 몰랐다. 곤전은 얼굴이 벌개지시며 머뭇머뭇하다가 그대로 대답할 기회를 놓쳐 버렸다.
> …
> 동궁의 마음은 한층 의심이 깊어지시게 되었다. (85)

곤전 얼굴이 벌개지심을 보고 연산은 더욱 더 의심을 품는다. 얼굴빛의 변화는 감정 변화와 상관관계를 갖는다. 이 경우 벌개진 얼굴빛은 상대방의 의심을 불러일으키는 신체 코드[22)]로 작동된다. 그리고 동궁은 결국 내시 김자원을 다그친 끝에 자신이 폐비 윤씨의 유일한 소생임을 듣고 지금 어머니가 자신의 친모가 아님을 확인한다.

어린 시절에는 동궁이 곤전이 친모인 사실에 대해 의심을 하지 않는 <신뢰> 상태에 있었다. 하지만 성장하면서 기억 속 어머니와

곤전의 모습이 다른 것을 어렴풋이 느끼고, 곤전이 진짜 친모인지에 대해 계속 <의혹>을 품는다. 그러다가 내시 김자원을 통해 곤전이 친모가 아닌 사실이 밝혀져 <불신>하게 된다. 그러므로 이 경우 신뢰→의혹→불신의 통사 행로가 성립되며, 다음과 같이 기호 사각형으로 나타낼 수 있다.

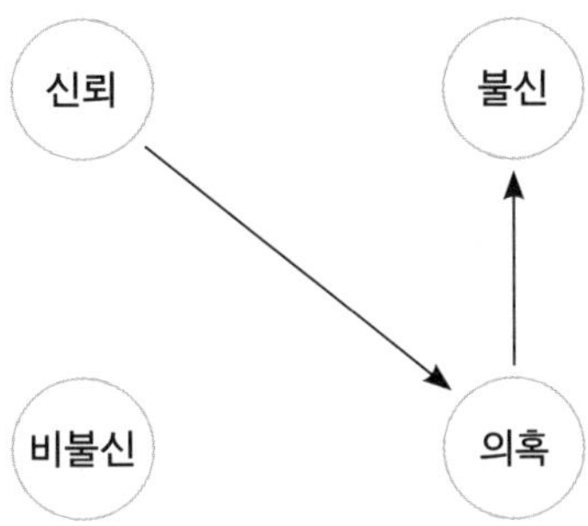

1.3. 진리 검증 양태화

진리 검증 양태화는 내재적인 차원에 속하는 /존재/와 외재적인 차원에 속하는 /현상/의 대립을 통해 얻어지며, 등장인물의 정체를 진실, 허위, 비밀, 기만으로 판단하는 것이다. 일반적으로 등장인물의 정체는 내부에 숨겨져 있는 내재적인 것과 겉으로 드러나는 외재적인 것이 일치할 수도 있고 일치하지 않을 수도 있다. 그레마스는 전자를 /존재/로, 후자를 /현상/으로, 그리고 /존재/의 모순항을 /비존재/로, /현상/의 모순항을 /비현상/으로 지칭하고 이를 분석에 활용한다. 더 나아가 이를 기호 사각형에 나타내면 다음과 같이 진실, 허위, 비밀, 기만 네 가지 결합을 만든다. 이 네 가지 범주는 단지 기호학적 메타언어일 뿐이며, 존재론적 개념과는 관련이 없다.

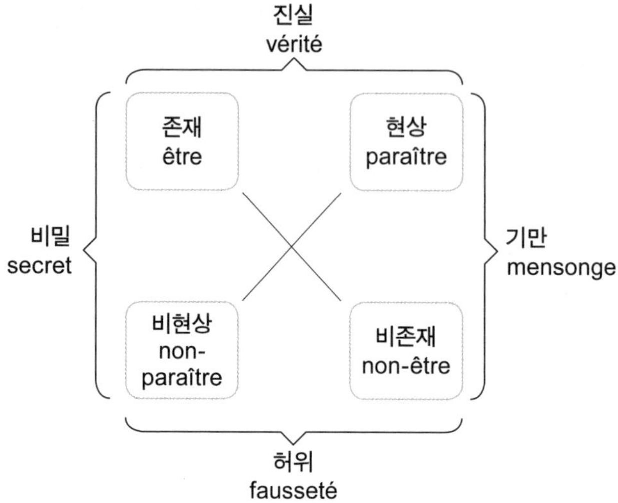

a. 외재성의 차원과 내재성의 차원이 모두 긍정일 경우에는 /현상/ + /존재/로 규정되어 이 결합은 '진실'을 만든다. 즉 '진실'은 텍스트 내부의 /현상/과 /존재/의 일치된 상태를 말한다.
b. 두 차원이 모두 부정적일 때는 /비외재성(비현상)/ + /비내재성(비존재)/으로 규정되어 '허위' 상태를 만든다.
c. 외재성의 차원에서는 부정적이고, 내재성의 차원에서는 긍정적일 경우 /비외재성(비현상)/ + /내재성(존재)/으로 규정되어 '비밀' 상태를 만든다.
d. 외재성의 차원에서는 긍정적이고, 내재성의 차원에서는 부정적일 경우 /외재성(현상)/ + /비내재성(비존재)/으로 규정되어 '기만' 상태를 만든다.

모든 담화는 일반적으로 자체의 진리를 구축하고 보유하는데, 진리 검증 양태화는 담화 내에서 작동한다고 할 수 있다. 진실, 허위, 비밀, 기만의 판단은 담화 내 요소가 서로 이루는 관계 혹은 담화 내 표지에 의해 결정된다. 한 마디로 기호학적 분석은 담화 내부와 관계되는 내재적인 것이며, 담화 외부의 진리 판단과는 무관하다고 할 수 있다.

다음 인용문에서 줄거리를 진리 검증 양태화로 분석해 보면,

> 성종은 동궁이 유가를 돈 후에 아뢰는 송아지와 어미소 이야기에 매우 감동되었다. 이 일로 인해 동궁의 친모 폐비가 생각나서 내시 김자원에게 폐비가 그동안 개과천선한 기미가 보이는지 그 집에 가서 동정을 살피고 오라고 명한다. 하지만 이 모든 일은 왕대비와 정귀인의 귀로 들어갔다. 왕대비는 내시를 불러 다음과 같이 거짓말을 하도록 지시하였다.
> "너, 갔다 들어와서 조금도 뉘우치는 빛이 없고 분바르고 단장하고 갖은 교만을 다 떨면서 오히려 상감마마에게 악착스런 발악의 말씀을 하더라고 사뢰어라!" … 그리고는
> "너 내 말을 허수히 듣고 중언부언 상감마마께 딴 말씀을 여쭈었다가는 죽고 남지 못하렸다!"고 덧붙이었다.
> 십년이란 긴 세월을 두고 돌보지 않은 폐비의 집은 황량하였고 몸져누운 폐비는 간신히 몸을 일으켜 내시를 맞았다. 누추한 옷차림에 피눈물을 흘리는 폐비를 보고 나서, 눈물을 씻으며, 거리로 나온 내시는 이 사실을 상감께 솔직히 아뢸 것을 마음먹었으나, 대전 앞에서 대비의 을러대신 말씀이 귓속에 다시 들려 왔다. 영화를 누리려는 욕심이 앞을 눌러 간사한 내시는 상감 앞에서 대비가 일른 대로 거짓으로 아뢰었다. (86~7)

외부적으로 나타나는 폐비의 '누추한 옷차림과 피눈물'은 내부적으로 가난과 슬픔으로 주제화될 수 있다. 따라서 '누추한 옷차

림과 피눈물'은 /현상/으로, '가난과 슬픔'은 /존재/로 간주된다. /현상/은 /비현상/을 모순항으로 가지는데 '누추한 옷차림'에 대한 모순항은 '화려한 옷차림'이 된다. /존재/인 '가난과 슬픔'에 대한 모순항으로는 텍스트에 있는 대로 '부와 교만함'을 제기할 수 있다.

폐비의 모습은 '가난과 슬픔' 그리고 '누추한 옷차림과 피눈물'이 결합되어 /존재/와 /현상/으로 간주되는 '진실' 상태로, 동정을 알아보러 온 내시에게 '누추한 옷차림과 피눈물'로 설득 행위를 한다. 이를 본 내시는 눈물을 씻으면서 해석 행위를 하여, 상감께 이 사실을 솔직히 아뢰기로 마음먹는다. 하지만 대전 앞에서 대비마마의 압력이 되살아나 내시는 상감께 폐비에 대해 '화려한 옷차림'과 '부와 교만함'으로, 즉 /비현상/과 /비존재/가 결합하는 '허위'로 아뢴다. 지금까지 설명한 것을 기호 사각형에 나타내면,

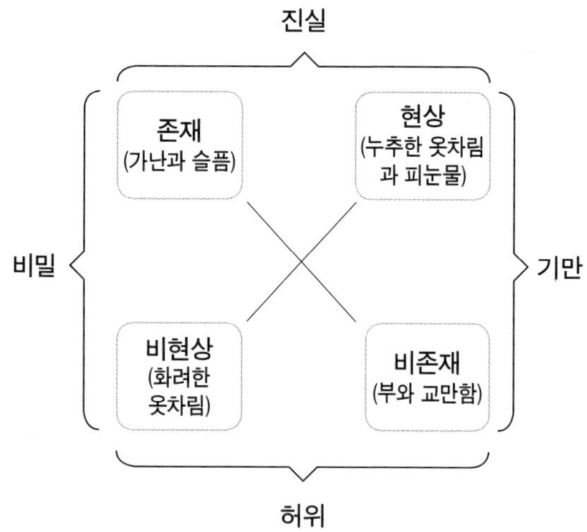

폐비의 모습과 태도에 대해서 행위자에 따라 /지식/의 질과 양이 다름을 알 수 있다. 친정 어머니와 독자가 가지고 있는 지식과 성

종이 가지고 있는 지식은 서로 다르다. 전자에서 폐비의 정체에 대한 /지식/은 /현상/ +/존재/인 '진실'인 반면에, 후자에서 폐비의 정체는 적대자들(내시, 대왕대비, 정귀인)로 인해 /현상/에서 /비현상/으로 /존재/에서 /비존재/로 이행하여, '진실'에서 '허위' 상태로 된다.

성종이 '진실'에서 '허위' 상태로 되는 과정을 좀 더 알아보면, 이 경우에는 기호학의 주요 분석 도구 <설득 행위>와 <해석 행위>가 작동한다. 적대자들은 폐비에 대한 거짓 증언으로 성종을 설득하는 행위를 한다. 즉 '허위'를 '진실'로 변형시키는 <설득 행위>를 하며 성종은 이에 대해 <해석 행위>를 하는데, '허위'인 세 사람의 거짓말을 사실로 알아듣고 폐비에 대해 오해를 한다. 결국 성종은 분개하여 폐비에게 사약을 명한다.

서사 도식으로 분석하면, <설득 행위>와 <해석 행위>는 모두 <조종>의 단계에 해당한다. 발령자이며 조종자(대왕대비, 정귀인)는 행위 주체 성종이 폐비를 처벌하는 프로그램을 실현하도록 설득 행위를 한다. 수령자이며 피조종자(성종)는 조종자의 거짓말을 사실로 알아듣는 <해석 행위>를 한다. 발령자의 <설득 행위>와 <해석 행위>로 인해 폐비에 대해 오해를 한 행위 주체 성종은 폐비를 처벌하기 위한 모든 역량(/의지/, /의무/와 /능력/, /지식/)을 전부 갖춘 현실화된 주체가 되어, 그 다음 단계 수행을 하는데, 이 경우 수행은 폐비에게 사약을 내리는 것이 된다. 폐비는 /비현상/과 /비존재/인 허위의 누명을 쓰고 사약을 받아 매우 억울한 생을 마감하였다. 하지만 '피묻은 금삼'을 남김으로써 이것이 근거가 되어 연산은 그 일에 연루된 모든 이들을 처벌하여 복수를 한다.

연산(S_1)의 복수심이 어떻게 일어나는지 알기 위해서도 진리 검증 양태화를 활용할 수 있다. 처음에 판단 주체로서 S_1은 어머니 폐비가 사약을 받은 것이 성종의 용안에 상처를 냈기 때문이라고 잘

못 알고 있다. 이러한 오해를 '허위'의 한 항으로 /비존재/로 놓을 수 있다. 따라서 그가 친모의 죽음이 억울한 것임을 확신하기 위해서는 어떤 계기 혹은 근거가 있어야 한다. 어떤 계기는 원조자 덕분에 만나게 된 외조모의 진술인데, 이를 /비존재/의 반대항인 /존재/로 간주할 수 있다. 그리고 어떤 근거는 바로 텍스트 제목이 명시하는 '금삼의 피'이며, 폐비가 억울하게 사약을 받고 피눈물을 흘린 것을 입증해 주는 표지이다. 우리는 이런 표지를 /현상/으로 설정할 수 있으며, 이런 표지가 없는 것은 /비현상/으로 설정한다.

요약하면 S_1은 진실을 밝혀줄 표지가 없어(/비현상/), 처음에는 폐비가 사약을 받은 것이 성종 용안에 상처를 냈기 때문(/비존재/)이라고 생각하여, /비현상/ + /비존재/인 '허위' 상태에 있다. 하지만 외조모가 나타나 S_1에게 /현상/인 '금삼의 피'를 제시하고, 폐비가 사약을 받은 사유를 그에게 진술했을 때, 그는 비로소 /존재/ + /현상/인 '진실'의 상태에 있게 된다. 이것을 기호 사각형에 나타내면 아래의 네 가지 진리 범주를 얻을 수 있다.

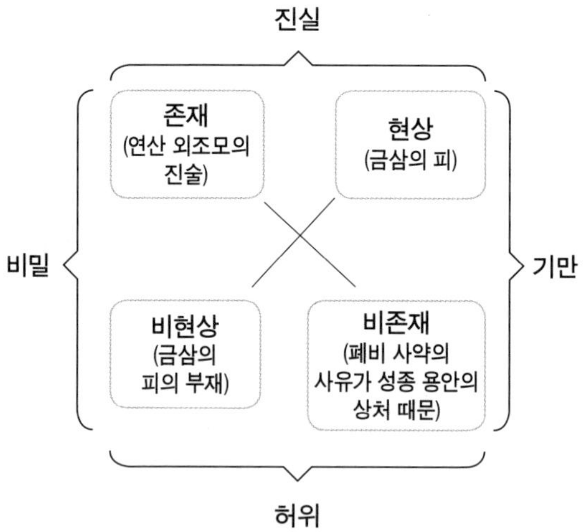

1.4. 연산의 /지식/ 획득 과정과 수행

연산(S_1)이 수행(복수)에 필요한 역량 /지식/(폐비가 사약을 받은 진짜 사유)을 획득하는 과정을 살펴보면, S_1은 처음에 어머니 폐비가 사약을 받은 것이 성종 용안에 상처를 냈기 때문이라고 잘못 알고 있다. 하지만 그는 조종자manipulateur의 중개에 의해 /지식/을 획득하게 되는데, 행위소 장녹수가 조종자가 된다. 연산의 외조모는 임사홍 집에서 그의 며느리 현숙 공주를 통해 장녹수를 만난다. 이 자리에서 외조모가 폐비 죽음이 대왕대비 정씨와 엄씨 음모 때문이라는 사실을 밝히자, 장녹수는 피묻은 한삼이 담긴 함궤를 대궐 안에 자기 처소로 보내달라는 지시를 한다.

대궐 안에서 일어나는 일을 <서사 도식>으로 분석해 보면, <조종> 단계에서 발령자이며 조종자 장녹수는 도착한 함궤를 놓고 수령자 연산에 대해 <설득 행위>를 한다. 수령자이며 피조종자 연산은 장녹수에게서 폐비가 사약 받은 진짜 사유를 소상히 듣고 피묻은 한삼을 보며 <해석 행위>를 한다. 이때 이에 대한 지식이나 정보를 갖고 있는 인지적 주체sujet cognitif [23]가 그에게 정보를 제공한다. 외조모와 임사홍은 자발적으로 진실을 말하므로 능동적 정보자이며, 내시 김자원은 S_1에 의해 강제로 진실을 말하게 되므로 수동적 정보자가 된다. 결국 S_1은 이런 탐색을 통해 비로소 허위 상태에서 진실 상태로 이행한다.

허위의 상태에서 진실의 상태로 이행한 연산의 고통은 극에 달한다. 이렇게 해서 행위 주체(복수를 하게 될 주체)가 설정되어 복수가 시작된다. 행위 주체는 /복수하기를 원하고(의지)/, /복수해야 하는(의무)/ 잠재된 주체일 뿐 아니라, /복수할 능력이 있는(능력)/ 현실화된 주체이며, 여기에 복수 프로그램에서 매우 중요한 인지적 차원

plan cognitif의 /지식/도 첨가되었다. 이와 같이 주체는 네 가지 <역량>을 모두 갖추어 행위로 이행하게 된다.

<수행> 단계에서 S_1은 어머니 윤비의 고통(사약을 받아 죽음)을 그녀를 모략한 후궁 정씨와 엄씨에게 되돌려 주기 위해 그녀들을 극형에 처한다. 이를 서사문으로 표현하면,

$$F\ [S_2 \rightarrow (S_1 \cap O)] \rightarrow F\ [S_1 \rightarrow (S_2 \cap O)]$$

(* S_1: 윤비(첫째 서사문), 연산(둘째 서사문)

S_2: 정씨와 엄씨, O : 고통)

위 공식은 '행위 주체 S_2는 상태 주체 S_1이 고통과 연접이 되도록 하였다'. 그러므로 이번에는 '피해자 상태 주체 S_1의 아들 연산이 행위 주체가 되어 가해자 S_2로 하여금 고통과 연접이 되도록 한다'고 설명할 수 있다.

연산이 친모를 알게 되는 과정과 친모가 적대자의 음모로 사약을 받게 된 것, 그리고 친모의 가해자에 대한 연산의 복수를 기호학적으로 분석하여 적용 가능성을 알아보았다.

2. 『인간이라는 괴물』[24)]

2.1. 줄거리

소설의 전반부에서는 주인공 게레가 사랑하는 앙젤이 다른 남자와도 만난다는 이유로 그 여자에게 폭력을 행사하여 얼굴에 흉한 상처를 입힌다. 그는 분노를 참을 수 없어 길 가던 죄없는 노인까지 살해하여 경찰에 쫓기게 된다.

후반부에서는 게레가 가정교사를 하던 집의 여주인 그로조르주 부인이 그가 범행을 저지른 곳을 배회하다 우연히 그와 마주쳐 집으로 찾아오라고 한다. 그가 찾아오자 부인은 자신을 만나기 위해 위험을 무릅쓰고 찾아온 것으로 착각한다. 그러나 그와의 대화 속에서 아직도 앙젤을 사랑하고 있음을 알고 질투에 사로잡혀 그를 몹시 증오하게 된다. 결국 부인은 화를 참지 못해 앙젤에게 편지를 써서 그를 경찰서에 고발하게 한다.

이 소설에서 게레와 그로조르주 부인은 모두 정념을 억제하지 못하여 그들의 삶에 비극적 종말을 가져오게 된다. 후반부에서 신뢰감의 변화와 진리 검증 양태화를 적용하여 알아보고자 한다.[25)]

2.2. 신뢰감의 변화

사랑하는 여인을 폭행하고 길 가던 노인을 살해한 주인공 게레는 자신이 범행을 저지른 장소를 되찾아 온다. 바로 그 때 우연히 마주친 그로조르주 부인이 자신을 고발할 것인지 게레는 의구심에 사로잡힌다. 이러한 게레의 그로조르주 부인에 대한 신뢰감의 변화 과정을 신뢰적 기대감의 공식을 이용하여 분석하려고 한다.

S_1(게레)은 "무엇 때문에 그 여자가 고발하지 않겠는가?"(272)[26]라는 질문을 스스로에게 던진다. 즉 S_1은 S_2(그로조르주 부인)가 여인에게 폭력을 가하고 노인을 살해한 사람을 /고발하지 않을 수 없음/을 투사한다. 이것을 신뢰적 기대감의 공식에 놓으면 다음과 같다.

S_1 /믿다/ [S_2 /하지 않을 수 없음/ ($S_1 \cap Ov$)]

(* Ov : 경찰을 가리킴)

위 공식은 'S_1은 <S_1이 경찰과 연접되도록 (경찰에게 체포되도록) S_2가 고발하지 않을 수 없음>'을 믿는다'로 해석할 수 있다. 여기서 투사된 양태 /~하지 않을 수 없음/에 따라 S_2의 역량에 대한 기호 사각형을 다음과 같이 나타낼 수 있다.

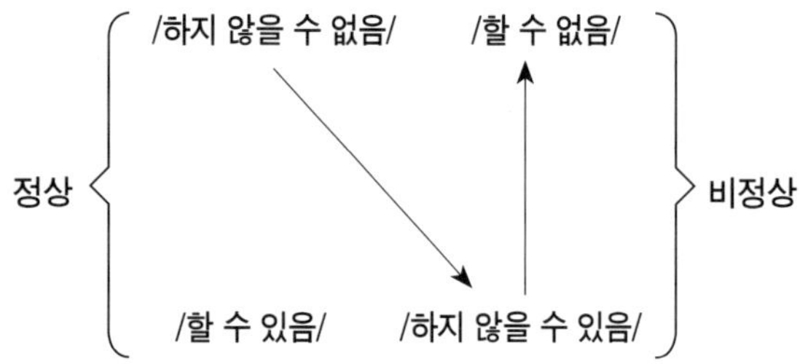

긍정적 함의 관계를 '정상'이라는 메타용어로 명명할 수 있는데, '정상'은 <S_2가 범행을 저지른 S_1을 경찰에 고발하지 않을 수 없음>을 의미한다. 그러나 인지적 차원에서 S_2는 "해롭게 하지는 않을 테니 걱정하지 말아요"(273)라는 설득 행위를 하고 이것을 S_1은 /고발하지 않을 수 있음/으로 해석 행위를 함으로써 그 여자 집으로 찾아간다.

다시 말해 S_2는 /고발하지 않을 수 있음/을 말하고, 이는 /고발할 수 없음/에 함축됨으로써, S_1은 자신에게 부여되는 /고발하지 않을 수 없음/을 부정한다. 즉 실제적 차원에서 S_1이 설정한 내심의 가상체(/고발하지 않을 수 없음/)를 S_2의 역량과 모순의 위치에 놓음으로써 S_2는 /고발하지 않을 수 있음/으로 행동한다.

S_1이 그녀 집으로 찾아가자 S_2는 도피중인 S_1에게 "옷과 돈을 줄 테니, 내일 열두시 반에 떠나라"(290)고 하자, S_1은 "그런데 당신이 나를 고발한다면?"(290)이라고 말함으로써 자기를 고발해서는 안 된다는 것을 암시한다. 이로써 앞의 공식에 새로운 양태를 부여할 수 있다.

S_1/믿다/ [S_2/해서는 안됨/ ($S_1 \cap Ov$)]

'S_1은 <S_1이 경찰과 연접되도록 S_2가 고발해서는 안됨>을 믿는다'는 것을 나타낸다. 이제 S_2는 /~하지 않을 수 있음/이라기 보다는 오히려 <고발해서는 안되는> 것이므로 /~해서는 안됨/이다.

S_2는 "나를 믿지 못한다면 가셔야지요"(290)라고 S_1에게 자신을 /믿을 수 있음/의 양태를 투사하자 S_1은 "남겠습니다"(290), "당신을 믿고 있습니다"(291)라고 말한다. 이처럼 S_1은 S_2에게 /믿음/의 양태를 투사하였으나, 다음에는 S_2에 대한 신뢰가 점차 줄어들어 비신뢰가 되었다가 불신으로 되는 대목이 이어진다.

S_2는 S_1이 위험을 무릅쓰고 다시 온 것은 '자신을 만나기 위해서'가 아니라 '자신의 연적 앙젤을 보기 위해서'라는 것임을 알게 된다. 전자는 S_2가 세운 가상체인 반면, 후자는 S_2가 부인할 수 없는 실제의 사실을 가리킨다. 전자와 후자는 일치되지 않고 결정적인 모순을 유발하는데, 이 모순으로 S_2는 S_1을 경찰에 고발하려는 결단을 내리게 된다. 이 경우 S_2의 행위소 역할[27)]이 변화된다고 할 수

있다. S_2는 S_1이 자신을 만나기 위해 위험을 무릅쓰고 그 곳에 왔다고 생각할 때는 그를 경찰로부터 숨겨주고 싶었다. 여기에서 행위소 역할은 /~하기를 원함/(숨겨주기를 원함)이다. 하지만 S_1이 자신이 아니라 자신의 연적 앙젤을 만나기 위해 위험을 무릅쓰고 왔다는 사실을 안 후로는 행위소 역할이 /~하기를 원치 않음/(숨겨주기를 원치 않음)으로 변화하여 경찰에 고발하게 된다.

S_1은 S_2의 더 이상 말하지 못하게 손을 내젓고는 뻣뻣하고 느린 걸음으로 문을 향해 걸어가는 모습을 보고 갑자기 끔찍한 예감이 그의 머리를 스쳤다. 지금까지 S_2를 믿었던 S_1의 신뢰감은 점차 신뢰하지 않는 상태(의혹)로 변해갔다. S_2의 살롱에 감금당한 것처럼 되어버린 S_1은 결국 S_2가 자신을 배신한 것을 느꼈다.

> 얼마 전부터 그는 자신이 배신당했다는 것과 한 시간, 아니 어쩌면 15분 내에 경찰이 그 별장에 침투하여 그를 체포하리라는 것을 확신했다.(329)

신뢰적 기대감의 공식으로 나타내면 다음과 같다.

$$S_1 \text{ /믿다/ } [\ S_2 \text{ /함/? } (S_1 \cap Ov)\ ]$$

'S_1은 <S_2가 S_1이 경찰과 연접되도록 함>을 믿는다'는 것을 나타낸다.

마침내 S_2는 질투와 분노에 떨며 자신의 연적 앙젤에게 '게레가 여기 숨어 있으니 경찰에 알리라'(323)는 편지를 보낸다. S_1은 이런 편지를 보냈다는 말을 듣고 다음과 같이 S_2의 배반을 확신한다.

- 당신이 나를 배반하리라는 것을 의심했어야만 했는데...(337)

위와 같이 설명한 것을 기호 사각형으로 나타낼 수 있다.[28]

2.3. 진리 검증 양태화

소설에는 대부분 행위자가 서로 다른 지식을 갖고 있기 때문에, 진리 검증 양태화의 네 가지 범주 진실, 허위, 비밀, 기만이 혼합되어 있다. 분석의 대상으로 하는 것은 사건의 피해자 앙젤(S_1)이 롱드 부인(식당 여주인)이나 그로조르주 부인인 대화 상대방에 따라 자신에 대한 폭력 가해자를 다르게 증언하는 대목이다. 여기서 S_1 이외의 다른 행위자들은 처음에는 가해자가 누구인지 모른다. 이들은 가해자를 파악하기 위해 그들 스스로 판단이나 해석 행위를 한다. 그러면 두 부인이 어떤 해석을 거쳐 게레를 가해자로 판단하는지 차례로 살펴보기로 한다.

a. 롱드 부인

- 자, 그 사람 어떻게 생겼든?
- 내가 물가에 있었는데, 그 사람이 내 뒤로 와서 머리를 때렸어요. 내가 아는 건 그게 전부예요.
- 헌데 네가 그와 함께 길을 가는 걸 봤다고 하던데, 이 불쌍한 것아! 코프 부인이 너를 봤대. 좀더 먼곳에서는 쌩-쥐드 성당의 의자 사용료 받는 여자도 너를 봤대더라.(187)

- 내가 그 사람의 이름을 모른다고 했잖아요. 나는 그에 대해서 아무 것도 몰라요. 나는 그의 얼굴이 어떤지도 말할 수 없

어요.

- 그렇지만 네가 길에서 그 사람과 얘기하고 있는 걸 봤대든 데. 증인들이 있어.(188)

코프 부인과 쌩-쥐드 성당의 여자가 앙젤(S_1)이 게레와 같이 길을 가는 것을 보았다고 하는 사실과 또 다른 증인도 S_1이 그와 길에서 얘기하는 것을 목격하였다고 하는 사실은 겉으로 나타난 것으로 이를 네 가지 범주 중에서 /현상/으로 간주할 수 있다. 해석의 주체 롱드 부인(S_2)은 이 /현상/에서부터 /존재/(가해자가 게레임)와 /비존재/(가해자가 게레가 아님)를 판단할 수 있다.

처음에 S_2는 가해자의 존재 양태를 /현상/ + /존재/ '진실'로 파악하고 있다. 그러나 S_1이 그를 모른다고 부정하자 S_2는 이번에는 그의 존재 양태를 /현상/ + /비존재/ '기만'으로 생각한다. 따라서 S_2는 S_1의 조작에 의해 /지식/과 이접의 상태에 있다. /지식/과 이접의 상태 S_2는 외부로부터 어떤 /지식/을 얻음으로써 인지적 주체가 되어 /지식/과 연접이 된다. S_2는 그로조르주 부인이 S_1에게 보낸 편지

'게레가 여기 숨어 있으니 경찰에 알리라'(323)

를 가로채어 읽고, 처음처럼 게레를 /현상/ + /존재/의 양태를 갖는 진짜 가해자로 해석한다. 즉 그 여자는 가해자를 파악하는데 있어서 진실 → 기만 → 진실 과정을 거친다. 이것을 다음과 같이 진리 검증 사각형에 나타낼 수 있다.

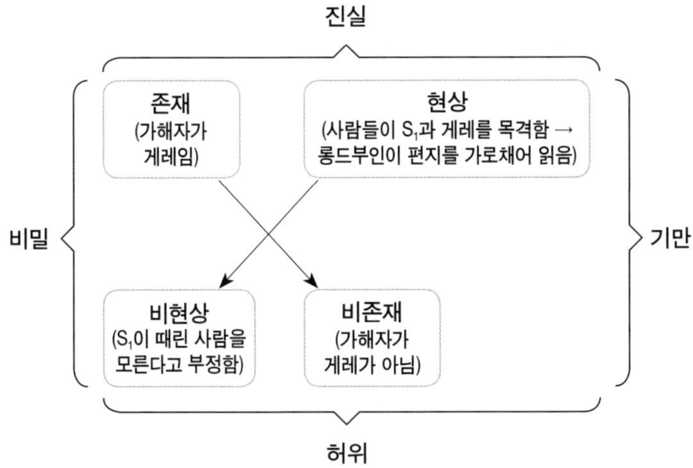

b. 그로조르주 부인

앙젤(S_1)은 도움을 구하기 위해 그로조르주 부인(S_2)을 찾아가게 된다. S_1으로부터 가해자가 바로 S_1을 사랑했던 게레라는 말을 듣기 원하는 S_2는 S_1에게 다음과 같이 말한다.

> "여러 사람들이 길에서 당신들을 함께 보았는데 아가씨는 구타한 사람이 게레가 아니라고 고집하고 있어요." (252)

위에서 고집obstination은 사전적 의미로 <난관에 의해 좌절되지 않고 미리 제시된 목적을 추구하는 기질>로 정의된다. 주체가 지니고 있는 이러한 기질은 어떤 상태가 불가능할지라도 그것을 계속 원한다는 것이다. 고집은 다음과 같이 <이다être>의 양태 배열로 나타낼 수 있다.

/~이 아님을 앎/

/~이 아닐 수 있음/ 혹은 /~일 수 없음/

/~이기를 원함/[29]

<이다>는 <S_1을 구타한 사람(가해자)이 게레가 아님>으로 된다. 따라서 /~이 아님을 앎/은 <S_1을 구타한 사람이 게레가 아닌 것이 아님을 앎>, S_2와 여러 사람들이 가해자가 게레임을 알고 있다는 것을 의미한다. /~이 아닐 수 있음/은 <가해자가 게레가 아닌 것이 아닐 수 있음>이며, /~일 수 없음/은 <가해자가 게레가 아닐 수 없음>을 나타낸다. /~이기를 원함/은 <가해자가 게레가 아니기를 원함>을 가리킨다. 즉 S_2는 S_1에게 <가해자가 게레이며, 게레일 수 있으며 게레가 아닐 수 없지만, 게레가 아니기를 원함>을 투사하고 있다.

이에 대한 S_2의 진리 범주를 살펴보면, 여러 사람이 길에서 게레와 앙젤을 목격한 사실은 겉으로 나타난 /현상/으로 간주될 수 있다. 해석의 주체 S_2는 이 /현상/에서부터 가해자가 게레라고 판단하며, 이런 판단은 진리 범주에서 /존재/로 파악된다. 그래서 S_2는 가해자의 존재 양태를 /현상/ + /존재/ '진실'로 생각한다. 하지만 다음 인용문에서 S_1은 게레씨가 아니었다고 주장한다. 이 경우 여러 사람이 길에서 그들을 본 사실은 /현상/이지만, S_1이 게레씨가 아니라고 한 것은 /비존재/이다. 그러므로 여기서 S_2는 가해자의 존재 양태를 /현상/ +/비존재/ '기만'으로 파악한다.

- 그건 게레씨가 아니었어요.
- 그럼 그게 누구였어요?
- 몰라요. 난 그를 보지 못했어요. 그가 나를 뒤에서 때려 난

정신을 잃었어요.

- 그러면 그 증인들은요?
- 증인들이 거짓말하는 거예요.
- 자! 아가씨, 잘 생각해 봐요. 내게 사실을 말한다면 좋은 보상이 기다리고 있어요.(252)

S_2가 “증인이 있다”고 말하자 S_1은 “그들이 거짓말하는 것이라”고 대답한다. 즉 S_1은 가해자가 게레가 아니라고 주장하고(/비존재/), 사람들이 두 사람을 목격한 것이 거짓말이라고(/비현상/) 말함으로써, /비존재/ + /비현상/인 ‘허위’의 상태에 있다. 하지만 S_2는 <알아야 할 어떤 것이 있다>는 메타지식의 발랑스[30)]를 느낀다. S_2는 이 메타지식이 무엇인지 알고자 하는 욕구로, S_1에게 “사실을 말한다면 좋은 보상이 있다”는 설득 행위를 한다.

- 그러니까 그건 분명 게레였지요?
- 제발 부인, 그 말을 다시 하지는 마세요.(253)

마침내 S_2는 S_1으로부터 가해자가 게레라는 증언을 듣는다. 그러므로 증인이 그를 본 것은 /현상/이며, S_1이 가해자가 게레임을 인정한 것은 /존재/이다. 결국 S_2는 가해자의 존재 양태를 /현상/ + /존재/인 진실로 해석한다. 따라서 S_2는 가해자를 파악하는데 있어서 진실 → 기만 → 진실 과정을 거친다.

≪ 맺음 말 ≫

기호학은 연속성의 실질을 매우 작은 단위의 기호학적 형식으로 재구성하여 드러내는 것이다. 그래서 하나의 어휘소를 기호학적으로 연구하는 것은 어휘소 안에 들어 있는 모든 내포적 의미를 다 추출하여 그것의 의미구조망을 과학적으로 세밀히 밝히는 것이다. 「분노에 대하여」는 어휘소 분노를 사전적 정의에 기초해 정교하게 분석하여 어휘소적 기술이 담화 분석에 효과적으로 활용될 수 있다는 것을 보여주었다. 하지만 담화의 의미적 표현은 사전적 개념보다는 담화의 맥락과 상황에 달려 있으므로, 어휘소를 사전에 기초해 분석하는 것은 한계를 가져왔다고 할 수 있다. 이것은 의미 생성 행로를 통한 정념 기호학의 이론적 틀을 마련하는 계기가 되었다고 생각한다.

『금삼의 피』와 『인간이라는 괴물』을 주인공의 정념 행로를 중심으로 하여 내재적 구조를 밝혀 보았다. 텍스트에 펼쳐져 있는 정념을 기호학적으로 분석하기 위한 기본 작업은 행위자의 정념 변화를 감지하는 것이다. 『금삼의 피』에서 연산은 유가를 돌다 어미소와 송아지를 보면서 저절로 눈물을 글썽거렸다. 이것은 연산의 내면에 어떤 변화가 일어나는 것으로, 이러한 지각 작용을 외수용, 내수용, 자기수용적 지각으로 살펴보았다.

동궁의 자기수용적 지각은 외수용적 지각인 새로 되신 곤전과 내수용적 지각인 옛 기억 속에 희미한 어머니의 얼굴을 결합하는 것을 거부하여, 동궁은 새로 되신 곤전이 생모가 아니라는 의혹을 품는다. 이 과정은 신뢰 → 의혹 → 불신의 표준 통사 행로로서, 기호 사각형에 나타내어 일목요연하게 이해할 수 있었다. 신뢰의 표준 통사 행로는 보편적으로 적용 가능한 구조이며, 구조로서의 가치를 지니는 것이라 말할 수 있다.

연산의 친모 폐비의 외부적인 모습 /현상/과 내부적인 모습 /존재/의 일치 여부를 진리 검증 양태화와 기호 사각형으로 나타내 보았고, 연산의 /지식/(폐비가 사약을 받은 진짜 사유) 획득 과정과 복수로 나타난 수행을 기호학적으로 분석해 보았다.

『인간이라는 괴물』에서는 주인공 게레가 자신을 집에 숨겨준 그로조르주 부인에 대한 신뢰감의 변화를 신뢰적 기대감의 공식과 기호사각형에 표현하여 그 과정을 한 눈에 파악할 수 있었다. 그리고 그로조르주 부인과 롱드 부인이 게레가 앙젤을 구타한 가해자임을 밝히기 위한 과정을 진리 검증 양태화와 사각형에 적용하였으며, 그 결과 이런 분석 도구가 텍스트에 적용 가능하다는 것을 알 수 있었다. 따라서 진리 검증 양태화와 사각형도 구조로서의 가치와 생명력을 지니는 분석 도구라 생각한다.

미주

1) 1981년 기호-언어학 연구 그룹(EHESS-CNRS)의 잡지인 '연구 자료들Documents de recherche'에 게재되었다. 그 후 그레마스가 1983년 간행한 『의미에 관하여 II *Du Sens II*』(Seuil, pp.225~246)에 재수록되었다.

2) 정념 기호학에서 분노는 정동에 속하는 정념으로 간주된다.

3) *petit ROBERT*, LE ROBERT, 1984, p.334. 계속 이 사전 참고.

4) 양태 존재에 속하는 것으로, V. 2.4. 양태 구조 참고.

5) /vouloir-faire/를 문맥에 따라 /~하기를 원하다/ 혹은 /행위-의지/ 두 가지로 옮긴 것과 마찬가지로, /vouloir-être/도 /~이기를 원하다/ 혹은 /존재-의지/ 두 가지로 옮긴다.

6) 주체가 역량을 갖추고 있는 잠재태에서 수행에 도달하는 실현에 이르기까지를 잠재태, 현실태, (가능태), 실현태 네 단계로 구분하며, 이에 해당하는 주체를 잠재된 주체, 현실화된 주체, (가능화된 주체), 실현된 주체로 지칭한다. 가능태와 가능화된 주체에 대하여는 129~132쪽 참고.

7) satisfaction과 contentement은 동의어인데, 이를 구별하기 위해 전자는 '충족감'으로, 후자는 '만족감'으로 옮긴다.

8) 기호학을 처음 접하는 독자를 위해 재귀적 행위와 타동적 행위에 대해 설명하면, '한 소년이 사과를 먹기 위해 사과나무 위에 올라가 사과를 딴다.'라는 문장에서 한 소년(상태 주체)과 나무 위에 올라가는 사람(행위 주체 혹은 조작 주체)이 모두 같은 행위자이므로, 이 경우에 주체의 행위는 재귀적 행위가 된다. 반면에 '어린이가 사과 따기를 원하는데 (키가 작아) 딸 수 없으므로 정원사가 그것을 따 준다.' 라는 문장에서 어린이(상태 주체)와 정원사(행위 주체 혹은 조작 주체)가 서로 다른 행위자이므로 이 경우에는 타동적 행위가 된다.

9) 기대감의 강도가 높을수록, 기대감이 실현되지 않았을 경우 불충족감의 정도는 더욱 더 심하다는 것.

10) 상aspect은 동사에 의해 표현된 사행에 대해 화자가 행하는 표현, 기동상aspect

inchoatif, 지속상, 종결상 등을 나타내는 문법적 범주이다.(*Dictionnaire de linguistique, Larousse*, 1973, p.53 참고)
존 라이온즈John Lyons는 "사실상 상은 이 세계의 모든 언어에서 시간보다 훨씬 더 퍼져 있다. 문법상에 시제가 없는 언어는 많다. 하지만 상이 없는 언어는 거의 없다"고 상이 시간성temporalité보다 더 보편적임을 말하고 있다.(*Sémantique linguistique*, Larousse, 1980, p.325)

11) 종결성은 종결상이 규정하는 것을 말하며, 기동성은 기동상이 규정하는 것을 말함.

12) 하나의 행위소가 두 가지 이상 기능을 맡는 것.

13) 행위자의 정념을 드러내는 형상소를 말함.(244쪽 주 14) 참고)

14) 모욕을 주고 모욕을 받았던 관계가 복수에 의해 모욕을 받고 모욕을 주는 관계로 역전되는 것.

15) 실제적(실용적) 차원은 신체의 움직임에 대한 기술을 통하여 드러나며, 피발화자는 그것을 사건으로 받아들이게 된다. 이 차원은 실제적 주체를 구성한다.

16) S_1에게는 기쁨이 되고, S_2에게는 고통이 되는 것을 말함.

17) 시련에 대해서는 31쪽 참고.

18) 대용화는 담화나 텍스트에서 앞이나 뒤의 표현을 참조하는 것을 말한다. 복수는 대용화 능력이 있으나 사디즘은 이것이 결여되어 있다는 것은 사디즘은 상대방에게 고통을 주는 이전의 행위가 없다는 것이다. 한 마디로 복수는 이전의 행위와 연결이 되지만, 사디즘은 전혀 그렇지 않다고 할 수 있다.

19) 복수는 계획된 서사 프로그램에 의해 전개되는 <정념의 담화>인 반면, 분노는 미리 짜여진 서사 프로그램에 의해서가 아니라 감정의 즉각적인 폭발에 의해 드러나게 되는 <정념화된 담화>라는 것.

20) 서사 기호학에서 텍스트를 분석할 때 제일 먼저 해야 하는 것이 텍스트의 분할이다. 하지만 정념 기호학에서 텍스트는 이론적 가설의 실험 장소로 간주되며, 텍스트 분석이 하나의 텍스트 전체를 포괄할 필요는 없다고 설명하고 있다.

21) 민중서관, 1958. 괄호 안의 숫자는 『금삼의 피』 원문의 쪽수.

22) 269~70쪽 참고.

23) 지식과 정보에 관계되는 차원인 인지적 차원에서 구성되는 주체를 말하며, 이 차원을 토대로 실제적인 행동이 이루어짐. 서사 도식에서는 조종과 검증이 인지적 차원에 속함.

24) Julien Green, *Léviathan*, Plon, 1946.

25) 홍정표, 「줄리앙 그린의 『인간이라는 괴물』에 나타난 주인공들의 정념 행로」, 프랑스학연구 제31권, 프랑스학회, 2005년 봄, 341~8쪽 참고.

26) 괄호 안에 표시된 숫자는 *Léviathan* 원문의 페이지.

27) 행위소 역할이란 주체나 대상이 상대방에 대해 취하는 역할을 말하며, 양태로 표현할 수 있다.

28) 77쪽 참고

29) *S. P.* p.68.

30) 느낌의 파동과 현존의 변조.

V

의미 생성 행로

서사 기호학에서는 텍스트를 여러 면과 층위를 가진 복합적인 대상으로 간주하고, 의미 생성 행로의 분석 층위를 심층, 표층, 담화 구조의 세 단계로 나누었다. 그러나 정념 기호학에서는 서사 기호학에서 다루지 않은 감각과 지각을 기술하기 위해 심층 층위 아래 선조건 층위를 설정하고, 또한 심층과 표층 층위를 하나로 통합하여 기호-서사 층위(구조)[1]로 한다. 따라서 정념 기호학은 텍스트를 선조건, 기호-서사, 담화 층위(구조) 세 단계로 분석한다.

1. 선조건 층위[2]

그레마스와 퐁타닐은 선조건 층위를 느끼다 혹은 체감하다 등 아직 세계와 분리가 안 된 연속적인 층위로 설정한다. 이 느낌이 그 다음에 가령 뜨겁다 혹은 차다로 인식될 때 비로소 세계와 분리되어 불연속적인 것이 된다는 것이다. 정념, 정서의 원형 의미소는 이러한 느낌이라고 말할 수 있으며, 언표화 되기 전 단계이다.

의미 생성 행로의 첫 단계 선조건 층위는 무정형 연속적 상태이며, 인간의 사고나 행동이 있기 전에 감각과 지각이 이루어지는 층위이다. 이 층위는 미분화indifférenciation 세계에 자리 잡으며, 여기에서 의미 작용의 생산과 포착에 선행하는 조건이 설정된다. 우선 존재의 내부에 위치하면서 담화에 파동적으로 미묘하게 드러나는 것을 설명하기 위해 긴장의 영역을 설정하고, 이 긴장을 담화화의 속성으로 간주한다.

또한 정념의 혼란스런 내부, 발화행위 주체의 내면 밑바닥에 존재하는 것으로 인력attractions과 척력répulsions의 상태 감感phorie[3)]을 도입한다. 이처럼 긴장성과 감이라는 두 가지 가상체를 생성 행로 시발점에 배치한다. 이밖에 발랑스valence, 선지향성protensivité, 혼융fiducie, 분열scission, 행위소적 불안정성instabilité actantielle, 변조modulation, 되어감devenir, 범주화catégorisation 등 조작 개념을 설정한다.

1.1 긴장과 감의 공간

생성 행로 시발점에 긴장성과 감이라는 두 가지 가상체를 설정하여 이를 감적 긴장성tensivité phorique이라 지칭하는데, 이는 의미 발생에 있어서 최초의 조건이 된다.

1.1.1. 긴장성

긴장성은 발화문에 구체적으로 표현되는 것이 아니라 추상적으로 감지되는 것으로, 담화에서 인지되는 파동의 존재를 설명해 주는 중요한 특성이며 세밀히 검증된 것이다. 그레마스와 퐁타닐은『정념 기호학』에서 긴장성에 대해 다음과 같이 설명하고 있다.

> "인간 세계에 있어서 긴장성은 기호학적 존재의 고유한 양식을 설정하기 위해, 주체에 대한 자연 세계의 투영으로 규정하고 인정한 내적 공간의 기본 속성 중 한 가지에 불과하다"[4)]

담화에서 정념의 시퀀스는 자율적이며 역동적인 긴장을 나타낸다. 긴장은 발화자 내부 긴장의 공간에서부터 드러나며, 문장이나 담화의 전개에서 분리될 수 없는 특성으로 시간적 파동과 공간적 굴곡을 동시에 설명할 수 있다. 또한 긴장은 담화에서 발화행위의 영역을 초월할 수 있고, 인식론적으로 상상된 세계를 설명할 수 있다. 예로 수전노가 소비를 억제하고 절제할 때 긴장이 생기는데, 이 긴장은 그가 축적된 재산을 보고 즐길 때 비로소 해소된다. 분노, 절망, 질투의 정념에서도 미묘한 파동의 존재를 감지할 수 있으며, 이 같은 정념을 느끼는 주체의 긴장은 모두 불쾌한 긴장을 일으키는 것이라 할 수 있다.

긴장이 최고조와 이완 상태에 도달할 때를 문학 텍스트에서 살펴보면,『황토기』에서 주인공이 아내의 방 안에서 남자의 코고는 소리를 들을 때, 그의 긴장은 최고조에 달한다. 하지만 아내는 뒤꼍에 숨어 있고 코고는 남자는 혼자 코를 골며 자고 있다는 것을 안 순간, 주인공의 긴장은 이완 상태에 놓인다고 말할 수 있다. 하지만 이러한 긴장성이 존재적인 상상의 세계와 정념을 설명하기에 충분한 것은 아니다.

1.1.2. 감

선조건 층위에서 긴장성과 더불어 심연에 감성적 음색을 띠고 있는 음악처럼 서사성의 부드러운 수반물로서 감의 개념이 도입된다. 감은 생물체의 가장 기본적인 느낌으로, 양극화되지 않은 긴장 관계에서 주체와 대상 사이에 존재하는 끌어당김과 밀쳐냄, 곧 인력引力과 척력斥力의 상태를 말하며, 발화 행위 주체의 혼란스런 내부를 지칭한다. 질베르베르그는 감을 실질로, 긴장과 긴장성을 형식[5]으로 파악한다.[6] 따라서 실질인 감의 여러 작용에 의해 형식인 긴장성이 드러난다고 할 수 있다.

인력과 척력의 상태 감이 선조건 층위에서 다음 단계 기호-서사 층위로 전환될 때, 쾌감과 불쾌감으로 분절되는 가치 체계가 된다.

1.2. 발랑스[7]

선조건 층위의 주체와 대상은 아직 통사적으로 분명한 위치를 차지하고 있지 않으며 단지 행위소의 원형으로 존재하고 있다. 이것을 선주체와 선대상으로 부른다. 선주체[8]가 선대상에 대해 선지향성protensivité[9]을 띠게 되면 긴장의 공간이 불균형적인 상태가 되어 분열이 일어나게 되며, 이 때 의미 발생의 윤곽이 드러난다.

선대상은 가치의 그림자라 할 수 있는데 이것의 흔한 형태가 가치에 대한 예감이며, 발랑스는 가치에 대한 예감을 일으키는 것, 가치가 출현하기 위해 필요한 조건이라 할 수 있다. 주체는 인력과 척력에 의해 대상에 결합되는데, 이 인력과 척력의 잠재력이 곧 발랑스이다. 다시 말해 주체와 대상 사이에 생기는 첫 번째 느낌이나 지각이 곧 발랑스인 것이다.

엘뤼아르의 『고뇌의 수도*Capitale de la douleur*』는 선지향성에 의해 투사된 최초의 분절을 말하고 있다. 이 시를 자세히 관찰해 보면, 가치의 내용은 중요하지 않다. 지향된 대상의 의미적 내용과는 상관없이, 이 시에서 가치를 만드는 것은 기동상(시발상)이다. 사랑은 시초에, 시선은 눈꺼

풀이 떠질 때, 새벽은 어둠에서 벗어나는 순간에, 인간의 삶은 어린 시절에 가치를 지닌다. 이와 같이 엘뤼아르에게서 모든 것은 그 이전 상태에서 벗어나면서 생기는 긴장 상태에서 파악될 때 가치를 지닌다. 이 시에서 윤리적 및 미적 판단은 제스처의 기동적 성격에 기반을 둠으로써, 엘뤼아르에게는 발랑스가 선지향성의 <개시>에서 발생한다고 말할 수 있다. 또한 이 시는 담화에서 상화相化 aspectualisation[10]가 시간화 temporalisation[11], 공간화spatialisation[12], 행위자화actorialisation[13]보다 상위 차원을 구성한다는 것을 보여주고 있다. 사랑은 시간의 축에서, 잠에서 깨어나는 눈꺼풀은 공간적으로, 인간의 삶은 행위자의 성장으로 포착되는데, 이러한 것은 모두 상화(여기서는 기동상)의 지배를 받는다는 것이다.[14]

선조건 층위의 긴장, 감, 발랑스를 줄리앙 그린의『인간이라는 괴물』에서 살펴보면,[15]

> 주의 깊게 보지 않는 사람들의 눈에는 그렇게도 냉정하고 근엄해 보이는 그 여자는 불안으로 가득 차 있었고, 절제된 삶의 표면 아래 반항적인 마음을 감추고 있었다.

냉담하고 엄숙한 여자처럼 보이는 그로조르주 부인은 불안한 상태에 있는 주체로 선조건 층위의 변조(106쪽 1.4. 참고) 속에 잠긴 주체이다. 불안은 기본적인 감의 동요를 정념화된 주체에게 불러일으킨다. 쾌감과 불쾌감의 동요에서 갈팡질팡하는 느낌은 불안정을 생성할 뿐이다. 이러한 동요는 불안한 주체에게 진정한 탐색의 주체를 만드는 양극화를 중지시키므로, 생성 행로에서 역행하여 범주화 이전의 감적 긴장성에 불안한 주체를 놓는다. 이처럼 불안은 감적 긴장성의 모든 변화를 중지시키고, 발랑스와 선지향성의 확고한 방향 설정을 방해하여 변조 속에 있다고 말할 수 있다.

1.3. 분열과 행위소적 불안정성

감적 긴장성 안에서 분열을 일으키거나 융합fusion을 지향하는 긴장이 서로 균형을 이룰 수도 있고, 한 쪽이 다른 쪽보다 우세할 수도 있다. 두 가지 긴장이 서로 균형을 이룰 경우에는 동요 상태로 있다. 하지만 융합을 지향하는 긴장이 우세하면 필연nécessité이 지배하며, 의미 작용은 불가능한 반면, 분열에 유리한 긴장이 우세하면 우연hasard이 나타나며, 의미 작용이 생성된다. 즉 단일성을 향해 긴장된 필연은 최초로 의미가 나타나는 인식론적 사건 최초의 파쇄인 우연에 마주침으로써 의미가 생기게 된다.

> "필연에 우연의 개입으로 인해 생긴 분열은 필연의 자기 복제성에 의해 위협받는다. 그리하여 분열의 우연에 필연이 다시 복귀함으로써 두 가지는 한 가지로 다시 융합 한다."[16)]

융합은 미분화된 감적 긴장성의 상태로 돌아가려는 움직임이라 할 수 있다. 원초적 기억을 다시 느끼는 향수, 융합으로 복귀에 대한 기대감, 원초적 미감esthésie originelle이 이에 속한다. 미감은 이 층위에서 혼융渾融 [17)] 상태에 놓인다고 할 수 있으며, 단일성을 향한 긴장은 미감의 속성이다.

미감의 표출은 주체가 대상이 되거나 혹은 대상이 주체가 되는 행위소 역할의 교환을 동반한다. 따라서 형상소적 표상 안에서 아름답게 보이는 심미적 대상은 심미적 행위의 주체로 변형될 수 있다. 반대로 대상에 대해 애착하는 주체는 완전한 총체가 대상에 바쳐지게 될 주체로서 심미적 행위의 대상으로 변형될 수 있다는 것이다.

바르트는 "나는 온 힘을 기울여 그 사람에게 자신을 투사했으므로,

그가 없으면 내 자신을 만회할 수도 되찾을 수도 없다. 나는 영원히 끝장난 것이다."[18] 라고 말함으로써 주체가 대상이 되는 행위소 역할의 교환에 대해 말하고 있다. 그러므로 주체가 대상에 대해 지니는 애착의 강도가 강할수록 정념화된 주체는 가치 대상과 일체가 되기 쉬우며, 높은 강도가 행위소의 분열을 중지한다는 긴장적 용어로 표현될 수 있다.

반면에 대상이 주체로 변형되는 행위소 역할의 교환에 대해 알아보면, 구두쇠의 대상 금고가 주체로 변형될 수 있는데 금고에 매우 애착하여 자신의 진정한 분신 주체로 취급한다. 즉 구두쇠의 금고는 담화 세계에서는 대상이지만, 정념 세계에서는 또 다른 주체가 될 수 있다.

이와 같이 정념화된 주체의 변화 과정을 펼치는 담화 분석에서 행위소 역할의 불안정성과 상호교환성을 살펴볼 수 있다. 정념화된 주체의 상상적 세계는 역할이 서로 뒤바뀌고 엇갈리는 행위소적 구성원을 투사할 수 있다는 것이다.

행위소적 불안정성이 일어나는 예를『적과 흑』[19]에서 살펴보면,

> 그(줄리앙)는 사랑으로 이끌려졌다기 보다는 자신의 공상에서 자극받았다. 그가 라 몰양에 대해 사랑에 빠지게 된 것은 그녀의 우아한 몸매, 옷차림에 대한 뛰어난 취향, 하얀 손과 아름다운 두 팔, 그리고 부드러운 몸동작에 대한 공상에 잠기고 난 후의 일이었다.

주체 줄리앙은 대상인 귀족 라 몰양을 매우 사랑하는 심미적 감동의 주체이다. 감정은 선조건 층위에서 혼란 속에 있다. 대상에 애착하는 주체는 완전한 총체가 대상에게 바쳐지는 주체이다. 위의 인용문에서 주체는 대상의 아름답고 우아한 모습을 목격하고 그녀에게 완전히

빠져 들어 융합의 상태가 됨으로써, 대상이 되어 행위소 역할이 바뀌지고 있다.

1.4. 변조

주체가 네 가지 양태 /의지 혹은 원하다/, /의무 혹은 해야 하다/, /지식 혹은 알다/, /능력 혹은 할 수 있다/를 갖춘 역량 주체가 되기 이전 상태는 어떤 것인가? 네 가지 양태로 분절된다는 것은 불연속적인 것으로 나타나는 것인데, 불연속성 이전의 연속성, 네 가지 양태로 분절되기 이전 상태를 그레마스와 퐁타닐은 변조라고 지칭하며 선조건 층위에 놓는다.

변조는 이 층위에서 사물 혹은 대상과 주체 사이에 불연속성이나 이산화를 통해 분리되고 균열 상태에 도달하기 전에, 막연하게 뒤섞여 있는 융합의 감각을 느끼는 상태이다. 이 상태는 무수한 변화를 간직한 잠재적 상태, 곧 감적 덩어리masse phorique이다. 변화하려고 움직이고 있으며, 일종의 사행事行[20]으로 나타날 수 있다. 이 무수한 변조 중에서 그레마스와 퐁타닐은 가설 연역법으로 개시ouvrante, 종결clôturante, 지속cursive, 점괄ponctualisante 변조를 구별하며, 이를 구분démarcation이라 지칭하고, 다음과 같이 설명하고 있다.

> "구분은 근사법의 논리를 따르는데, 가속이나 감속, 근원이나 끝, 개시나 폐쇄, 중단이나 유예의 국면을 일으키면서, 긴장의 중첩과 단절에 의해 생긴다." [21]

개시를 일으키는 변조는 /원하다/ 원형으로 간주되는데, 그 이유는 무엇을 시작한다는 것이 원하는 마음에서 비롯되는 것이기 때문이다.

어떤 대상이 있고, 주체가 그 대상이 무엇인지 알고 싶어 한다고 가정한다면, 이때 알고 싶어 하는 바램, 원함이 곧 변화를 가져오는 사행의 출발점이다. 이것은 되어감을 촉진시키는 것으로서, 지향 효과effet de visée [22]를 움직임의 기점 효과effet source(선주체)와 목표 효과effet but(선대상)로 분열되도록 하는 변조이며, 이 효과 사이에는 긴장이 흐른다.

반면에 폐쇄를 일으키는 변조는 /알다/ 원형으로 간주된다. 여기서 무엇을 안다는 것은 알아야 할 것을 알았으니 이제 되었다는 종결짓는 마음에서 나오는 것이기 때문이다. 따라서 이 변조는 사행의 끝이라 할 수 있는데, 개시의 반대 변조로서 기점 효과와 목표 효과로 분열되는 지향 효과의 반대, 정지 효과effet de saisie를 일으킨다. 이 변조는 두 효과로의 분열을 중지시킨다는 점에서, 되어감의 흐름을 멈추게 하는 것이다.

되어감의 흐름을 지속시키고, 분열에 불균형을 유지시키는 변조는 /할 수 있다/ 원형으로 간주되는데, 무엇을 할 수 있다는 것은 무엇을 계속하도록 하는 것이기 때문이다.

점괄 변조는 개시, 종결, 지속의 효과를 배제하기 때문에 이들을 중화시키면서, 불연속적 상태로 변화시킬 수 있는 변조이다. 이 변조는 /해야 하다/ 원형으로 간주되므로, '안해도 된다' 등 일체의 변화 가능성을 허용하지 않는다.

기호-서사 층위에서 이 네 가지 변조는 네 가지 양태로 된 후, 담화 층위에서 네 가지 상이 되어 표출된다고 그레마스와 퐁타닐은 설명하고 있다. 이 네 가지 변조를 다음과 같이 도표로 나타낼 수 있다.

선조건 층위	기호-서사 층위	담화 층위
개시 변조	/의지 혹은 원하다/	기동상
종결 변조	/지식 혹은 알다/	종결상
지속 변조	/능력 혹은 할 수 있다/	지속상
점괄 변조	/의무 혹은 해야 하다/	점괄상[23)]

1.5. 되어감[24)]

되어감은 인력과 척력의 덩어리가 분열되기 이전 불균형 상태를 말한다. 이 층위에서 주체가 되기 이전 상태 선주체와 대상이 되기 이전 상태 가치의 그림자는 서로 융합되어 있다. 융합 상태 선주체와 가치의 그림자는 인력과 척력으로 역동화되면서, 불균형 상태 긴장 속에서 분열된다. 되어감은 지향 효과를 만드는데, 그로부터 분해되는 기점 효과와 목표 효과를 이룬다. 전자는 선주체를, 후자는 선대상을 말하며, 이들은 범주화를 거쳐 기호-서사 층위에서 주체와 대상으로 된다. 이 경우 선대상은 선주체의 긴장이 향하는 표적일 경우에만 기호-서사 층위에서 대상이 된다.

선지향성은 주체가 역량을 가지기 이전 상태이다. 선조건 층위 다음 단계 기호-서사 층위에서 주체의 선지향성은 행위로 변환되어, 주체는 행위 주체 혹은 조작 주체가 된다.

방향성[orientation]은 감이 통사적 행위소가 되기 위한 필수 조건으로, 한 방향으로만 작용하여 역행할 수 없는 속성을 가진다. 다시 말해 분열에 유리한 긴장이 우세하다는 조건에서 선지향성은 방향성을 띤다고 할 수 있다. 되어감, 선지향성, 방향성은 몇 가지 뉘앙스를 제외하면 모두 같은 개념으로, 미래지향적인 것을 가리킨다.

1.6. 범주화

선조건 층위에서 벗어나 기호-서사 층위에 도달하기 위해서는 범주화 단계를 거쳐야 한다. 미분화된 연속적 세계에서 불연속적 세계로 가기 위해 주체는 반드시 촉구sommation [25]를 거쳐야 한다. 이것은 무정형 연속적 상태에서 인간의 사고나 행동이 최초로 형성되도록 촉구한다는 의미에서 '촉구'라고 일컬으며, 최초의 제스처, 순수하고 전형적인 행위를 말한다. 촉구는 부정négation이나, 긴장의 파동 안에서 포착 혹은 정지로 나타난다.

긴장 상태의 주체는 조작 주체가 되어 연속 행진을 멈추어야 하고, 하나의 영역을 구분지어야 하며, 가치의 그림자에게 범주 영역을 구분하는 자리를 촉구한다. 촉구는 대상의 상실을 범주화하는 최초의 이산적 조작으로 부정을 행하며, 이는 기호 사각형에서 non-S_1항이 된다. 부정으로 연속된 행진이 중단된 빈자리에 S_2항이 채워진다.

스탕달의 『적과 흑』[26]에서 여주인공 마틸드가 연속적 세계에서 불연속적 세계로 가는, 처음 이산적 조작을 나타내는 장면을 살펴보면,

(a) 사람들은 마틸드가 가문과 재산 등 온갖 이점으로 해서 다른 여자들보다 더 행복해야 한다는 것을 믿게 하였다. 이것이 바로 귀공자 <권태>의 원천이며 그들의 온갖 광태의 원천인 것이다.

(b) 줄리앙을 사랑하리라고 결심한 때부터, 마틸드는 더 이상 <권태>를 느끼지 않았다.

(c) 날마다 그녀는 불타는 <정열>에 몸을 바치기로 결심한 것을 기뻐하였다. '이 기쁨에는 많은 위험이 있지. 허나 그럴수록 더 좋아! 몇천 배나 더 좋아! 이 불타는 정열이 없었던 열 여섯 살부터 스무 살까지, 인생의 가장 아름다운 시기에 나는 권태로

따분했었어' 라고 그녀는 생각하였다.

(a) 마틸드는 줄리앙을 사랑하기 전에는 갑갑하고 단조로운 무의미한 세계에서 살아가는 따분한 여인이었다. 그 여자는 긴장과 감의 공간에서 갑갑증이나 권태로 표현된 연속적 세계에서 살았다. 연속적 세계는 최초 부정의 근원이라 할 수 있으며, 기호 사각형에서 최초 항 S_1(권태)으로 놓을 수 있다.

(b) 많은 불이익까지도 감수해야 할 줄리앙에 대한 사랑[27)]을 결심한 이후로, 마틸드는 자신의 정신을 메웠던 갑갑증이나 권태 상태를 중지시킨다. 이와 같이 중지된 것은 부정으로서 하나의 영역을 구분짓고 기호 사각형에서 non-S_1(비권태)항으로 놓는다. 이것은 그 여자의 정신적 긴장의 파동 속에 촉구, 하나의 포착이 최초로 이루어지는 것이다.

(c) 연속된 행진이 중단된 빈자리에 마틸드의 불타는 정열이 채워지고, 이것은 S_2항으로 놓을 수 있다. 그러므로 그 여자는 전에 그 존재에 대한 생각을 하지 않았으나, 이제는 S_2에 의해 그 여자의 인생이 다시 새로운 의미를 갖게 될 것이다.

위에서 설명한 것을 아래과 같이 기호 사각형으로 나타낼 수 있다.

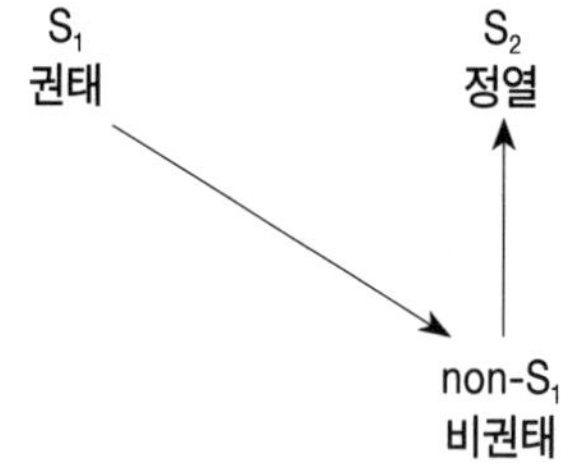

주체와 대상의 분열로 인해 분리된 긴장 상태 주체는 이접을 행함으로써 조작 주체가 되었다. 즉 선지향성이 혼융보다 우세하여, 주체의 선지향성은 행위로 변환되고, 주체는 조작 주체(행위 주체)가 되었다. 조작 주체가 촉구-부정sommation-négation으로 일으킨 범주는 안정된 관계망이며, 범주를 여러 항으로 나누면서 모순, 반대, 함축의 구성을 가져온다.

2. 기호-서사 층위

기호-서사 층위는 불연속적 세계로 선조건 층위 연속적 세계에서 벗어나 범주화와 이산화 작용으로 도달하며, 의미에 대해 말할 수 있기 위한 조건 분절articulation이 가능하게 된다. 다시 말해 비의미 연속적 세계에서 벗어나 불연속적 세계를 이루기 위해, 맨 처음 조건 의미 분절에 대한 막연한 개념 설정이 이루어진다.

이산화란 되어감을 불연속적 연접이나 이접으로 변형시키는 것이라고 말할 수 있다. 이산적 단위 형태로 의미 작용의 최초 분절이 나타나는데, 이것은 조작 주체에 의해 조작된 항(위치에 불과한)의 형태로 기호 사각형 위에 놓을 수 있다. 한 마디로 담화적 구성요소와 인식론적 구성요소(선조건 층위) 사이 기호-서사 층위는 생성 행로의 가장 효과적이고도 탐구적인 부분이라 할 수 있다.

이 층위는 의미 포착을 상상하는 유일한 방식, 곧 인간의 상상적 세계를 기호학적 형식으로 표현하며, 정념 분석에 보다 구체적으로 활용될 수 있는 개념 장치와 분석 도구를 포함한다. 즉 세 차원 실제적, 인지적, 기질적 차원dimensions pragmatique, cognitive et thymique, 정념 분석의 필수적 도구 행위소 구조와 장치structure et dispositif actantiels, 양태 범주catégorie modale, 양태 구조structure modale, 가상체, 양태 장치dispositif modal, 존재적 가상체simulacres existentiels를 포함한다고 할 수 있다.

2.1. 세 차원

기호학에서는 담화에 실제적, 인지적, 기질적 차원을 설정하고, 담화가 세 차원으로 구성된다고 설명한다. 서사 기호학에서는 실제적과 인지적 차원을 주로 다루었지만, 정념 기호학에서는 선조건 층위에 기질적 차원을 설정하고, 실제적과 인지적 차원은 기호-서사 구조에 두고 있다.

실제적 차원을 서사 기호학의 관점에서 살펴보면, 이 차원은 역량 단계에서 조작 주체를 설정하고 수행 단계에서 계획을 실현한다. 역량 단계는 조작 주체가 서사적 변형을 실현하기 위한 단계이며, <자격 시련>이라 한다. 수행 단계는 주체가 역량을 발휘하여 상태 주체와 가치 대상 관계를 변형시키는 것을 말하며, <결정 시련>이라 지칭하고, 이 두 시련은 실제적 차원을 규정한다.

기호학 사전에서는 "인지적 차원은 실제적 차원보다 계층적으로 우위에 있으며, 담화의 인지적 차원은 담화 안에 설정된 주체에 부여된 지식의 증가와 함께 발전된다."[28]고 정의하고 있다. 인지적 차원은 설득 행위와 해석 행위로 나눌 수 있다.

시퀀스의 맨 처음 단계 /지식/[29]은 역량 단계보다 선행하는 설득 유형의 조작에서 사용된다. 서사 도식의 시작은 조종manipulation이라 지칭되며 계약 단계라고도 한다. 해석 행위는 상태를 나타내는 상태문énoncé d'état[30]에 세운 검증sanction을 다른 사람에게 믿게 하는 주체의 조작을 말한다.

인지적, 실제적 차원과 서사 프로그램의 네 단계를 도표로 나타내면 아래와 같다.

인지적 차원	조종(설득행위)			검증(해석행위)
실제적 차원		역량	수행	

인지적과 실제적 차원은 불연속 상태를 분석할 수 있고, 무정형 연속 상태 정념이나 느낌 혹은 미를 분석하기 위해서는 다른 차원이 필요하다. 그래서 무정형하고 구별되지 않는 연속 세계를 분석하기 위해 선조건 층위에 기질적 차원을 배치한 것이다.

> "기질적 범주는 원초적이고 감각적인 영역 속에서 모든 생물체가 그에게 주어진 환경 속에서 스스로를 드러내고 주위와 반응하는 인력과 척력의 체계를 규정하는 자기 수용적 범주로 구성되는 관계이다. 다시 말해 이 관계는 심층 의소 체계보다 더 심층 단계에서 형식화가 필요한 부분으로 표층 층위에서 양태들과 연결이 되며, 표출의 장에서 드러나는 정념의 문제를 다룰 수 있게 해주는 부분이다."[31)]

정념 기호학의 관점에서 실제적, 인지적, 기질적 차원은 주체가 추구하는 가치 대상의 성격에 따라 구분된다. 주체가 추구하는 가치 대상이 어떤 물건에 대한 정보나 지식일 경우에는 인지적 차원이며, 그 물건을 선택하여 구입하는 것은 실제적 차원이다. 그리고 그 물건을 소유한 후에 그것을 이용하거나 누리게 되는 것은 기질적 차원에 속한다. 이처럼 주체와 일단 연접이 되면, 대상은 인지적이고 실제적 위상을 잃어버리고 기질적 대상으로 변형된다. 즉 주체가 소유한 물건이 좋을 수도 있고 나쁠 수도 있으므로, 대상은 쾌감이나 불쾌감의 근원인 향유의 대상으로 변형된다. 이와 같이 세 차원은 상호 유기적으로 연관되어 있다고 할 수 있다.

2.2. 행위소 구조와 장치

선조건 층위의 감적 긴장성에서 정념화된 주체는 스스로 결정하고 선택할 수 있는 선행위소를 내부에서 투사할 수 있다. 혼융 상태는 선지향성에 의해 먼저 주체와 대상으로 분열된다. 그 다음에 대상은 <다른 주체>나 <반주체[anti-sujet]>로 변형될 수 있다.

첫 번째, 대상이 다른 주체로 되는 예를 들어 보면, 소유를 통해 대상이 주체로 변형되는 과정을 설명할 수 있다. 주체는 대상에 대해 자신의 의지를 펼치고자 하면서 대상이 주체로 변형될 수 있도록 역량을 그에게 투사한다. 그럼으로써 대상은 이제 더 이상 대상이 아니며 주체이므로 <다른 주체>로 변형될 수 있다.

두 번째, 대상이 <반주체>로 되는 예는 방해물로서 대상은 탐색의 주체에 저항하고, 피하고, 거절하여 반주체로 변형될 수 있다.

기호-서사 층위에서 위와 같이 분열된 행위소 구조를 바탕으로 하여 행위소 장치가 설정되는데, <선망[envie]>을 『쁘띠 로베르 사전』 정의에서 보면,

① 자신이 가지고 있지 않은 것을 소유한 사람에 대해 일어나는 슬픔, 노여움, 증오의 감정
② 타인의 것과 동등한 장점, 기쁨을 누리고자 하는 욕구

위의 ①번 행위소 장치는 주체 S_1/ S_2유형인데, 자신 S_1이 가지고 있지 않은 대상 O는 소유한 사람 S_2에 대한 자신 S_1의 선망을 중재한다.

즉 S_1은 O에 의해서 S_2를 목표로 삼는다.

위의 ②번 행위소 장치는 주체 S_1/ 대상 O 유형이며, 행위소 S_2는 S_1의 동등한 장점, 기쁨에 대한 욕구를 중재한다. 즉 S_1은 S_2에 의해서 O를 목표로 하며, S_2가 O를 사랑하기 때문에 S_1도 O를 사랑하게 되는 것이다.

더 복잡한 정념 <질투>의 행위소 구조와 장치를 살펴보면, 이것은 세 행위자 질투하는 주체(S_1), 연적(S_2), 대상(O)을 포함하는 상호 주관적 정념이며, S_1의 관점에 놓인다. 그러므로 질투에서는 S_1, S_2, O의 삼각관계로 구성되는 행위소 장치를 설정할 수 있으며, S_1/ S_2나 S_1/ O의 선망보다 더 복잡한 정념이다.

김동인의 단편 소설『감자』에 나타난 질투의 행위소 장치를 보면, 행위소 복녀는 자신과 왕래하던 왕서방이 다른 처녀와 혼인하려 하자 마음속에 검은 그림자가 드리워지고 질투심이 일어난다. 이 경우 질투하는 주체 복녀 S_1, 연적 다른 처녀 S_2, 대상 왕서방 O가 되는 삼각관계 행위소 장치가 설정된다.

2.3. 양태 범주

선조건 층위의 변조는 불연속적 세계 기호-서사 층위에서 의미 있는 하위분절을 하면서 서서히 양태로 드러난다. 이처럼 감적 긴장의 공간에서 무정형 기질 덩어리가 변화해 가는 모습으로 드러나는 변조는 연속적 세계를 절단하여 불연속적 세계로 만드는 작용 이산화와 범주화에 의해 양태 범주로 전환되며, 정념 분석에 구체적으로 이용될 수 있는 도구이다.

변조가 양태 범주로 전환되기 위해서는 촉구가 분열을 확고히 하고, 존재적 필연성에 저항해야 하며, 부정이 행해져야 한다. 그리하여 최초의 축구로 구성되는 조작 주체는 변조를 의미의 기본 구조로 대체한다. 여기서 네 가지 항 S_1, non-S_1, S_2, non-S_2을 기호 사각형에서 살펴볼 수 있다.

네 가지 변조는 개시, 종결, 지속, 점괄적 구분에 의해 /원하다/, /알다/, /할 수 있다/, / 해야 하다/의 양태 범주로 전환된다. 그래서 최초의 양태 조작은 필연성의 점괄 변조를 부정하는 의지나 욕망을 나타내는 개시 변조가 된다. 네 가지 변조는 기호 사각형으로 다음과 같이 나타난다.

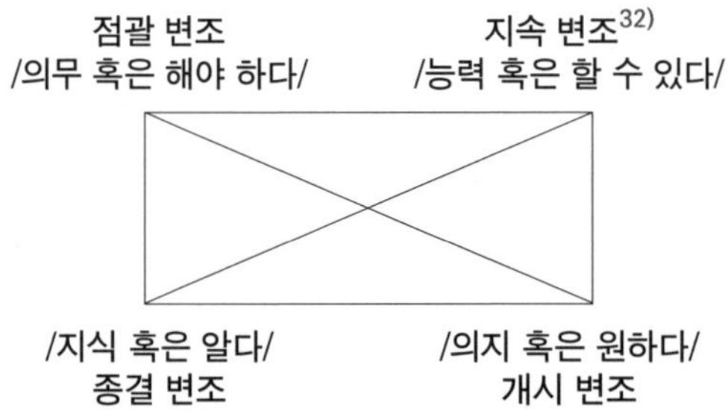

위의 기호 사각형에서 /해야 하다/는 점괄 변조로서 반드시 그렇게 되어야 하기 때문에 그렇지 않은 다른 모든 것을 부정하는 반면, /원하다/는 개시 변조이므로 서로 모순된다. 또한 /할 수 있다/는 지속 변조인 반면, /알다/는 종결 변조이므로 서로 모순된다. 그리고 점괄 변조와 지속 변조, 종결 변조와 개시 변조는 서로 반대의 축을 이룬다. 이밖에 점괄 변조는 종결 변조를 전제로 하며, 지속 변조는 개시 변조를 전제로 하는 함의 관계를 이룬다.

<모순 관계>인 두 가지 체계를 살펴보면, 첫 번째 체계는 /원하다/ 대 /해야 하다/인데

> "행위자가 어떤 것을 하기 원하거나 해야 하는 때부터 우리는 조작 주체에 대해 말할 수 있다. 실현을 위해 아직 아무 것도 행해지지 않았다고 하더라도, 주체의 행위가 미래에 이루어지리라는 점에서 잠재성이라고 말한다."[33]

/원하다/와 /해야 하다/는 잠재된 양태이며, 이러한 양태를 지니는 주체는 잠재된 주체[sujet virtualisé]라고 지칭된다.

두 번째 체계 /알다/ 대 /할 수 있다/는

> "자격 부여 양태이며, 조작 주체의 행동 양식, 즉 ~할 능력을 규정한다. (…) 이것은 현실화된 양태라고 말하는데, 이러한 양태 가치의 획득으로, 주체는 조작을 현실화하기 때문이다. 잠재성에서 현실화로 갈 때 이야기의 진전이 있다."[34]

따라서 이러한 양태를 획득한 주체는 현실화된 주체[sujet actualisé]라고 일컫는다. 그리고 첫 번째 양태 체계는 주체에 더 근접하여 주체적인 반면, 두 번째 양태 체계는 가치 대상의 위상을 결정하므로 객체적이라 할 수 있다. 이것을 도표로 표현하면 다음과 같다.

	잠재된 양태(주체적)	현실화된 양태(객체적)
모순관계	/해야 하다/	/할 수 있다/
	/원하다/	/알다/

잠재된 양태와 현실화된 양태는 다음에 나오는 주체의 존재태[mode d'existence]를 이룬다[35].

<반대 관계>는 내인성[endotaxique]과 외인성[exotaxique] 양태를 이룬다. 왜

냐하면 /알다/와 /할 수 있다/를 구별할 수 있는 대립은 /정신/ 대 /신체/라고 할 수 있는데, 변별 의소 /정신/ 대 /신체/의 대립을 추상적인 대립으로 /내부/ 대 /외부/, 그리고 /내인성/ 대 /외인성/이라 말할 수 있기 때문이다.[36] 그런데 /원하다/는 /정신/ 의소에 속한다고 할 수 있으므로, 이 양태와 앞서 /정신/ 의소로 언급된 /알다/는 자율적 주체의 양태이다. 반면에 마지막 남은 /해야 하다/는 자동적으로 /신체/ 의소에 속하며, 이 양태와 앞서 /신체/ 의소로 언급된 /할 수 있다/는 타율적 주체의 양태이다. 아래와 같이 도표로 나타낼 수 있다.

	내인성의 양태(자율적)	외인성의 양태(타율적)
반대관계	/알다/	/해야 하다/
	/원하다/	/할 수 있다/

끝으로 두 가지 <함의 관계>, 즉 /해야 하다/ 대 /알다/와 /할 수 있다/ 대 /원하다/를 얻을 수 있다. 전자는 안정의 양태modalités stabilisantes이며, 후자는 이동의 양태modalités mobilisantes이다. 이것을 다음과 같이 도표로 나타낼 수 있다.

	안정의 양태	이동의 양태
함의관계	/해야 하다/	/할 수 있다/
	/알다/	/원하다/

2.4. 양태 구조

행동의 기본적 정의를 생각해 보면, '어떤 존재(혹은 이다)가 되게끔 하는 것ce qui fait être'이라 할 수 있다. 이 정의에서 두 가지 술어로 이루어지는 종속적 구조를 볼 수 있다.

/하다 혹은 행위faire/ 대 /이다 혹은 존재être/[37)]

이러한 /하다/와 /이다/는 네 가지 양태와 중첩 한정되어[38)] 섬세하게 분절될 수 있다. /하다/와 이루어지는 양태는 <양태 역량>이 되고, /이다/와 이루어지는 양태는 <양태 존재>가 된다. 이와 같이 양태가 변화시키는 관계의 성격에 따라 두 종류의 양태를 구별할 수 있다.

> "행위의 양태화는 행위 주체 위상의 변화로 해석해야 하고, 그것에 영향을 미치는 양태는 <양태 역량>을 이룬다. 마찬가지로 존재의 양태화는 가치 대상 위상의 변화로 간주될 것이다. 대상 혹은 거기에 투여된 가치에 영향을 미치는 양태는 상태 주체의 <양태 존재>를 구성한다. [39)]

네 가지 양태 범주 /원하다/, /해야 하다/, /할 수 있다/, /알다/는 각 범주마다 네 가지 양태 역량과 네 가지 양태 존재로 이루어지는 여덟 가지 양태문[énoncé modal]을 얻을 수 있다. /원하다/의 여덟 가지 양태문은 다음과 같다.

양태 역량 : /~하기를 원하다vouloir-faire/
/~하지 않기를 원하다vouloir-ne-pas-faire/
/~하기를 원하지 않다ne-pas-vouloir-faire/
/~하지 않기를 원하지 않다ne-pas-vouloir-ne-pas-faire/

양태 존재 : /~이기를 원하다vouloir être/
/~이 아니기를 원하다vouloir ne pas être/
/~이기를 원하지 않다ne pas vouloir être/

/~이 아니기를 원하지 않다ne pas vouloir ne pas être/

위의 양태 범주는 동질의 내용을 나타낼 때에만 의미를 지닌다. 이것을 기호 사각형에 다음과 같이 나타낼 수 있다.

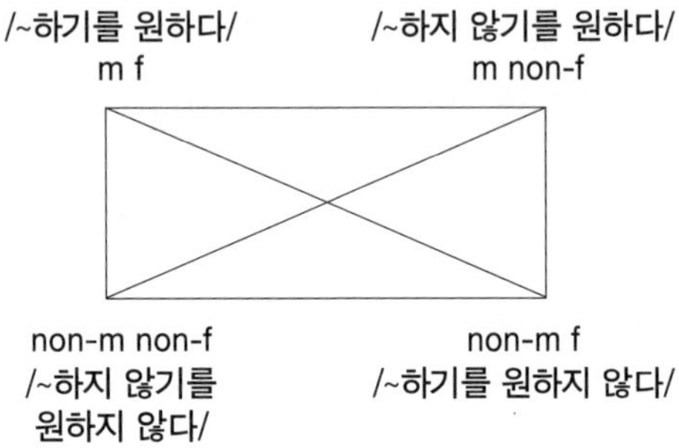

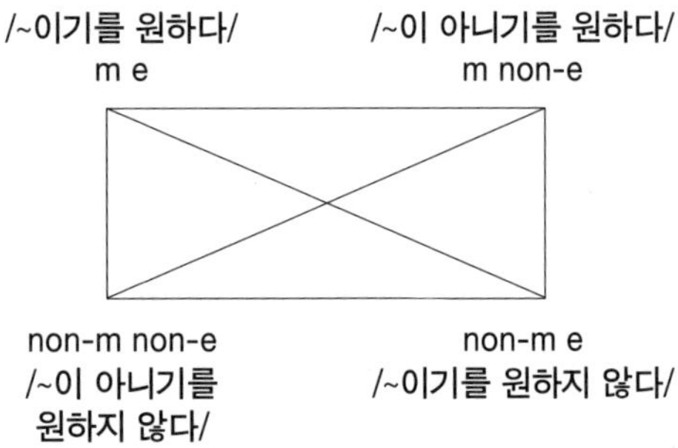

(m: 양태문, f: 행위문, e: 상태문)

2.5. 가상체

상상력에 의한 공감을 바탕으로 기호학에서 말하는 가상체를 생각할 수 있다. 가상체는 주체가 단지 상상에 의해 구축하는 것을 말한다. 즉 아무런 상호주관적인 근거가 없더라도, 주체가 자신의 외부로 투사하여 효과적으로 만들어내서 그것으로 상호주관적인 태도를 결정하

게 되는 것을 <가상체>라 한다. 18세기 아담 스미드의 상상력에 의한 공감을 살펴보면,

> "우리는 타인이 느끼는 것을 직접 경험하지 못하므로 그들이 어떻게 느끼는지 그것에 대한 관념을 형성할 수 없지만 비슷한 상황에서 우리 자신이 느낄 것을 생각함으로써 그렇게 할 수 있다. 우리가 어떤 사람의 심한 고통을 공감할 때, 우리는 상상력을 통해서 우리 자신을 그의 상황에 놓는다. 이와 같이 어떤 정념이든지 그것에 대한 우리의 동감을 의미하거나 또는 의미하는 것으로 사용될 수 있는 공감은 그 정념을 보는 것에서 일어나는 것이 아니라, 그 정념을 불러일으키는 상황을 보는 것에서 일어난다." [40)]

또한 데카르트는 가상체를 다음과 같이 설명하고 있다.

> "잠자고 있거나, 심지어 깨어 있을 때조차도 가끔 우리는 어떤 것을 매우 강하게 상상하여 그것이 전혀 존재하지 않을지라도, 그것을 눈앞에 보고 있다고 생각하거나 혹은 그것을 몸안에서 느낀다고 생각하는 것이다. 하지만 우리가 잠들어 있거나 꿈꾸고 있음에도 불구하고, 다른 어떤 정념으로 슬프거나 감동될 때는 정신은 자신 안에 정말로 그 정념을 가지는 것이다."[41)]

가상체는 두 사람이 서로 협약에 의해 구체화한 것이 아니라, 각자 만들어내서 '상대방이 그렇겠지'하고 미루어 짐작한 것이다. 그러므로 가상체는 주체와 다른 주체가 구축한 가상체 사이에 이루어지는 상호적 관계라 할 수 있다.

이처럼 가상체는 주체에 작용하는 양태 부여의 효과에 의해 가상

공간에서만 생기는 것이다. '바라다'는 말의 의미를 '그가 원하는 것이 곧 실현될 것으로 간주하다'라고 바꾸어 말할 수 있는데, 이 원하는 것이 다른 주체 타인에게 적용되어 'A(타인)에게 B를 원하다'라고 하는 경우, 이 A는 '원하는 것' 즉 '곧 실현될 것'으로 주체에 의해 간주된 것을 주체에게 해주어야만 하는 제약적 성격을 갖고 있다. 이 때 A의 해주어야만 하는 제약적 성격을 행위 주체(다른 주체 혹은 타인)에게 부여된 /행위-의무/의 의무 양태로 나타낸다.

이 경우에 두 주체는 /행위-의무/에 대한 확실한 신뢰의 계약이나 비슷한 계약이 있었던 것은 아니다. 따라서 가상 계약으로 간주될 수 있을 것이다. 이런 경우 의무 양태란 서로 확실한 약속에 의해 만들어진 것이 아니라 묵시적인 신뢰에 바탕을 둔 것이므로, 행위 주체는 이런 계약 관계가 개입된 것을 전혀 느끼지 못하며, 이 의무적인 양태화는 상태 주체의 상상력일 뿐이다.

이와 같이 행위자의 가상체는 양태 주체의 상상으로 이루어진다. 좁은 의미에서 가상체의 기본 속성은 존재적 가상체와 행위소 역할의 상상적 변화를 말한다. 가상체로 빠져드는 분리작용débrayages [42]을 통해 정념화된 주체는 담화 연쇄에서 가상의 사건을 삽입하는데, 담화에 가상체가 등장하는 것은 이러한 분리작용의 효과이다.

넓은 의미로 정념적인 모든 의사소통이 잠재적으로는 가상체의 순환 위에 놓인다고 할 수 있다. 이에 대해 그레마스와 퐁타닐은 다음과 같이 설명하고 있다.

> "정념 분석에서는 (…) 보편적인 의사소통에서 대화자나 상호 행위소의 위상 문제가 다시 제기될 수 있다. (…) 우리가 말할 때 각 화자는 그가 내부에 지니고 있는 이미지뿐 아니라 그의 대화자가 그에게 가리키는 이미지에 따라 담화를 구성하고 개인적인 언

어를 적응시킨다. 정념 분석의 모든 결과를 도출시키는 것은 모든 의사소통이 양태적 가상체와 정념적 가상체 사이의 의사소통이고 상호작용임을 가정하는 것이다. 각자는 타인 가상체에 자신의 가상체를 보낸다. 이 가상체는 그들이 속해 있는 문화 등 모든 상호작용이 성립하는데 기여한 가상체이다."[43]

가상체에 대한 개념은 상호작용과 의사소통 이론에 대한 결과라 할 수 있으며, 상호작용에서 행위자의 가상체는 양태 주체의 상상으로 이루어진다. 선조건 층위에서는 긴장 상태의 주체가 다른 주체로 이중화되고, 주체와 대상의 융합 상태 혼융의 기저 위에서 상호 주체로 타인을 내재화하는 작용이 이루어지는데, 가상체는 이와 같이 선조건 층위로부터 전달된 암시라 할 수 있다.

2.6. 양태 장치

양태 장치는 가상체의 개념을 토대로 하여 양태 구조로 이루어진다. 정념을 분석하기 위한 필수적 도구 양태 장치는 이질적인 양태의 집합체인데, /하다/와 이루어지는 양태는 <양태 역량>이라 하고, /이다/와 이루어지는 양태는 <양태 존재>라 한다.

정념이 행위를 위한 역량인 양태 역량으로 표현될 때, 정념 의미 효과를 철저히 규명할 수 없다. 행위에 전제된 /~하기를 원함/이 있을지라도, 주체가 난관에 부딪쳐 계획을 포기하는 경우가 있기 때문에, /~하기를 원함/은 행위의 추구를 설명하기에 충분하지 못하다. 그러므로 모든 정념을 표현하기 위해서 /하다/가 아니라 자율적인 /이다/ 양태 배열[agencement modal]을 이용해야 하며, 정념 의미 효과를 나타내는 양태 장치로 적합하다.

다시 말해 행위의 잠재력으로 간주된 역량은 상태의 형태로 존재하므로, 양태 역량은 양태 존재 안에 포함된다고 할 수 있다. 따라서 정념은 주체의 행위가 아니라 존재라는 것을 연구의 가설로 제기할 수 있다. 정념에 의해 감동된 주체는 상태 주체, 즉 존재에 의해 양태화된 주체이다.

예로 고집센 사람의 양태 부여는 /~하기를 원함/이라기보다는 /~이기를 원함/이다. 말하자면 그는 '~하기를 원한다'가 아니라 '~하는 자이기를 원한다'는 것이다. 고집을 정의하면 '난관에 의해 좌절되지 않고, 미리 제시된 목적을 추구하는 기질'이라 할 수 있다. 주체가 지니고 있는 이러한 기질은 목적의 실현이 불가능할지라도, 행위를 계속하는 자인 상태로 놓는다. 따라서 주체에게는 /이다/ 양태 배열을 이용하여 다음의 양태화가 주어진다.

- /~이 아님을 앎/(주체는 자신의 대상과 연접이 아님을 앎)
- /~이 아닐 수 있음 혹은 ~일 수 없음/(일의 성공이 위태로움)
- /~이기를 원함/(그래도 주체는 대상과 연접되기를 원하고, 이를 위해 모든 수단을 사용할 것임)[44]

위의 양태 배열로 고집의 양태 장치가 조직되며, /이다/ 양태화가 그것으로 하나의 잠재적 이미지, 말하자면 가상체를 구성한다는 것을 말하고 있다. 이처럼 주체가 자율적 주체(/~이기를 원하다/와 /~임을 알다/의 주체)일 경우, 양태의 연계는 외부 개입을 통해 더 이상 설명될 수 없고, 단지 /이다/ 양태의 내면적 상호 작용으로만 설명될 수 있다.

고집의 양태 장치는 세 가지 양태 구조의 상호 작용 안에 있다.

"하지만 양태 범주 간의 이러한 부딪침은 두 가지 유형의 관계가 작용할 때에만 장치가 된다. 우선 항들이 하나의 구조 안에서 취해진다고 할 때, 양태화는 일단 충돌 되면 반대, 모순, 전제, 일치의 관계에 있다. 따라서 고집에서 /~이기를 원함/은 /~아닐 수 있음/과 모순되며, /~일 수 없음/과 반대된다. 반면에 /~이 아님을 앎/은 /~일 수 없음/을 전제 하거나 혹은 /~이 아닐 수 있음/에 일치된다."[45]

이 양태가 수직으로 놓일 경우에는 전제의 원리에 따라 배열되어야 하며, 아래의 양태 연속으로 나타난다.

/~일 수 없음, ~이 아님을 앎, ~이기를 원함/[46]

위 양태 연속에서 /~이 아님을 앎/은 /~일 수 없음/을 전제하고, /~이기를 원함/은 앞의 두 가지를 전제한다. 이처럼 고집과 같은 정념의 형상소는 양태의 무질서한 충돌로 설명되는 것이 아니라, 전제 관계를 통해서만 설명된다. 이와는 달리 다른 정념의 형상소, 가령 절망의 양태는 다른 방식으로 작동한다. 겉으로는 두 경우 모두 양태 간의 단순한 작용으로 보이지만, 고집에 있어서는 전제가 필수적이고, 절망은 전제를 필요로 하지 않는다.

퐁타닐이 절망에 대해 분석한 것을 보면,

"절망으로 말하자면, (…) 상태 주체와 가치 대상 간의 관계는 /~일 수 없음/의 입장에 놓여 있다. 게다가 실패에 대한 인식이 필수적이므로, 둘 사이 관계는 /~이 아님을 앎/으로 또한 양태화된다. 그래서 절망을 규정하고 위치시키는 양태 배열은 다음과 같다.

절망

가치와의 관계

"바랄 수 있는"(기대) /~이기를 원함/	대	"허망한"(실망) /~이 아님을 앎/
"필수적인"(신뢰) /~이어야 함/		"불가능한"(실패) /~일 수 없음/[47]

절망을 구성하는 양태 장치를 고집과 비교해 보면 외관상 차이점은 극히 적다. 두 경우 모두 지배적 양태는 /~이기를 원함/인데, 이것은 절망한 사람에게는 격분이나 의기소침으로 나타나고, 고집 센 사람에게는 그의 고집 센 행위로 나타날 수 있다.

여기서 주목할 것은 두 형상소가 각기 다르게 나타내는 양태 장치의 통사적 구성이다. 두 형상소는 모두 양태 간 충돌로 주체의 내적 모순을 드러내는데, 절망한 사람의 경우 지배적 양태 /~이기를 원함/이 다른 양태 /~이 아님을 앎/과 /~일 수 없음/을 전제하지 않고 이들은 단순히 서로 상충적일 뿐이다. 이 양태는 서로 공존하며, 서로 모순되고 반대되며, 주체의 양태 결합은 파탄에 이르기까지 위협받는다. 한마디로 절망의 경우 양태 사이에 상호 전제를 필요로 하지 않는다.

절망은 실제로 양립될 수 없는 두 양태 체계 /~이기를 원함/과 /~이어야 함/ 대 /~이 아님을 앎/과 /~일 수 없음/으로 구성되어 있다. 또한 절망한 사람은 두 가지 독자적인 양태 정체성, 즉 기대와 신뢰의 정체성 및 실망과 실패의 정체성을 소유한다. 이와 같은 독자성 및 비양립성의 결과로 파탄이 일어난다. 그러므로 고집의 경우와는 달리 절망의 경우에는 양태 간 충돌의 유일한 작용만으로, 즉 전제 관계가 아니라 대립 관계로 정념 의미 효과를 설명하기에 충분하다.

고집의 통사적 구성을 더 자세히 살펴보면, 고집 센 사람의 경우 지배적 양태 /~이기를 원함/이 다른 양태 /~이 아님을 앎/과 /~일 수 없음/에 의해 영향을 받는다. 따라서 고집이라는 정념 의미 효과는 불가능성에 대한 지식과 변함없는 의지의 충돌을 통해 그 효과가 생산된다. 말하자면 고집센 사람의 의지는 장치 안에서 작용하는 불가능성의 양태 때문에 저항하는 의지가 되었다. 고집에서 의미 효과를 나타내는 요소는 선조건 층위에 속하는 저항이다. 이 저항이 곧 변화를 나타내는 되어감을 일으키는 양태의 첨가excédent modal로서 정념 기호학에서는 이것을 기호학적 스타일style sémiotique [48]이라고 한다.

실패나 난관에 대한 인식이 고집센 사람의 의지를 불러일으키거나 굳건하게 할 수 있다면(인식이 두 양태화를 전제하는 /~이기를 원함/을 야기하거나 더 강화한다면), 이러한 결과를 가져오는 것은 단지 선조건 층위에서 기호학적 스타일로 나타나면서, 담화 층위에서 상적相的aspectuel 형태로 표출되는 저항적이고 지속적인 상태 때문이다. 이처럼 고집의 경우, 양립될 수 없는 양태화 간 변형이 내적 파쇄로 나타나는 것이 아니라, 단순한 역설적 전이로 나타나는 것은 긴장적이고 동질적인 선양태화protomodalisation [49]에 의해 조정되기 때문이다.

다시 말해 통사적으로 고집센 사람의 의지는 그의 지식을 전제하며, 양태화 간 모순이나 반대는 결합을 강조하여 그의 상태 안에서 스스로를 계속 고집한다. 이 경우 양태 간 충돌만으로는 저항과 지속의 의미 효과를 설명하기에 부족하므로, 고집센 사람의 정념 의미 효과는 기호-서사 층위의 양태 장치만으로는 만족하게 설명될 수 없으며, 선조건 층위의 지배 원리, 곧 기호학적 스타일 저항과 지속이 담화 층위에 소환convocation召喚되고 상화되어 나타난다는 것을 알 수 있다.

2.7. 존재적 가상체

서사 기호학에서 주체의 존재태란 주체의 존재를 파악하기 위해 실질 상태의 잠재력 양태인 존재에 형식을 부여한 것을 말한다. 조작 주체는 주체의 행위가 앞으로 이루어지리라는 점에서 잠재된 주체가 되며, 그 존재태는 <잠재태>이다. 잠재태에 해당하는 양태는 /해야 하다/와 /원하다/이다.

탐색의 주체는 양태 가치(/해야 하다/와 /원하다/)의 획득으로 주체의 조작을 현실화한다는 점에서 현실화된 주체이며, 그 존재태는 <현실태>이다. 이에 해당하는 양태는 /알다/와 /할 수 있다/이다.

생성 행로 종착점의 주체는 전체 행로를 완결지어 실현된 주체sujet réalisé가 되며, 그 존재태는 <실현태>이다. 실현태에 해당하는 양태는 /하다/와 /이다/이다. 이처럼 주체의 존재태는 양태와 상관관계에 있으며, 다음과 같이 도표로 나타낼 수 있다.

주체의 존재태와 양태

존재태	잠재태	현실태	실현태
양태	/해야 하다/	/할 수 있다/	/하다/
	/원하다/	/알다/	/이다/

잠재된, 현실화된, 실현된 주체와 가치 대상의 관계는 각각 비연접, 이접, 연접이다. 주체와 가치 대상의 접합 관계를 기호 사각형으로 다음과 같이 나타낼 수 있다.

주체와 가치 대상의 접합 관계

잠재된 주체(비연접)
↓
현실화된 주체(이접)
↓
실현된 주체(연접)

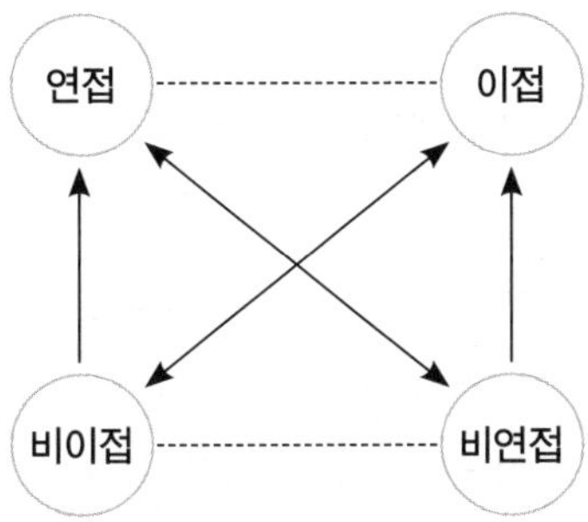

주체의 존재태는 접합 관계에서 그 위치에 따라 결정되는데, 서사 기호학에서 실제로 <비이접>에 해당하는 존재태가 무시되었다. 하지만 정념 기호학에서는 그에 적합한 존재태를 규정할 필요성이 인식되었으며, 이것은 현실화된 주체의 부정에서 생기며, 실현된 주체에 의해 전제된다는 점에서 가능화된 주체^sujet potentialisé^로 되었다. 그러므로 다음과 같이 존재태 시퀀스는 연결된다.

잠재화 (비연접) → 현실화 (이접) → 가능화 (비이접) → 실현화 (연접)[50]

가능화는 서사 기호학에서는 설명할 수 없었던 정념화된 주체의 느낌, 흥분, 충동, 격정을 설명할 수 있는 단계이다. 그래서 <가능태>는 정념을 전개할 수 있는 것으로 선조건 층위에 해당하는 존재태라 할 수 있다. 이처럼 선조건 층위의 긴장적 주체에 가능화된 주체의 역할을 설정하였으므로, 이 주체는 잠재된 주체 이전에, 행로의 시발점에 위치해야 한다. 하지만 위에 표현된 바와 같이 두 학자는 정념 기호학에서 가능화 단계를 현실화된 주체와 실현된 주체 사이에도 놓을 수 있다고 설명하고 있다.

> "역량 획득과 수행 사이 서사 프로그램에 반드시 필요한 일시적 단절 같은 가능화는 정념을 특징짓는 행위소적 및 양태적 사건을 모두 가상체로 투사할 수 있는 조작이라 할 수 있다."[51]

대부분 이야기 전개에서 정념은 수행 전에 흔히 나타날 수 있으며, 조작, 설득, 자격 부여된 정념화된 주체는 수행 전에 자신의 상상적 세계에 빠져들 수 있다. 그래서 가능화 단계에서 통사적 주체는 가상체 형태로 상상의 궤적trajectoire imaginaire[52]을 투사할 수 있다는 것이다. 예로 라 퐁텐느La Fontaine의 우화 「우유 장사 아줌마와 우유 항아리La laitière et le pot au lait」에서 주인공 프레트Perrette는 우유 항아리를 머리에 이고 시장으로 가면서, 우유 판 돈으로 살 것을 공상하기 시작한다. 즉 우유를 팔아 돈을 벌고 필요한 것을 구입하는 존재적 가상체와 술어를 연쇄적으로 전개시킨다. 이러한 일련의 담화 연쇄에서 주체가 가상체로 빠져드는 작용을 <분리 작용>이라 한다.

주인공 프레트는 달걀, 암탉, 여우, 돼지를 상상하다가 마지막으로 송아지 살 것을 결정하였다. 그 여자가 송아지 사는 것을 상상할 때 자신도 모르게 펄쩍 뛰어서 머리 위에 이고 있던 항아리가 땅에 떨어져 깨지고 말았다. 그 순간 그 여자의 모든 꿈도 깨어져 버렸다. 결국 그 여자는 꿈에서 깨어나면서 현실로 되돌아오는데, 이러한 신체의 표출은 긴장적 주체가 느끼는 신체의 <재연동작용réembrayage[53]>이라 할 수 있다. 이처럼 프레트의 내적 담화는 가상체로 들어가게 해주는 <분리작용>과 우유 항아리가 떨어져 현실로 되돌아오는 <재연동작용>의 환상 양식에서 전개된다고 할 수 있다.

여기에서 프레트는 /해야 하다/, /원하다/, /알다/, /할 수 있다/ 역량의 소유자로서, 도시에 도착한 후 상거래 실현을 위해 자격 부여된 <현실화된 주체>이다. 그러나 그 여자는 아직 <실현된 주체>가 아니며, 우화 작가는 모든 공상에 해당하는 가능화 단계를 이 중간에 배치하고 있고, 공상을 통해 행위를 상상하고 정념화된 사색의 존재 궤적 trajectoire existentielle을 구축한다. 그 여자의 행로는 다음과 같이 나타낼 수 있다.

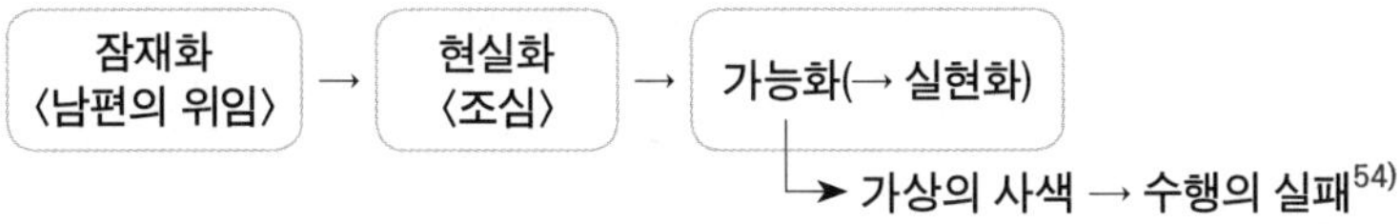

제 4의 존재태 <가능태>에 해당하는 양태를 알아보면, 정념 기호학에서는 연접에 전제되는 비이접으로 가능화를 규정하고 있다. 퐁타닐과 질베르베르그는 다음과 같이 말하고 있다.

> "가능화에 해당하는 양태가 /믿음croire/일 수 있다는 가설을 세운다. 실현화의 조건 중에서 일련의 기본 양태들 이외에 한 가지 양태가 부족하다. 즉 주체가 행동하고 실현하기 위해서는 잠재화되고 현실화된 역량을 모두 이용하는 것만으로 충분하지 않으며, 주체는 자신의 /의지/를 믿고, 자신의 /의무/를 믿고, 자신의 /지식/을 믿고, 자신의 /능력/을 믿어야 한다."[55]

주체는 실현하기 위해 자신의 역량을 <믿어야 한다>. 이처럼 /믿음/은 역량 다음 단계 가능태에 해당하는 양태이며 다음에 수행이 이루어진다.[56]

존재태의 행로는 기호-서사 구조에서 행위소를 통해 나타날 수 있으며, 정념 기호학에서는 존재적 가상체의 행로가 긴장적 행위소를 통해 표출되며, 이러한 과정은 정념화된 주체의 관점에서만 입증될 수 있다.[57)] 주체의 존재태는 서사 행로에서 상태 주체의 여러 가지 위상을 지칭하기 위해 사용되었으나, 정념 기호학에서는 주체에 대한 이러한 투사에 대해 존재태 대신에 <존재적 가상체>라는 용어를 사용한다.

구두쇠 근성[avarice]의 존재적 가상체를 살펴보면, 존재 궤적 상에서 정념화된 주체는 가치 대상 사이에서 나타나는 여러 가지 가능성을 펼친다. 구두쇠 근성은 『쁘띠 로베르 사전』에서는 <축재[蓄財]하려는 열정>, <부를 보유하려는 열정>으로 정의되는데, <축재하려는 열정>은 대상과 연접 프로그램이며, <부를 보유하려는 열정>은 부와 이접되지 않고 보유한다는 의미에서 대상과 비이접 프로그램이다. 전자는 연접이므로 실현된 주체이며, 후자는 비이접이므로 가능화된 주체라 할 수 있고, 후자는 전자가 되면서 실현된 주체로 변형된다. <소비는 하지 않고 단지 보유하기만을 원하는> 구두쇠 근성의 가능화된 주체는 대상에 대한 애착을 감안하여 <대상과 이접이 아니어야 함[devoir-ne-pas-être-disjoint]>으로 규정되며, 대상을 축재하려는 욕구를 참작하여 <대상과 연접이기를 원함[vouloir-être-conjoint]>으로 규정된다. 따라서 축재를 원하는 구두쇠의 양태화는 아래의 변형을 통해서 얻어진다고 말할 수 있다.

〈이접이 아니어야 함 → 연접이기를 원함〉

〈/~이어야 함 혹은 의무/ → /~이기를 원함 혹은 의지/〉

구두쇠 근성의 정념화된 주체는 처음 변형을 통해 상상의 시나리오를 구축하면서 가능화된 주체와 실현된 주체의 위치를 연달아 차지한다. 그 다음 변형에서는 하나의 양태화에서 또 다른 양태화로 가는 (/의무/에서 /의지/로 변형하는) 상호 양태 통사론[syntaxe intermodale 58)]을 볼 수 있다.

상호 양태 통사론을 통해 주체는 가치 대상의 접근 방식을 변화시키는데, 이것은 지배하는 유일한 양태 관점(/의지/)에 놓인다. 구두쇠는 축재하고 보유하기를 원하는 자일 뿐 아니라, 처신할 줄 아는, /지식/을 가지고 있으며 /의지/가 함께 지배한다. 따라서 구두쇠는 애착의 /의무/를 /의무/-/의지/로 변형시키고, 요령의 /지식/을 /지식/-/의지/로 만든다. 즉 구두쇠는 /지식/과 /의무/를 동시에 지배하는 /의지/의 정념화된 주체라 할 수 있다. 존재적 가상체를 통해서 존재 궤적과 상호 양태 통사론을 설정할 수 있는데, 이 두 가지 중첩은 정념 형상소의 통사적 기반을 구성한다.

3. 담화 층위

담화 층위는 선조건 층위 긴장적 변조의 연속체가 직접 소환될 수도 있고, 이것이 기호-서사 구조에서 불연속체로 이산화된 후 소환될 수도 있다. 전자는 변조를 직접 사행의 담화화를 위해 소환하여 상aspect을 생성할 것을 예시하는 절차이고, 후자는 변조에 연속적 세계를 절단하여 불연속적 세계로 만드는 작용인 이산화를 적용하면, 이것은 기호-서사 층위에서 기본 구조와 양태로 전환된 후, 담화 층위에 소환되어 상화되는 절차이다. 따라서 상화는 연속적인 효과와 불연속적인 효과를 동시에 생산한다고 말할 수 있다. 세 가지 층위를 도표[59]로 표시하면 다음과 같다.

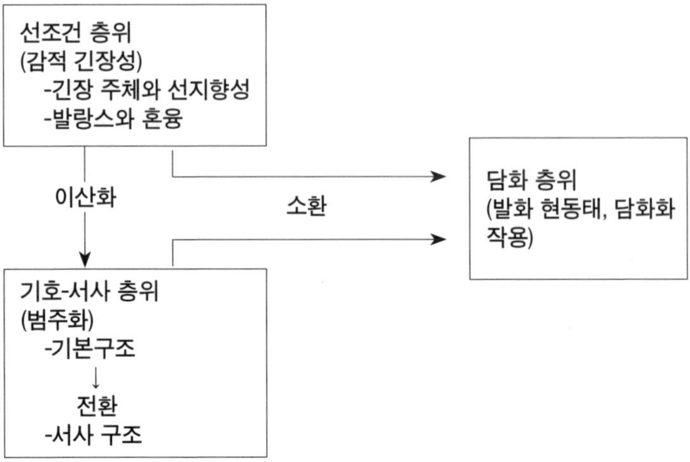

인식론적 영역과 담화적 영역 사이에서 발화 행위는 중개 장소인데, 여기에서는 여러 형태의 연동 작용이나 분리 작용 혹은 양태화 덕분에 기호학적 보편소의 소환이 작동된다. 담화화는 이러한 발화적 소환 그 자체이거나 그 이상이다. 즉 발화 행위의 순간은 담화화가 진행되며, 주체에 의해 역량이 담화 안에 배열되고 구성되는 순간이라고 말할 수 있다. 그러므로 발화 행위 영역은 진정한 실천이며, 소환 가능한 구조와 통합 가능한 구조 사이에서 왕복의 장소이다. 정념의 형상소는 이러한 모든 영역의 교차점에 위치한다고 할 수 있다.

위의 도표를 변조, 양태화, 상화로 간단히 표현하면 아래와 같다.[60)]

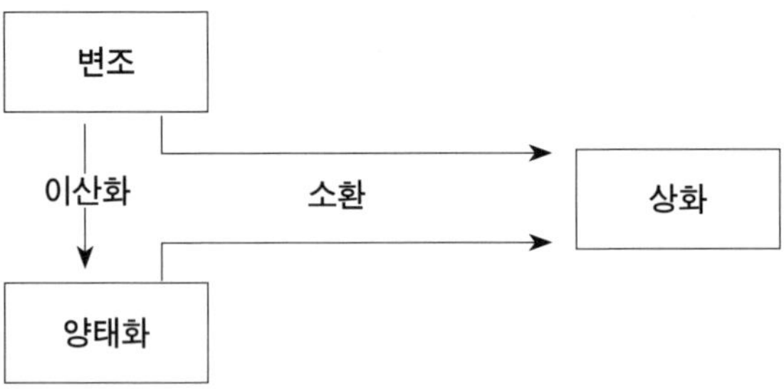

3.1. 장치화[61)]

장치화(기질)disposition는 긴장적 공간의 되어감과 동시에 이산적, 범주적 단위의 소환이 <상화>, <기호학적 스타일>, <담화적 프로그램화>에 의해 표출되는 것이다.

<상화>는 상으로 되는 것이며 두 가지 절차로 이루어진다. 첫 번째는 변조가 담화 구조에 직접 소환되어 상화되는 것이고, 두 번째는 변조가 이산화에 의해 양태화된 후 소환되어 상화되는 것이다. 후자의 상화는 불연속적 시퀀스인 양태 장치를 담화의 프로그램으로 변형시키는 것이라 할 수 있으며, 담화화 요소의 변해가는 상을 드러내는 작용으로, 담화가 형성될 때 상적인 범주(기동상, 지속상, 점괄상, 종결상)가 자리 잡는 작용을 말한다. 정념의 <상화>는 여러 형태를 띤다. 예로 '화'의 상적 형태는 '화가 나 있는'(지속상)이든지 '빈번히 화내는'(반복상)이든지, '노발대발하는'과 같이 일회적인 것(점괄상)으로 나타날 수 있다.

그레마스와 퐁타닐은 장치화의 표출을 가능하게 하는 상적 통사론에 대해 다음과 같이 말하고 있다.

> "상적 통사론은 <시상화時相化aspectualisation temporelle>의 형태 하에서 좀 더 표면적으로 표현된다. 시상화는 여러 가지 감정이나 정념에 대해 언어 사전이 제시하는 정의에서 보면 특히 정념 세계에서 가장 분명하고도 직접적으로 포착될 수 있는 자질 중 한 가지이다."[62)]

이런 예로 지속적인 한 <원한>, 참고 견디는 능력 <인내심>, 믿음을 가지고 어떤 것을 기다리는 것 <희망>, 화를 잘 내는 <쉽게 화내는 사람>을 들고 있다. 이 중에서 원한, 인내심, 희망은 상적 형태가 내재적 구성요소를 이루어, 내재적인 상성相性aspectualité 63)을 포함하고 있다. 반면에 쉽게 화내는 사람의 화는 일반적인 화보다 더 기동적이고 강도 높은 변이체이다. 따라서 여기서는 상적 형태가 내재적 구성요소가 아니라, 양태 구조를 나중에 중첩 한정하는 상성이라 할 수 있다.

내재적인 상성을 포함하는 희망에 대해 살펴보면, <희망>은 믿음을 가지고 기다리는 것이므로 /~이어야 함/과 /~임을 믿음/에 근거를 두며 미래의 시간과 관계된다. 여기서 /~이어야 함/은 되어감의 변조에 기반을 둔다. 희망이 내포하고 있는 기다림 속에는 /~이어야 함/, 즉 꼭 이루어져야 함이 잠재되어 있으므로, 기다리는 기간은 단지 늦어지는 것일 뿐이다. 미시가능태micropotentialités가 변조에 의해 중화되었으므로, 기다림의 순간에는 안 이루어질 것이라는 변화의 가능성이 포함되어 있지 않다고 말할 수 있다.

두 학자는 선조건 층위의 선지향성에서 유래하는 <지배 원리>, <양태 장치>, <장치화>의 관계를 파일과 그것의 사용 원리에 비유하였다.

> "정념화된 주체는 컴퓨터에 저장되어 있는 여러 메모리처럼 작용한다. 그러니까 한편으로 파일은 그대로 읽거나 사용될 수 없게 촘촘히 저장되어 있다. 또 다른 한편 파일을 복원하고 사용자가 접근할 수 있게 하는 조종(명령) 장치가 존재한다. 여기서 <양태 장치>는 접근할 수 없는 압축 버전의 이미지에 속할 것이고, 선지향적 <지배 원리>는 복원하는 조종 장치일 것이며, <장치화>는 읽을 수 있고 접근할 수 있는 따라서 전체 절차의 조작적 결과일 것이다." 64)

조종 장치라 할 수 있는 <기호학적 스타일>이 담화 층위에 소환되어 <상화>되며, 이와 동시에 양태 장치도 소환되어 <상화>된다. 이것이 합하여 장치화가 되는데(태도로 나타나는데), 어떤 것이 개입되느냐에 따라 웃거나 상을 찡그리는 혹은 화내는 등 다양한 코드로 표출된다. 나도향의 『물레방아』에 나오는 다음 대목을 살펴보면,

> 그는 방앗간을 막 뒤로 돌아서자 신치규와 자기 아내가 방앗간에서 나오는 것을 보았다.
>
> '아!'
>
> 그는 너무 뜻밖의 일이므로 아무 말도 하지 못하고 그대로 한참이나 멀거니 서서 보기만 하였다. 그의 눈에서는 쌍심지가 거꾸로 섰다. 열이 올라와서 마치 주홍을 칠한 듯이 그의 눈은 붉어지고 번개 같은 광채가 번뜩거리었다. 그는 한참이나 사지를 떨었다. 두 이가 서로 맞쳐서 달그락 달그락 하여졌다. 그의 주먹은 부서질 것 같이 단단히 쥐어졌다.[65]

주인공 방원은 자기 아내와 상전인 신치규가 방앗간에서 같이 나오는 것을 보자, 일순간 너무 놀라 멍한 상태이다. 놀라움은 모든 정념의 첫 단계이다. 이런 상태는 쾌감과 불쾌감으로 양극화되기 전 단계로서 주체는 지금 선조건 층위에 있다. 이 층위에서 융합에 대한 저항과 긴장적 주체가 존재적 필연성에서 벗어나려는 분산력의 작용, 즉 네 가지 변조의 이산화 작용으로 긴장적 주체는 다음 단계 기호-서사 층위로 전환된다. 이 층위에서 변조는 아래의 양태로 된 후, 담화 층위에 소환되어 네 가지 상(기동상, 점괄상, 지속상, 종결상)이 된다.

> **/~이기를 원치 않음/: S_1은 O와 S_2가 방앗간에 함께 있었던 것을 원치 않음.**
>
> **/~이어서는 안됨/: S_1에게 O와 S_2는 방앗간에 함께 있어서는 안됨.**
>
> **/~일 수 있음/: S_1에게 O와 S_2는 방앗간에 함께 있었을 수 있음.**

/~임을 앎/: S_1은 O와 S_2가 방앗간에 함께 있었음을 앎.

(* S_1: 방원, S_2: 신치규, O: 아내를 가리킴)

또한 선조건 층위의 강한 강도와 기동의 기호학적 스타일도 담화 층위에 소환된다. 전자에 후자가 합하여 분노로 표출되는데, 이 경우에는 두 눈의 쌍심지가 거꾸로 서면서 눈이 붉어지고 광채가 번뜩이며, 사지는 떨리고 두 이가 갈리고 주먹은 단단히 쥐어지는 모습으로 나타난다.

≪ 텍스트 분석 ≫

정념 분석에 적용될 수 있는 도구적 개념과 장치를 세 가지 층위로 나누어 살펴보았다. 이런 개념 장치와 분석 도구를 샤를 루이 필립의 단편 『만남』[66]과 프랑수아 코페의 단편 『슬픈 소녀』[67]에 적용하여 알아보고자 한다.

1. 『만남』

1.1. 줄거리

이혼한 두 남녀가 우연히 길거리에서 만나지만, 서로 먼저 아는 척하지 않다가 남자가 말을 걸었다. 남자는 모피 코트를 입은 여자의 우아한 모습을 보고 아는 척한 것이 오히려 후회스러웠다. 그들은 얼마 동안 함께 걷다가 남자의 제안으로 카페에 들어가 예전에 함께 살았을 때의 습관이 나오는 것을 보고는 저절로 웃음이 나왔다. 그는 그 여자를 쳐다보면 볼수록 자신이 그 여자를 한 번도 제대로 본 적이 없었다는 생각이 들었다. 그 여자는 정말 아름다웠다. 그 여자가 남자에게 지금 아내에 대해 묻자, 그는 남자에게 있어 여자란 첫 번째 아내가 있을 뿐이며 그 다음에는 집안일과 아이를 갖기 위해 결혼한다는 것이었다. 그들은 이제부터 서로를 생각하면서 불행하게 될 거라며 현재 생활에 만족하지 못하고 과거를 아쉬워하며 후회하였다.

1.2. 분석

처음에 두 남녀가 길거리에서 만나는 장면은 다음과 같다.[68)]

그는 그 여자를 앞질러 갔다. 그리고 순진하게도 진열창에서 멈춰서 있기만 하면 될 것이라고 생각했다. 그러면 그 여자가 그의 옆에 와 설 것이라는 생각이었다. 그 여자는 전혀 그러질 않고 계속 길을 갔다. 그래서 그는 그 여자에게 다가가리라 작정하였다. 그 여자는 헤어지기 마지막 시기에 그랬던 것처럼 불손했다. 그 여자는 놀란 척하더니 다음과 같이 말했다.

- 어머! 당신이 죽었다고 하던데요!

이 말에 그는 매우 화가 났다. 그가 죽었더라도 그 여자는 아무 일도 없었던 것처럼 계속 살아갔을 것이라는 생각이 들었기 때문이다.

이혼 후 우연히 길거리에서 처음으로 만난 남녀는 서로 상대방이 먼저 아는 척하기를 <원하고>, 또 <믿고> 있다. 즉 상상에 의한 가상체를 통해 양태 장치 /원하다/와 /믿다/를 투사하였다. 여기에서 전남편을 S_1으로, 전부인을 S_2로 할 때, S_2는 S_1의 프로그램 속에 포함된 가상체로 간주할 수 있다. 두 가지 양태문에 있어서 단순 기대감과 신뢰적 기대감의 공식을 사용할 수 있다.

S_1 /원하다/ [S_2 -----→ ($S_1 \cap Ov$) = 단순 기대감]

S_2 /믿다/ [S_2 ······· → ($S_1 \cap Ov$) = 신뢰적 기대감]

단순 기대감은 주체를 가치 대상과의 관련 속에 두며, 신뢰적 기대감은 단순 기대감에 덧붙여, 또 다른 양태 관계를 가정하는 것이다. 첫 번째는 상태 주체 S_1이 <행위 주체 S_2가 상태 주체 S_1이 가치 대상 Ov(S_2가 아는 척함)와 연접되도록 하기를 원한다>는 의미이다. 두 번째의 …… 는 S_2의 양태 역량이 다양한 양태로 채워질 수 있다는 것을 가리킨다. 이혼한 부부가 우연히 만나게 되었을 때는 대개 서로 아는 척하지 않을 수 없을 것이므로, 전남편은 전부인에게 양태 역량 /하지 않을 수 없음/(아는 척 하지 않을 수 없음)을 투사한다.

$$S_1 \text{ /믿다/ } [\ S_2\text{/하지 않을 수 없음/} \rightarrow (S_1 \cap Ov)\ ]$$

/하지 않을 수 없음/에 따라 S_2역량의 사각형을 다음과 같이 표현할 수 있다.

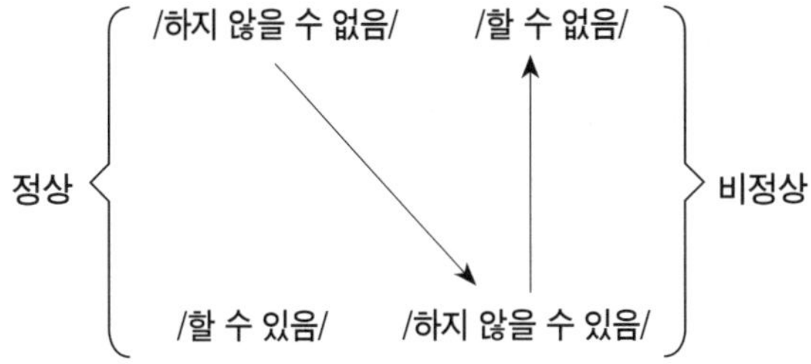

긍정적 함의 관계를 '정상'이라는 메타 용어로 지칭할 수 있는데, 이것은 S_1이 S_2에 부여할 수 있는 역량의 평가이다. '정상'은 이혼 후에는 아무런 이유가 없는 한, 정상적인 부인이라면 전남편에게 최소한 관심을 표시해야 한다는 것을 의미한다. 그런데 /할 수 없음/과 /하지 않을 수 있음/을 나타내면서, 전부인은 자신에게 부여되는 /하지 않을 수 없음/을 부정한다.

전남편이 상상으로 성립시킨 /하지 않을 수 없음/ 가상체를 S_2에게 부여된 /하지 않을 수 있음/ 역량과 모순에 놓으면서, 전부인은 '하지 않을 수 있는' 자로서 행동한다. 또한 S_1은 <그의 옆에 와서 서기를 원함>을 S_2에게 투사하지만, S_2는 S_1의 가상체대로 행동하지 않는다. 따라서 S_1이 투사하는 /오기를 원함/과 S_2가 투사하는 /오기를 원치 않음/은 상충적 관계에 해당한다. 모순되는 두 양태를 앞에 두고 두 주체 사이에는 어떠한 의사 교환도 없으며, 바로 여기에서 S_1이 만든 가상체의 위상이 분명하게 나타난다.

마침내 전남편 쪽에서 전부인에게 접근하자, 전부인은 놀라는 척한다. '척하다'의 행위는 S_2의 행위를 내재적인 차원에서는 일치하지 않으나(비존재), 외재적인 차원에서는 일치하는(/현상/), 즉 /비존재/ + /현상/으로 규정되는 '기만'으로 양태화한다.

놀라는 척하는 전부인이 전남편에게 "당신 죽었다고 하던데요"라고 말하자 몹시 기분이 상했다. 자신이 죽었을지라도 전부인은 아무 일도 없었던 것처럼 계속 살아갔을 것이라고 생각하자 이혼했음에도 불구하고 화가 났다. 화는 선조건 층위의 개시, 점괄, 지속, 종결 변조가 기호-서사 층위에서 다음과 같이 양태화된다.

/~이기를 원치 않음/(그녀 혼자 잘 사는 것을 원치 않음)

/~이어서는 안됨/(그녀 혼자 잘 살아서는 안됨)

/~일 수 있음/(그녀 혼자 잘 살 수 있음)

/~임을 앎/(그녀 혼자 잘 살아간다는 것을 앎)

위 네 가지 양태는 담화 층위에서 기동상, 점괄상, 지속상, 종결상이 되며, 또한 선조건 층위의 강한 강도와 기동의 기호학적 스타일도 담화 층위에 소환된다. 네 가지 상과 소환된 기호학적 스타일이 합하여 화로 표출되고 있다.

2. 『슬픈 소녀』

2.1. 줄거리

가난했던 화가 시절 주인공 미셸Michel의 어머니는 이웃에 사는 불쌍한 어린 소녀 페르낭드Fernande를 정성껏 보살펴 주셨다. 그리고 페르낭드를 10년 후 사창가에서 우연히 만난 미셸은 그 여자의 비참한 모습을 잊을 수 없어, 새로운 삶을 찾도록 도와주기로 결심하였다. 그는 돈을 마련해 그 곳에 갔지만, 그 여자는 이미 자살해 버린 후였다. 그는 매우 놀란 채 그 곳을 빠져 나와 자신의 화실에서 공상에 빠져 들었다. 그의 어머니가 그 여자를 양녀로 입양하여 자신이 그 여자와 결혼해 어머니는 돌아가시기 전에 손자들을 보실 수도 있었을 것이다. 이러한 것을 생각하면서 그는 인생이 너무 가혹하게 느껴져 흐느껴 울었다.

2.2. 분석

미셸이 페르낭드를 사창가에서 만난 후 타락한 모습이 가슴 속에서 떠나지 않는 장면과, 결국 그 여자를 구하기 위해 돈을 마련하여 그곳에 갔으나 이미 물에 빠져 자살했다는 대목을 보면,[69]

> ⒜ 하지만 이런 만남은 여러 날 동안 지속적이고 끈질긴 기억을 그에게 남겨 주었다. 그는 페르낭드의 애처로운 모습을 머릿속에서 지워버릴 수 없었다.
>
> ⒝ 미셸은 다음과 같이 생각하였다. <이 불행한 여자는 말만으로는 소용없어. 그 여자의 생활은 지옥과 같고 혐오스럽

다. 어서 그 여자의 빚을 갚고, 방을 얻고 가구를 마련할 돈을 손에 쥐어 주도록 하자. 일자리를 찾아 주고 마침내 그 여자가 예전으로 돌아가기 위해서는 천 프랑 짜리 지폐 한 장이면 충분할거야. 마침 미국사람 골드 스미드씨가 막 구입한 두 점의 작은 그림 값으로 다음 주 월요일에 3천 프랑을 줄 거야. 그러면 천 프랑 짜리 지폐 한 장으로 페르낭드를 시궁창에서 구할 수 있을 거야...... 그런 정도는 나도 할 수 있어...... 그리고 물론 어머니도 동의하실거야>.

그 다음 주 월요일에 화가는 돈을 받자마자 마차에 올라타 그곳으로 몰게 했다.

… … …

— 페르낭드 —

… … …

— … 그 여자는 지난 주 수요일 물에 빠져 죽었어요.

— 그 여자가 자살했다구요? 미셸이 가슴이 싸늘해져 외쳤다.

위 대목의 행위소 장치에 있어서 주체(S)는 미셸, 대상(O)은 페르낭드가 된다.

(a) S는 O가 사창가에서 일하는 사실을 알게 되어 인지적 주체가 되는데, 이것은 기질적 차원으로 이행하면서 심한 괴로움을 느끼는 기질적 주체가 된다. 이런 주체의 정신적 고통은 부정적인 기질적 변형에서 기인하는 것이다. 그리고 주체의 정신적 고통은 <머릿속에서 지워버릴 수 없는> 반복상과 지속상으로 나타나고 있다.

주체가 불쾌감으로 기질적 변형을 하는 것은 대상의 불행에 대한 인지적 성격에서 기인한다고 할 수 있다. 주체는 대상이 몹시 불행한 것을 알고 대상에게 다음과 같은 양태를 투사하여 괴로움에 빠진다.

/~이어야 함/(행복해야 함)

/~이기를 원함/(행복하기를 원함)

/~일 수 없음/(행복할 수 없음)

/~이 아님을 앎/(행복하지 않음을 앎)

정념적 의미 효과는 불가능성을 바탕으로 하는 /~일 수 없음/, /~이 아님을 앎/과 /~이어야 함/, /~이기를 원함/ 사이의 충돌에 의해 생산되고 있다. 이 네 가지 양태는 담화 층위에 소환되어 네 가지 상이 된다. 여기에 선조건 층위에서 기호학적 스타일로 나타나면서 담화 층위에 직접 소환되어 상적 형태로 표출되는 강한 강도가 합해져서 심한 괴로움으로 나타난다.

지독한 내심의 고통을 겪는 주체의 감정은 자신을 대상의 불행한 상태와 동일시함으로써 얻어진다. 정념화된 주체의 상태는 주체와 대상이 하나가 되는 혼융의 상태이다. 따라서 이 경우 주체가 대상이 되는 행위소 역할의 교환이 이루어지고 있다.

(b) 마침내 미셸은 그림을 팔아 그 여자의 빚을 갚고 방을 얻어 주고 가구를 마련해 주고 일자리를 찾아주는 공상을 함으로써 가상체로 들어가는 분리작용을 한다.

이제 주체는 /~이기를 원함-대상을 사창가에서 구하기를 원함/과 /~이어야 함-대상을 사창가에서 구해야 함/의 <잠재된 주체>이며, /~일 수 있음-비용을 마련해 대상을 구할 수 있음/

과 /~임을 앎-비용을 마련해 대상을 구할 줄 앎/으로 완전히 자격이 부여된 <현실화된 주체>이다.

실현화 단계에서 그가 비용을 마련해 그곳에 갔을 때, 그 여자는 물에 빠져 자살했으므로 S의 수행은 실패한다. S는 O가 자살했다는 소리를 듣고 가슴이 싸늘해진다. <가슴이 싸늘해짐>은 선조건층위의 네 가지 변조가 기호-서사 층위에서 다음과 같이 양태로 된다.

/~이어서는 안됨/(자살해서는 안됨)
/~이기를 원치 않음/(자살하는 것을 원치 않음)
/~일 수 있음/(자살했을 수 있음)
/~임을 앎/(자살했음을 앎)

네 양태는 담화 층위에 소환되어 네 가지 상이 된다. 또한 선조건 층위의 강한 강도와 기동의 기호학적 스타일도 담화 층위에 소환되어 상화한다. 네 가지 상과 상화된 기호학적 스타일이 합하여 가슴이 싸늘해짐으로 느껴지고 있다.

미셸의 행로는 아래과 같이 도식화할 수 있다.

주체의 행로

잠재화 → 현실화 → (→ 실현화)

〈S는 O를 사창가에서 /구하기를 원함/ 과 /구해야 함/〉

〈비용 마련을 위한 그림 매매로 S는 O를 사창가에서 /구할 수 있음/과 /구할 줄 앎/〉

→ O의 자살로 인한 수행의 실패

≪ 맺음 말 ≫

정념 기호학에서는 정념의 발생에서 발현까지 과정을 의미 생성 행로라 하고, 이것을 선조건, 기호-서사, 담화 층위 세 단계로 설정하였다. 의미의 생성에 해당하는 개념화부터 분석을 시도한 서사 기호학의 심층 층위 아래, 감각과 지각의 기술을 위해 의미의 발생에 해당하는 선조건 층위를 설정한 것이다. 그리고 이 층위에 긴장, 감, 발랑스, 선지향성, 선주체, 선대상, 혼융, 분열, 변조, 되어감 등 상상의 신비적인 가상체를 설정하였다.

기호-서사 층위에서 양태성은 선조건 층위의 변조가 전환된 것으로, 주체의 정념 체계를 /~이기를 원하다/, /~이어야 하다/, /~임을 알다/, /~일 수 있다/ 네 가지 양태로 분석하는 데 활용될 수 있다. 네 가지 양태의 조합은 주체의 정념을 일으키는데, 양태가 모두 긍정적인 조합을 이룰 때는 긍정적 정념이 발생하지만, 그렇지 않을 경우에는 불안이나 두려움의 부정적 정념이 발생하게 되며 이러한 정념의 반복적 상황에서 절망감이나 좌절감이 생성된다. 즉 정념은 양태성 이론에 기초하며, 양태성은 정념을 일으키는 장치라고 말할 수 있다. 그레마스는 양태 이론을 완성하려는 절박함으로 정념 문제를 다루게 되었다고 했을 정도로 양태성은 정념 기호학에서 중요한 분석 도구라 생각한다.

『만남』에서는 주인공의 '화'가 어떤 과정과 층위를 거쳐 담화화되는가를 살펴보았고, 단순 기대감과 신뢰적 기대감의 공식, 기호 사각형, 진리 검증 양태화의 분석 도구를 고찰하여 보았다.

『슬픈 소녀』에서는 주인공이 겪는 심한 괴로움과 가슴이 싸늘해짐이 의미 생성 행로 세 층위를 통해 표출되는 방식을 분석하였고, 주체가 대상이 되는 행위소 역할의 교환, 주체의 존재적 가상체를 적용하여 살펴보았다.

『물레방아』주인공의 '분노'와 『만남』주인공의 '화'에서 주목할 수 있었던 것처럼 같은 정념에서는 선조건 층위에서 담화 층위로 직접 소환되는 기호학적 스타일, 변조, 양태 구조와 장치, 상이 동일하게 분석됨을 알 수 있었다. 하지만 담화 층위에서 발현되는 분노에 있어서는 행위자에 따라 상이한 것을 주목할 수 있었다. 『물레방아』주인공의 분노는 두 눈의 쌍심지가 거꾸로 서면서 눈이 붉어지고 등으로 발현된 반면, 『만남』주인공은 매우 화가 난 것으로 표출되었다.

담화 층위는 실제로 볼 수 있는 텍스트와 가장 근접한 층위로, 선조건이나 기호-서사 층위보다 훨씬 구체적인 층위이다. 즉 담화 층위는 사행이 복잡하고 경계가 불확실하며 행위자의 발현 방식도 매우 다양해서 실제로 체계화나 형식화가 어려운 층위라 할 수 있다. 정념 기호학의 목적은 텍스트에 내재된 구조를 규명하는 데 있으므로, 실제로 발현되는 모습에 대한 연구는 연구 대상에서 제외된다는 것으로 그 해답을 찾을 수 있을 것이다.

미주

1) 기호-서사 구조에 대해서는 서사 기호학과 정념 기호학에서 명칭은 같다. 하지만 서사 기호학에서는 심층 층위와 표층 층위를 각각 따로 두고 이 두 가지를 함께 지칭할 때 기호-서사 구조라고 하였다. 그러나 정념 기호학에서는 심층 층위와 표층 층위를 한 가지로 통합하여 기호-서사 층위(구조)라고만 지칭한다.

2) 홍정표, 「김동인의 단편 소설 <배따라기>에 나타난 정념의 기호학적 분석」, 『기호학 연구』, 제20집, 한국기호학회, 2006.12, 290~311쪽 수정 보완

3) phorie의 역어는 감과 감응 중에서 망설였으나, 감응은 '마음에 느끼어 반응함'으로 반응이 포함되기 때문에, 순수히 세계와 분리되기 전 단계인 phorie는 감으로 번역하였다.

4) *S. P.*, p.17.

5) 실질과 형식에 대해서는 36쪽 주 7) 참고.

6) Cl. Zilbergberg, *Essai sur les modalités tensives*, Amsterdam, 1981, p.72.

7) 긴장성이나 감은 물리학에 따라서 세계를 표상하고자 한 것이며, 발랑스는 화학에서 차용해 온 개념이다. 그레마스는 실제로 여러 학문을 아우르는 학제성 연구를 기획하였다.

8) 감각 주체[sujet sentant], 지각 주체[sujet percevant]를 말하며, 이것은 범주화와 이산화에 의해 인식 주체[sujet connaissant]가 되고, 담화화 시에 담화 주체[sujet discourant]가 된다.

9) 선지향성은 미래 지향[protention]에서 파생된 용어로, 훗설[Husserl]이 사용한 개념이다. 이것은 기호학에서 긴장 상태의 주체를 가치의 그림자를 지닌 대상에 연결시키는 방향성을 띤 지향적 관계를 뜻한다.

10) 135~6쪽 참고

11) 시간화는 이야기 내 사건이 일어나는 시간을 전후 관계에 따라 분절하는 것을 말함.

12) 공간화는 공간을 분절하는 것을 말하며, 공간 분절은 발화문에서 서술된 내용과 행

위자의 행동을 공간에 위치시키기 위해 혹은 발화자의 관점에서 공간을 고찰하도록 하기 위해 이루어진다.

13) 행위자화는 담화에서 역할을 구체적으로 설정하는 것을 말함.

14) *S. P.*, pp.26~7 참고.

15) Julien Green, Op. cit., 1929, p.194.
정념 도식으로 분석하면, 이 대목은 정념 도식 5단계의 첫 번째 단계가 됨.(VI.2.1 참고)

16) *S. P.*, p.29.

17) 선조건 층위에서 선주체와 선대상이 융합된 상태.

18) R. Barthes, *Fragments d'un discours amoureux*, Seuil, 1977. p. 60(『사랑의 단상』, 김희영역, 문학과 지성사, 1991, 74쪽)

19) Stendhal, *Le rouge et le noir*, Livre de poche, 1983, p.342.

20) 사행은 일어난 것이라는 의미로, 동사를 통해 표현된다. 이것은 동사가 나타내는 동작이나 상태의 모든 변화를 표현한다.

21) *S. P.*, p.36.

22) 기호학에서 주체와 대상은 지향된 관계라 할 수 있다, 선조건 층위에서 혼융의 상태인 선주체와 선대상은 지향된 효과의 상태에 있다.

23) 언어학은 시상aspect 범주를 완상accompli 혹은 perfectif과 미완상inaccompli 혹은 imperfectif으로 나누고 있다. '그는 잠을 자고 있다'는 미완상에 속하고, '그는 잠을 잤다'는 완상에 속한다. 이것은 시상을 통해 현재와 과거로 구분되며, 시상화가 시간화와 분명히 다르다는 것을 보여준다.
기호학은 언어학과 달리 완상/미완상 범주보다는 점괄적/지속적 범주를 선호한다. 걷다, 말하다, 듣다는 지속상에 속하지만, 떨어지다, 넘어지다, 찾다는 점괄상에 속한다. 시상의 문제에 있어서 랑그를 통한 언어학적 접근과 담화를 통한 기호학적 접근에는 차이가 있다.
점괄상은 사행의 시초에 위치할 때는 기동상, 사행의 끝에 위치할 때는 종료상으로 분절된다. 따라서 기호학에서 시상 범주는 다음과 같이 구성되어 있다.

점괄상　　대　　지속상

기동상　　대　　종료상

(박인철, 『파리학파의 기호학』, 민음사, 2003, 448~9쪽 참고)

24) devenir의 역어는 <되어감>과 <생성> 중에서 망설였으나, 여기에서는 '되어간다'는 뜻이므로 생성보다는 되어감을 선택하게 되었다.

25) sommation은 촉구하고, 명령하다를 의미하는 불어 동사 sommer의 명사형으로 독촉, 경고, 정지 명령 의미를 갖고 있다. 되어감의 변조가 리듬과 템포를 도입하지만 아무 것도 범주화되지 않으며 불연속적 분절의 속성은 파악되지 않는다. 따라서 부정을 함으로써[nier] 주체의 정확한 가치를 알 수 있다. 부정은 주체가 스스로를 설립할 수 있는 최초 조작이며 부정을 통해 세계는 인식 가능한 것으로 세워진다. 이것은 일종의 이접이라 할 수 있는데, 첫 번째 이접이 우연을 통해 얻어지는 존재적 필연성과의 이접이라면, 두 번째 이접은 긴장의 연속적 변조와 무정형 가치 세계와의 이접이다. 부정은 두 가지가 있는데 첫 번째 제스처는 순수한 행위로 이것을 촉구라고 부른다. 조작을 행하는 긴장적 주체가 가치의 그림자로부터 하나의 위치를 촉구하는 것이다. 두 번째 제스처는 모순으로 범주적 의미에서의 부정을 말한다.(김성도, 『구조에서 감성으로』, 고려대학교 출판부, 2002, 380쪽 참고)

26) Stendhal, Op. cit., p.338.

27) 이것은 쿠르테스[J. Courtés]의 「결혼 시퀀스의 기본 조직」(in Nef, F., *Structures élémentaires de la signification*, Complexe-PUF, 1976, p.73)에 적용해 보면 이해할 수 있다. 즉 남·녀 결합의 여러 가지 차원(부유 대 빈곤, 고귀 대 비천, 매력 대 혐오)에서 줄리앙은 마틸드와의 결합으로 부유와 고귀에 접근할 수 있는 반면, 마틸드는 줄리앙과의 결합으로 빈곤과 비천에 접근하게 되므로 많은 불이익을 감수해야 한다고 말할 수 있다.

28) A. J. Greimas et J. Courtés, Op. cit., p.40.

29) 이 /지식/은 현실화 단계(/능력/과 /지식/을 갖춘 단계) /지식/과는 구별되는 것이다.

30) 30쪽 참고.

31) 서정철 저, 『기호에서 텍스트로』, 민음사, 1998, 308쪽.

32) J. Fontanille, *Sémiotique du visible*, PUF, 1995, p.15.

33) Groupe d'Entrevernes, *Analyse sémiotique des textes*, Presses Universitaires de Lyon, 1988, pp.34~5.

34) *Ibid.*, pp.35~6.

35) 128~9쪽 참고

36) Michael Rengstorf, "Pour une quatrième modalité narrative" in *Langage 43*, 1976, pp.73~4 참고.

37) faire와 être는 동사이며 명사도 되므로, 문맥에 따라 /행위/ 혹은 /하다/와 /존재/ 혹은 /이다/로 옮김.

38) 중첩 한정된다는 것은 faire 혹은 être로 한정된 것이 양태 동사로 다시 한정된다는 것을 의미함.

39) "De la modalisation de l'être", in *Du sens II*, Seuil, 1983, p.97. (김성도 역, 『의미에 관하여』, 인간 사랑, 1997, 439쪽)

40) F. 코플스톤, 앞의 책, 466쪽.

41) Descartes, Op. cit., pp.116~7.

42) 154쪽 주 53) 참고.

43) *S. P.*, p.63.

44) *Ibid.*, p.68.

45) *Ibid.*, p.71.

46) *Ibid.*, p.71.

47) "Le désespoir", in *Actes Sémiotiques, II, 16*, 1980, p.13.

48) 고집과 같은 형상소를 저항적, 지속적으로 유지시켜 주는 요소를 지칭하며, 여러 기질적 요소가 포함됨.

49) 직관적으로 지배하는 양태에 덧붙여지는 것으로, 되어감 변조의 담화적 소환의 결과.

50) *S. P.*, p.146.

51) *Ibid.*, p.146.

52) 정념화된 주체는 상상을 통해 접합의 변화(즉 연접, 비연접, 이접, 비이접)를 전개시킬 수 있는데, 이처럼 주체가 스스로에게 부여하는 가상체의 행로를 상상의 궤적 혹은 존재 궤적이라 함.

53) 재연동작용은 분리작용의 역작용으로 발화행위로의 복귀를 지시하는 작용이다. 이것은 행위소적actantiel, 시간적, 공간적 연동작용으로 분리될 수 있다. 이 작용은 따로 고찰될 수도 있고, 융합작용으로 동시에 연결되어 작동될 수도 있다. 모파상의 작품 「두 친구」에서 전시의 파리에서 두 친구가 우연히 서로를 알아본 것은 각자의 내면세계에 즐거운 낚시 여행의 기억, 즉 융합적인 시·공적 연동작용이 작동된 것이라고 말할 수 있다. 연동작용에는 발화문에서 연동작용과 발화에서 연동작용, 발화 현동태로 복귀를 목적으로 하는 것과 내적 연동작용이 있다.
자연에 대한 묘사는 <마음의 상태>로 변형되며, 시간적 연동화를 겪은 후 기억화된 마르셀 프루스트의 어린 시절은 <사건>이기를 그치고 <기억souvenirs>의 형상적 조직이 된다. 이러한 연동작용의 방식으로 상징체계symbolisme의 문제성을 철저히 규명할 수는 없지만, <내면세계>의 무수한 상의 담화화를 부분적으로나마 설명할 수 있을 것이다.(A. J. Greimas et J. Courtés, *Op. cit.*, pp.119~21 참고).

54) *S. P.*, pp.147~9 참고.

55) J. Fontanille et Cl. Zilbergberg, Op. cit., pp.188~9.

56) 퐁타닐은 "믿음은 역량 성립의 첫 단계 가능화된 양식에 해당하는 양태이며, 이로부터 다른 모든 양태가 전개될 수 있을 것이다"(*Ibid.*, p.190) 라고도 설명하고 있다. 즉 믿음은 분석 대상에 따라 첫 단계뿐 아니라 현실화 다음 단계에도 위치할 수 있다.

57) J. Fontanille, *Sémiotique du visible*, Op. cit., p.21 참고.

58) 어떤 양태가 이질적이며 반대 혹은 모순 관계인 다른 양태로 변형되는 것을 다루는 통사론을 말함.

59) *S. P.*, p.75.

60) *Ibid.*, p.76.

61) 정념적 역할과 마찬가지로 정념 주체의 속성이지만, 그 절차에서 차이가 난다. 장치

화는 상적 구성 요소를 포함하는 반면에, 정념적 역할은 정념적 태도의 인지적 재구성의 절차에서 기인하므로 상적 구성 요소를 포함하지 않는다.

62) *S. P.,* p.78.

63) 상성은 생성행로의 양태 가치의 소환과 되어감 변조의 소환에서 생기는데 담화화 시에 시간화될 수 있다. 형태로서의 상성은 매우 다양하게 상태의 변화를 표현할 수 있는 것이며, 담화의 최초 형태, 그것의 리듬 혹은 역동성이라 할 수 있다. 이처럼 상성은 존재의 영역 위에서 감을 잡는 긴장을 담화 내에서 구체화한다.

64) *S. P.,* pp.77~8.

65) 나도향, 범우소설문고, 1976, 78쪽

66) Charles-Louis Philippe, “La Rencontre”, in *Les contes du matin*, Gallimard, 1916, p.41.

67) François Coppée, “Fille de tristesse”, in *Contes Choisies*, Shina-sa, 1973, pp.144~63.

68) 홍정표, 「양태 이론 고찰」, 『불어불문학연구』, 제37집, 한국불어불문학회, 1998년 가을, 847~9쪽 수정 보완.

69) 홍정표, 「주체의 존재태 연구 -정념 기호학을 중심으로」, 『불어불문학연구』, 제50집, 한국불어불문학회, 2002년 여름, 616~9쪽 수정 보완.

VI
정념 도식

『정념 기호학』에서 그레마스와 퐁타닐은 고유의 자율적 모델로 정념 도식[1)]을 정립하였다. 정념 도식은 담화나 텍스트에 표출된 정념을 논리적으로 분절하는 조직을 말하며, 표준 정념 도식 5단계 형성화, 장치화, 정념화, 정동화, 도덕화는 강도intensité, 양태화modalisation, 행위소 장치dispositif actantiel, 작용opération 등 다양한 관점에서 체계적으로 검토된다. 이것은 정념적 역할의 개시, 시동, 전개, 완료, 평가로 해석될 수 있다. 정념 도식의 행로에서 정념화된 주체sujet passionné는 불안정한 에너지를 지니는데, 정념의 공간에서 어느 정도 안정을 되찾음으로써 정념적 의미를 추구한다고 말할 수 있다.[2)]

1. 서사 도식과 정념 도식

서사 기호학의 주요 분석 도구에 속하는 서사 도식은 정념 시퀀스의 전형적인 조직을 설명하기에 불충분해서 서사 도식이 『정념 기호학』에서 4단계 거시 시퀀스로 재정립되었다. 즉 "정념 장치의 거시 시퀀스는 표준 서사 도식의 상적 논리를 따른다"[3]고 설명하고 있다. 그런데 퐁타닐은 이 책이 출판된 지 2년 후 캐나다의 「프로테」지에 정념 도식을 재정리해 발표하면서[4] 5단계 미시 시퀀스가 방법론적 차원에서 서사 도식을 확대 적용한 것임을 밝혔다.

서사 도식과 정념 도식

서사 도식		정념 도식	
계약contrat(조종manipulation)		형성화constitution	
역량compétence	행동action	장치화disposition	감성화sensibilisation
수행performance	행동action	정념화pathémisation	감성화sensibilisation
결과conséquence	행동action	정동화émotion	감성화sensibilisation
검증sanction		도덕화moralisation	

서사 도식에서 계약, 행동, 검증은 프로프의 기능에서 차용한 용어이며, 행동을 세 단계로 구분한 역량, 수행, 결과는 촘스키 언어학에서 차용한 것이다. 이 용어에는 상당한 이질성이 존재한다. 반면에 정념 도식은 한 가지 목적을 위해 점진적으로 생성되고 모색되는 결과라 할 수 있다. 그레마스와 퐁타닐은 정념 도식을 정립함에 있어서 정념 생성 과정의 형성 작용을 분석하고, 그 명칭을 접미사 '-tion'이 있는 어휘로 일관성있게 부여하였으며, 이를 접미사 '-화化'로 하였다.[5]

2. 정념 도식

정념 도식은 주체가 텍스트 일부 혹은 전체에서 겪는 정념을 형성에서부터 완료까지 다섯 단계 형성화, 장치화, 정념화, 정동화, 도덕화로 분절한 것이다. 정념 도식의 특징은 담화에 정념적 어휘가 표출되어 있지 않더라도 정념 세계에 접근할 수 있는 방법을 제시해 준다는 것이다. 형성화는 긴장적 스타일, 강도, 템포로, 장치화는 양태 장치와 이질적 결합 관계로, 정념화는 형상화되고 사건화된 변형으로, 정동화는 신체의 표출과 변화로, 도덕화는 도덕적 담화로 그 단계를 알아볼 수 있다. 이처럼 정념 도식은 정념적 어휘의 존재를 반드시 필요로 하는 것은 아니므로, 정념적 어휘에 내재된 문화적 격자에서 벗어날 수 있는 장점이 있다.[6)]

다시 말해 정념 도식을 적용하는 것은 텍스트에서 다섯 단계에 해당하는 내용의 분절을 추출하는 것인데, 이 단계가 표면적으로 뚜렷하게 기술되어 있지 않은 경우도 있다. 이 사실은 특히 주체의 정념적 가상체와 관계있는 감성화 단계 장치화, 정념화, 정동화의 경우가 그러한데, 이러한 한계는 내면의 추상화를 통하여 극복할 수 있다. 즉 이 도식의 장점은 비록 겉으로 뚜렷하게 표출되어 있지 않을지라도, 표면상에 나타난 부분만을 이용하여 담화에 숨겨진 내면을 추상화할 수 있다는 점이다.

2.1. 형성화

정념화된 주체의 형성은 사회적, 심리적, 유전적, 형이상학적 등 모든 조건의 작용으로 이루어진다. 이것을 크게 두 가지 관점으로 분류하면 선천적 관점(기질)과 후천적 관점(습관)으로 분류할 수 있다.

첫 번째 선천적 관점에서 주체는 내부 감각 속에 이미 정념의 표출에 유리한 기질을 형성하고 있다. 정념의 표출이란 구두쇠 경우 가치 대상(금전)의 등장으로 이에 대한 애착심이 일어나는 것을 말한다. 선천적으로 구두쇠 기질을 타고 나지 않은 사람이라면, 환경이나 상황의 변화가 일어난다고 해도 그런 정념을 느끼지 못할 것이며 구두쇠가 되지 않을 것이다. 반면에 구두쇠 기질을 타고 난 주체는 내부 감각 속에 이미 그런 기질을 지니고 있기 때문에 이 같은 형성화를 바탕으로 감성화 단계에 이르게 되는 것이다.

주체는 가치 대상을 아직 모르는 상태에서 내면화된 애착attachement과 무심détachement이라는 두 가지 상이한 방식으로 자연 세계의 기표와 관계를 맺는데, "주체에게 대상과 가치 체계가 아직 존재하지 않을 때 주체는 단지 혼융이 제시하는 가치의 그림자[7]이며, 애착이나 무심은 혼융의 연속된 눈금 위에서 양 극단일 것이다."[8] 하지만 환경이나 상황의 변화가 일어나면, 이것은 주체의 통사 행로에서 하나의 위치를 차지하며 담화에서 정념의 형상소로 표출되어 감성화 단계에 이른다.

이효석의 『화분』에서 서로 유사한 상황에도 불구하고 두 작중 인물 단주와 미란의 행동 양식은 정반대로 이루어짐을 주목할 수 있다. 그 이유는 무엇일까? 이것은 두 행위자의 선천적이고 후천적인 내면 형성이 다르기 때문이다. 단주는 선천적으로 혼융에서 성에 대해 애착(타락) 쪽으로 기울어져 있으며(형성화 단계), 이런 속성이 담화에서 현실화하여 여주인공에게 접근하는 것이다. 즉 단주는 성의 노예가 되기 전에 그런 기질이 형성되어 있으며, 이 선행 상태가 감성화의 근원이라 할 수 있다. 반면에 미란은 그런 기질을 타고 나지 않았기 때문에, 즉 혼융에서 타락의 반대쪽으로 기울어져 있기 때문에, 그런 환경에서도 데카당스로 흐르지 않는다. 미란의 선천적 내면 형성이 데카당스 쪽이라면 단주와 현마 때문에 타락했을 것이지만, 그 여자는 그런 기질과 반대쪽이므로 타락하지 않고, 건전한 남성 영혼과 행복한 결실을 맺는다고 할 수 있다.

두 번째 후천적 관점을 살펴보면, 텍스트에서 형성화가 이루어지는 것은 주체가 자신을 둘러싸고 있는 환경이나 상황에서 발생하는 자극을 수용하기 때문이다. 이런 자극은 정념 행로의 리듬적이고 양적인 어떤 변조, 마음의 동요나 당혹감으로 나타날 수 있다.

예로 '질투'의 형성화 단계를 살펴보면, 연적의 그림자와 이에 따른 불안이 정념 도식의 첫 단계를 형성하고 있다. 이처럼 질투하는 주체는 연적의 성공이 예상되면 이로부터 모든 가능한 경우를 상상하여 분리작용에 들어가며, 그 결과 재연동작용에서는 불안에 사로잡힌다.

김동인의 『감자』에서 복녀는 왕서방이 어떤 처녀를 마누라로 데려오자 마음에 검은 그림자가 드리워진다. 그 여자는 "혹시 왕서방이 나보다 그 처녀를 더 좋아하는 것이 아닐까?"라는 정념적 가상체에 빠져 들어간다. 그리하여 이러한 분리작용에서 벗어나 재연동작용에서 복녀는 불안감에 사로잡힌다.

이밖에 정념화된 주체는 행로 처음부터 끝까지 형성화 시에 느꼈던 리듬감이나 양적인 자질을 간직하기 때문에, 형성화는 정념화된 주체의 긴장적 스타일을 규정한다고 할 수 있다. 긴장적 스타일은 담화에서 독특한 상화의 형태로 나타나기도 하는데, 충동성의 우발적 기동상이나 망설임의 통제 안 되는 반복상 같은 것이 그러하며, 형성화는 주체의 역량이 만들어지기 전 단계로 선장치화prédisposition라고도 한다.

2.2. 감성화

감성화는 형성화에서 성립된 주체의 속성을 담화에서 현실화하는 것이다. 이것은 정념 사행의 연속적 단계로 장치화, 정념화, 정동화 세 단계로 구분되며 하나의 통사적 구성을 이룬다. 장치화는 정념의 변형에 논리적으로 필요한 단계이고, 정념화는 시퀀스의 가장 중요한 단계이며, 정동화는 주체가 느끼는 모든 것이 신체적 반응을 통해 겉으로 발현되는 단계이다.

2.2.1. 장치화

질투하는 주체는 형성화에서 어떤 사물이나 사실에 대한 감, 혼융, 변조, 발랑스 만을 느꼈으나, 장치화에서 구체적으로 불쾌감의 기질적 대상에 연접되어 대상을 의심하고 그가 연적과 함께 있는 장면을 상상한다. 즉 정념화된 주체는 분리작용을 하여 스스로의 존재 궤적과 양태화를 투사하는 정념적 가상체를 설정한다고 할 수 있다. '질투'의 경우 주체는 아래의 양태 장치를 설정한다.

/~일 수 있음/(대상과 연적이 연접일 수 있음)

/~임을 앎/(대상과 연적이 연접임을 앎)

/~이 아니기를 원함/(대상과 연적이 연접이 아니기를 원함)

/~이 아니어야 함/(대상과 연적이 연접이 아니어야 함)

전 단계에서 단지 메타지식métasavoir [9]이었던 것이 이 단계에서 양태화되어 인지적 역량이 된다는 것이다. 이때 주체는 긴장적 주체에서 인지적 탐색의 주체로 된다고 할 수 있으며, 주체의 분리작용으로 획득되는 인지적 역량은 정념의 변형에 필수적 조건이다. 왜냐하면 질투하는 주체가 사랑하는 대상과 연적의 연접이나 의혹을 불러일으킬만한 사건을 상상하지 않는다면, 정념의 변형이라 할 수 있는 질투의 감정은 일어나지 않을 것이기 때문이다. 그래서 형성화에서는 행로 전체의 긴장적 스타일이 규정되고, 장치화에서는 행로의 양태적 스타일이 설정된다고 말할 수 있다.

2.2.2. 정념화

정념화는 형성화와 장치화에서 예감한 기질적 가치를 경험하고 정념을 실현하며, 주체의 행로에 환경이나 상황의 변화에 의해 정념적 사건이 발생하는 단계이다.

이 단계는 이전 두 단계에 대한 확인으로 나타나는데, 장치화에서는 질투하는 주체가 사랑하는 대상이 자신을 배반했을지도 모른다는 의혹에 사로잡혀 있다. 그런데 그가 연적과 대상이 함께 있는 현장을 실제로 목격함으로써 그들 사이의 관계를 확인하게 되어 긴장이 상승하고, 괴로운 감정에 도달하게 된다고 할 수 있다.

또한 이것은 이전 두 단계에 대한 정당화로 나타나는데, 질투하는 주체는 계속 간직하고 있던 의혹을 대상이 배반했다는 확신을 통해 정당화한다. 그래서 행로의 끝까지 질투하는 주체는 계속 불안해하며 긴장감을 계속 간직한다.

이 단계는 주체가 느꼈던 불안과 감지했던 인지적 표현의 의미를 확실히 인식하는 단계이다. 그러므로 긴장감의 강도가 상승하고 인지적 표현의 영역이 감소한다. 또한 정념의 형상적 장면이 자리잡는데, 이는 범위의 압축 작용condensation[10]과 강도의 상승을 가져온다.

2.2.3. 정동화

정동화는 담화에서 자신의 신체에 발언권을 주면서 기질적 접합이 수행됨을 알리는 단계이다. 이 신체적 발현은 긴장적 주체의 재연동작용[11]인데, 주체의 정념은 (근육의) 경련, 전율, 얼굴붉힘, 창백함, 흥분, 동요로 표출된다. 발자크의 『잃어버린 환상*Illusion perdue*』에서 파리의 구두쇠가 된 바르주통 부인은 자신이 겪은 정념화 이후에 많은 지출이 일으키는 반감을 자신도 모르게 몸을 움찔하여 표출한다.[12] 이처럼 외부에서 관찰할 수 있는 신체적 반응이 발현되는 것이 정동화 단계이다.

정념 행로에서 초기에 흐르던 긴장은 상승되어 주체는 정동화의 신체적 반응을 표출한다. 이에 대해 퐁타닐은 "이 단계는 두 가지 점에서 양태적 작용이다. 한 가지는 신체가 양태화되었거나 혹은 정념에 의해 설정된 감성에 대한 양태적 여과장치의 역할을 한다는 점이고, 다른 것은 정동 작용이 알게 하거나 지각하게 하여 이로써 목격자가 설정된다는 점이다"[13]라고 말하고 있다.

2.3. 도덕화

도덕화는 정념화된 주체의 행위에 대해 긍정적으로 혹은 부정적으로 평가하는 단계로 행로의 완료를 알리는 단계이다. 이때 주체의 행태를 윤리적으로 판단하는 평가 행위소actants évaluateurs의 활동이 개시되며, 정념 변형의 결과를 평가할 책임을 진다.

주체는 정념의 변형을 실현함으로써 평가될 수 있고 측정될 수 있는 정념적 사건을 만들었고 전체 시퀀스에 대한 잠재적 관찰자를 설정한다. 관찰자는 주체 자신도 될 수 있고 제 3자도 될 수 있는데, 정념이 일어나는 현장에 있을 수도 있고 없을 수도 있으며 정념 변형의 결과를 총괄 평가한다. 이 단계에서는 형성화, 장치화, 정념화, 정동화를 도덕화한다. 주체의 형성화를 주재하는 긴장적 스타일, 주체에 내재된 인지적 역량을 표현하는 양태 장치, 정념의 변형에 내재하는 행위소 장치, 정동화의 신체적 표출을 도덕화한다고 할 수 있다.

도덕화는 모든 정념이 원칙적으로 평가될 수 있다는 전제 하에 일반적인 상대주의를 정념 세계에 도입한다. 평가는 주체가 모든 행위를 하기 전, 내면에 지니고 있는 역량의 정념적 형태인 나쁜 감정, 인색한 성향과 같은 기질 자체에 근거를 둘 수도 있다. 이를테면 '자신의 의무 이상을 베푸는 기질' 관대함은 극도의 긍정적 도덕화를 동반하는 반면, '재산을 축재하고 보유하기만 하고 그것의 유통과 재분배를 저지하는' 구두쇠는 과잉의 정념적 기질을 지닌 자로 부정적으로 도덕화된다. 이밖에 허영심은 허위에 근거를 두기 때문에, 오만함은 지나침 때문에, 부정적으로 평가될 수 있다. 반면에 존경심은 정의로움을 기반으로 긍정적으로 평가된다. 이와 같이 평가자는 허영심이나 위선에 대해서는 진위적 고찰considérations véridictoires, 충분함이나 건방짐에 대해서는 인식소적épistémiques 고찰, 과도함에 대해서는 상적aspectuelles 고찰을 통해 평가를 내린다.

또한 모든 정념은 주체의 품행이나 예절에 따라서도 평가된다. 슬픔에 대해 진심으로 애도를 표시할 때는 긍정적으로 평가되며, 까뮈의 『이방인』에서 뫼르소처럼 친어머니의 죽음에 대해서 무감각할 때는 부정적으로 평가된다.

도덕화가 평가를 통해 통제하고자 하는 것은 부정적인 정념의 전염이다. 모든 정념은 하나 혹은 여러 행위소(정념화된 주체, 대상, 정념 사건의 목격자)와 관련될 수 있고, 정념의 완료는 문화 공동체 내에서 대중에게 전달되어 확산될 수 있다. 실제로 부정적인 정념의 전염이 확산될 때는 행위의 미분화, 예측 불가능한 반응, 통제 불가능하고 무의미한 사회적 삶을 초래할 수도 있다. 그래서 도덕화의 목표는 이런 정념의 전염이나 확산을 통제하는 것이다.

정념 도식 5단계는 다음과 같이 도식화될 수 있다.[14)]

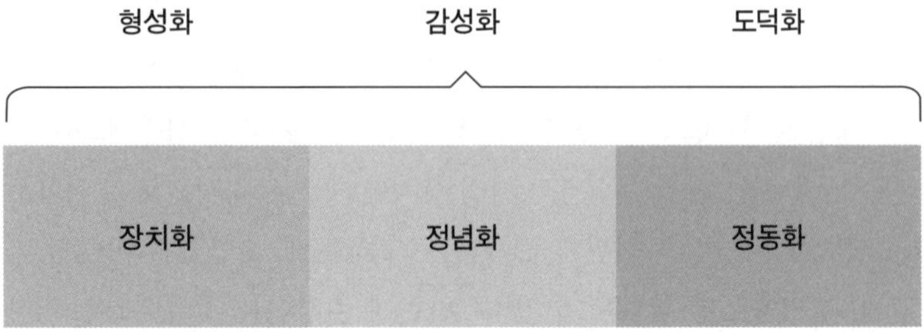

3. 서사 도식과 정념 도식의 유사점과 차이점

서사 도식 두 번째 단계 역량은 행위에 '전제되는 조건'이며, 정념 도식 두 번째 단계 장치화는 정념의 변형에 '전제되는 조건'이라는 점에서 유사하다. 또한 이것은 모두 /의지 혹은 원하다/, /의무 혹은 해야 하다/, /능력 혹은 할 수 있다/, /지식 혹은 알다/ 네 가지 양태로 표현된다는 점에서도 비슷하다.

또한 서사도식에서 자격, 결정, 영광의 세 가지 시련이 통합체의 축 위에 놓여 있는 것과 마찬가지로, 정념 도식도 첫 단계부터 마지막 단계까지 통합체의 축 위에 놓인다는 점도 유사하다. 그리고 서사 도식의 마지막 단계 검증에서 심판자로서의 발령자가 주체의 수행을 심판하는 것처럼, 정념 도식의 마지막 단계 도덕화에서 정념 주체의 행태에 대해 관찰자의 평가를 받는다는 점도 비슷하다.

그러나 차이점은 두 도식에서 행로를 분석하는 방식이 서로 다르다는 것이다. 서사 도식은 역순의 논리적 전제로 변형으로 획득된 최종 상태를 살피고 이에 해당하는 최초 상태를 찾는 방식을 택하는데, 정념 도식은 첫 단계부터 점차적으로 살펴나가는 생성과 모색의 도식으로 독서 중에 어떤 단계인지 파악할 수 있다. 또한 서사 도식의 역량은 행위를 양태화하는 반면, 정념 도식의 장치화는 긴장적 주체의 상태를 양태화한다는 점도 서로 다르다. 정념 도식의 장치화 다음 단계 정념화에서는 정념의 변형과 더불어 역동성을 갖게 된다는 점도 서사 도식과 다르다.

이밖에 서사 도식이 취하지 못하는 것을 정념 도식에서 취할 수 있는 속성이 다수 있다. 최초 단계의 불안은 정념의 변형을 통해서만 안정될 수 있으며, 긴장감은 상승되거나 완화될 수 있다. 다시 말해 무의미성의 경계에서 처음에 불안했던 행위소는 차츰 양태화되고 어휘화되면서 유의미적 행위소의 안정성을 얻는다는 것이다.

4. 정념 도식과 존재적 가상체

정념 도식 5단계는 정념화된 주체의 존재적 가상체로 표현될 수 있다. 존재적 가상체란 주체가 자신의 정념적 상상계에서 스스로에게 부여하는 여러 가지 가상체의 목적지향적 행로를 말한다. 예로 '질투'의 정념 도식 5단계를 존재적 가상체의 기호 사각형에 적용해 보기로 한다.

존재적 가상체를 설정하기 위해서는 주체가 실제로 혹은 상상을 통해 대상과 연접되어 있는 상태부터 시작해야 한다. 주체는 대상과 <연접>됨으로써 <실현된 주체>가 되어, 이제는 대상을 잃을 것을 불안해하는 주체, 잃어버릴 수 있는 어떤 것을 소유하고 있는 주체이다. 정념 도식으로 말하자면 첫 번째 <형성화> 단계이다.

질투하는 주체는 작은 실마리의 수신자로 내심에 의심이 싹트게 되고, 불안한 주체는 점차 가치 대상과 거리를 둔다. 주체는 내심에 싹트는 '알아야 할 뭔가가 있다'는 발랑스의 단순한 감지로부터 상대방에 대한 정보를 탐색하기 시작하며, 질투하는 불안한 주체는 가치 대상과 연접 상태에서 <비연접> 상태가 되어 <잠재된 주체>가 된다. 즉 실현된 주체가 대상에 관해 얻은 실마리에 대해 더 자세히 알기를 원함 vouloir-savoir을 투사하는 양태 장치를 생성한다는 점에서 두 번째 단계 <장치화>라 할 수 있다.

사랑하는 대상과 비연접 상태가 된 질투하는 주체는 그(혹은 그 여자)와 연적이 함께 있는 현장을 목격하거나 혹은 상상하며 괴로운 감정에 도달하고, 자신은 그들로부터 제외시킨다. 즉 그는 대상과 비연접 상태에서 <이접> 상태가 되어, <현실화된 주체>가 된다. 이것은 세번째 <정념화> 단계이다.

네 번째 <정동화>에서는 현실화된 주체의 정념적 표출이 겉으로 드러난다. 주체는 스스로 가상의 사건을 삽입시키는 분리 작용을 통해 <비이접> 상태에 이른다. 예컨대 주체는 '그래도 연적과 대상이 연접이 아닐거야' 라고 생각하며 스스로 대상과 비-이접을 투사한다. 이로써 질투자는 <가능화된 주체>의 위치에 놓이게 된다.

다섯 번째는 모든 행로를 되돌아보고 총괄 평가하는 <도덕화> 단계이다. 주체는 마지막 행로에 도달한 후 자신과 타인을 위해 정념 변형의 결과를 스스로 평가하거나 평가받는다. 이로써 모든 행로는 완성된다.

주체의 존재적 가상체를 기호 사각형에 적용하면 다음과 같이 나타난다.[15]

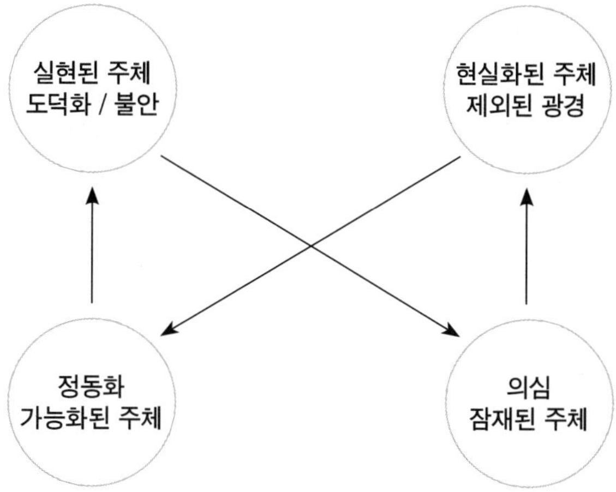

기호학의 목적은 만들어진 가설을 실제 텍스트에 적용하는 것인데, 이 이론의 적용 가능성을 증명하기 위해서는 하나의 문학 텍스트 전체에 적용할 수도 있을 것이고, 한 에피소드에 적용할 수도 있을 것이다. 즉 정념 도식은 텍스트에 한 개의 도식만 있을 수도 있고 혹은 여러 개의 도식이 있을 수도 있다.

≪ 텍스트 분석 ≫

정념 도식을 이효석의 『화분』(1939)[16)]과 줄리앙 그린의 『인간이라는 괴물』에 적용하여 고찰하고자 한다. 『화분』은 사랑의 도식화를 이루어 놓은 작품으로 평가되고 있어 다수의 정념 도식이 이어진 복합적인 텍스트이며, 『인간이라는 괴물』은 주인공의 정념이 다양하고 섬세하게 표출되어 있어, 정념 도식으로 분석하기에 적합하다고 할 수 있다.

1. 『화분』

남·녀 간의 여덟 가지 삼각관계로 이루어진 구조체로 이 관계들이 서로 교차되어 전개되면서 구축되었다. 여러 사건이 복잡하게 얽혀서 이루어짐에 따라 행위자의 성격도 많은 갈등과 대립의 양상을 보이고 있으며, 이것이 질투, 유혹, 수치심, 분노의 정념으로 다양하게 표출되어 있다.

1.1. 줄거리

영화사를 운영하는 주인공 현마는 일로 동경에 가면서 그의 첩 세란의 동생 미란을 데리고 간다. 현마 대신 집을 지키러 온 그의 비서 단주는 세란의 유혹으로 불륜의 관계를 맺으며 마음 한 쪽으로 미란을 고대한다. 하지만 기다리던 미란이 돌아왔으나 그 여자는 피아노에 열중해 있었고, 피아노를 살 때 다투던 청년 영훈에게 레슨을 받으며 그에게 빠진다.

여름이 되자 현마 부부와 미란은 온천의 별장지대로 피서를 간다. 여기서 미란은 영훈을 만나 새로운 사랑을 나누고 피아노 공부를 시작한다. 미란은 영훈에게 단주와 현마와의 불미스런 사건을 고백하나 그의 변함없는 애정을 받는다.

어느 날 세란과 단주가 대낮에 목욕실에 함께 있을 때 질투에 찬 옥녀는 뜻밖에 일찍 들어 온 현마에게 고자질하여 그들 간에 큰 싸움이 벌어진다. 세란은 한쪽 눈이 멀고 단주는 팔이 부러졌으며 현마는 얼굴에 상처를 입는다. 한편 영훈과 함께 이상의 나라 구라파를 향해 할빈으로 가기로 한 미란은 여비를 구하기 위해 현마를 찾아 충분히 마련하고, 예술의 완성을 위해 구라파로 떠난다.

1.2. 분석

주인공 현마(S_1)가 아내 세란(O)과 비서 단주(S_2)가 저지르는 부정에 대해 은연중에 감지하고 있다가, 현장을 직접 목격하고 분노가 폭발하는 대목을 5단계 정념 도식에 적용하여 분석하고자 한다. 텍스트의 분할 기준은 미시 시퀀스가 된다.

> ⒜ 모든 것을 직각했던 듯도 싶다. … 아무리 시드렁하다고는 해도 집안 사람들의 기맥을 그렇게까지 모르고 지내왔을 리는 만무하다. 낯빛이 변하면서도 엄연한 그의 태도 속에 그런 의미가 스스로 번역되어 있는 것이 아니었을까.
>
> ⒝ 고함을 쳐도 옥녀 보기에는 그의 전신은 부들부들 떨리고 걸음걸이도 허전허전한 것이었다. 현관으로 향하는 것이며 문을 힘껏 드르렁 여는 것이며 들가방을 홱 내던지는 것이며가 보통 때의 거동은 아니요, 그 속에 무서운 분노의 흐름을 감춘 것이었다.

(c) 현마의 수선스런 거동에 목욕실에서는 기미를 알아채었는지 숨을 죽인 듯이 말소리들이 그치고 잠잠하더니 밑창이 열리면서 차례차례로 화닥닥들 뛰어나가는 눈치였다. …
현마는 그 육중한 몸으로 그렇게 번민해 본 적은 없었다. 장대한 육체에 고민이 올 때 표정이나 거동으로 나타나는 것이 아니라 앓는 황소같이 끙끙거릴 뿐이요, 무표정하기 짝이 없다.

(d) 현마는 얼굴을 물들이고 펄펄 뛴다는 것이 어깨를 으쓱하면서 고함을 친다. … 그 한 마디가 현마를 불질러 놓아 몸이 활짝 타오르는 바람에 손에 쥐는 것을 물인지 불인지도 헤아리지 않고 단주에게 던진 것이다. 팔죽지를 맞히고 떨어진 것은 화병이었다. …
눈에 충혈이 되고 손에 살기가 넘쳐서 책상 위에서 집어든 것은 잉크병인 모양이었다. … 세란은 면상을 얻어맞고 흑! 느끼며 고개를 떨어뜨렸다.

(e) "병원에서 수술을 한 건 단주와 세란이니 그들 둘이 제일 무거운 벌을 받은 셈이지. 하긴 내가 본 경우루봐서두 그게 흡족한 벌은 못돼. 팔 하나 떨어지구 눈 하나 먼게 그까짓게 무어게. 현마 편으로 본다면 아직두 천벌이 부족한 듯해. 그것쯤으론 맘이 시원하지 못할걸". (257~73)

(a) 정념적 주체는 그를 둘러싼 환경에서 야기된 모든 감정적 자극을 수용하는 감수성에 의해 특징지어진다. S_1은 단순히 어떤 것을 감지한 채 아직은 양극화에 이르지 못하는 기질적 동요의 형태를 띠는 긴장 상태에 있는 주체이다. S_1의 얼굴빛이 변하는 동요는 이제 싹트기 시작하는 질투의 표시이다. 이런

동요는 정념 행로의 개시를 알린다. 이처럼 S_1은 무엇인가를 감지하고 있는 긴장적 주체로서 앞으로 상실할지도 모르는 어떤 것을 소유하고 있는 <실현된 주체>이다.

(b) 장치화에서는 긴장적 주체의 상태를 양태화하는데, 주체의 정념 변형을 위해 반드시 거쳐야 하는 단계이다. 텍스트에서 S_1은 분노를 품고 있다. 분노는

/~임을 원치 않음/
/~이어서는 안됨/
/~일 수 있음/
/~임을 앎/
*이다는 연적(단주)과 대상(세란)이 연접임을 가리킴.

네 가지 양태의 상관관계로 형성된다.[17)] 이 단계에서는 시퀀스를 지배하는 양태적 성격이 설정됨으로써 행로에서 양태적 스타일이 자리 잡는 국면이다.

S_1은 지금 S_2와 O가 함께 있는 현장을 목격하기 전의 상태, 그들의 관계를 확신하기 이전의 상태로 내면에 분노를 감추고 있다. 내면에 숨겨진 S_1의 분노는 고함을 치고 전신이 떨리고 걸음걸이가 허전허전한 것, 문을 힘껏 여는 것, 들가방을 홱 내던지는 것으로 표출된다. 이전 단계에서 대상과 연접 상태이던 주체는 대상의 부정을 추정하여 대상과 <비연접>상태가 되어 <잠재된 주체>가 된다.

(c) 정념화에서 S_1은 단주(S_2)와 세란(O)이 목욕실에서 뛰어나오는 현장을 목격하여 그들의 관계에 대해 확신을 한다. 그는 질투에 사로잡혀 심하게 번민을 하고 아픈 황소같이 끙끙거리

며 고통스러워한다. 이 경우 S_2와 O는 정념 변형의 능동자이고, S_1은 수동자이다. S_2와 O는 S_1을 번민하게 한다.

여기에서 S_1은 S_2와 O의 부정행위를 확인한 인지적 주체와 불쾌한 기질적 변형을 일으키는 기질적 주체의 두 가지 역할을 내포한다. 그는 인지적 차원에서 기질적 차원으로 넘어가면서 심한 불쾌감으로 고민하는 주체가 된다.

S_2와 O가 목욕실에 있었던 것은 S_1이 '제외된 광경'으로 그들은 연접 상태이고, S_1은 O와 이접 상태이며, 주체는 <현실화된 주체>가 된다.

(d) 주체는 대상의 성적인 배신과 관련된 것일 때 매우 공격적이고 폭력적이 되는데, 분노가 일어나고 훼손된 자존심을 회복하기 위해 폭력을 행사하고자 하는 강한 충동이 생긴다. 충동은 /~하기를 원함/과 /~할 수 있음/의 결합과 강한 강도와 기동상이 동시에 동원된다. S_1은 정념의 기질적 변형 결과인 억제할 수 없는 충동으로 S_2와 O에게 심한 폭력을 가하는 신체적 표출을 드러낸다. 이 단계에서는 잠재적이거나 혹은 외부의 관찰자에 의해 평가될 수 있는 정념적 사건이 일어나고, 그는 다음 단계에서 이 사건을 평가한다. 여기에서 S_1과 O는 앞 단계와 마찬가지로 계속 이접 상태이다. S_2와 O가 애착관계에 있을 때, S_1과 O는 계속 이접 상태일 수밖에 없다.

(e) 도덕화에서는 정념 변형의 결과를 평가받는다. 정념은 행위자의 품행에 따라 평가되는데, 외부의 관찰자는 S_2와 O의 행위에 대해 "그들 둘이 받은 벌이 흡족한 벌은 못돼"라고 판단한다. 이러한 부정적인 평가로 S_1의 폭력 행위는 정당화된다.

이전 단계에서 S_1과 O의 이접 상태가 이 단계에서도 계속 동일한 상태이다. 결국 이 도식에서는 존재적 가상체가 연접

→ 비연접 → 이접 까지 일치하고, 네 번째, 다섯 번째 단계에서는 이접 상태 그대로인 것을 파악할 수 있다. 즉 O가 S_2와 계속 연접 상태를 유지할때, S_1은 O와 계속 이접 상태일 수밖에 없다. 그러므로 주체의 존재적 가상체는 세 번째 단계 정념화부터는 S_2와 O의 접합 상태에 달려 있다고 하겠다. 이 도식에서는 S_1의 존재적 가상체가 O와의 이접에서 멈추었다. 이것을 기호 사각형에 표시하면 다음과 같이 나타낼 수 있다.

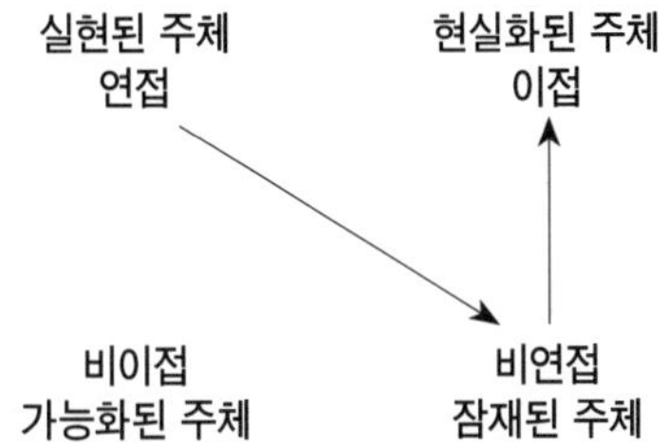

2. 인간이라는 괴물

작품 제2부에서 여주인공 그로조르주 부인의 정념 행로를 분석하는데[18], 여기에는 그 여자의 불안, 사랑, 질투, 수치심, 분노의 정념이 분산되어 있으며, 하나의 통사론을 이루어 정념 도식을 구성한다. 텍스트에서 주체의 정념 행로를 분석하기 위해서 우선 행위자가 드러내는 정념의 변화를 세밀히 살펴서 분절한다.

2.1. 분석

늘 불안하고 긴장된 상태의 그로조르주 부인이 길 가던 노인을 살해한 주인공 게레에 대해 생애 최초로 이성에 대한 사랑의 감정을 느꼈다. 그 여자는 그가 그 곳에 나타나자 자신을 만나러 온 것으로 착각하였다. 그런데 자신이 아니라 여주인공 앙젤을 만나기 위해 위험을 무릅 쓰고 그 곳에 온 것을 알고 질투와 증오에 사로잡혀 게레를 경찰에 고발하고자 하였다. 그로조르주 부인의 사랑이 싹트는 것에서 그 여자가 자존심과 명예가 손상됨을 스스로 느끼기까지 과정을 정념 도식 5단계에 적용하여 분석하고자 하며, 텍스트의 분할 기준은 미시 시퀀스[19]가 된다.

a. 형성화

맨 처음 정념화된 주체를 구성하는 것은 불안인데, 주체의 역량 안에 내재해 있는 속성으로 정념화된 주체에게 기본적인 감적 흔들림, 미세한 감각을 불러일으킨다. 불안한 주체는 정념화된 주체의 원형으로 긴장적 변조 안에 잠긴 주체로 간주될 수 있다.

주의 깊게 보지 않는 사람들의 눈에는 그렇게도 냉정하고 근엄해 보이는 그 여자는 불안으로 가득 차 있었고, 절제된 삶의 표면 아래 반항적인 마음을 감추고 있었다.(194)[20]

인용문에서 주체(S_1) 그로조르주 부인은 긴장된 상태, 감적 불안정 상태에 있는 불안한 주체이다. 하지만 로르쥬 도시에서 두 가지 범죄가 같은 날 같은 장소에서 일어났다는 것을 S_1이 알게 되었을 때, 직관적으로 범인이 누구라는 것을 짐작할 수 있었고, 내심으로 어떤 흥분까지도 느끼게 되었다.

저녁때까지 그 여자의 얼굴에 아무런 기색도 드러내지 않았던 어떤 흥분이 조금씩 그 여자의 정신을 뜨겁게 달구었다.(204)

그래서 S_1은 어느 날 저녁 범인 게레(O)를 목격했을 때 가슴이 두근거리고 억제할 수 없는 동요에 사로잡혔다.

그 여자의 가슴은 두근거리고 있었다. 그 여자는 뛰어 왔는데, 왜냐하면 평소에 처박혀있던 작은 살롱에 빨리 돌아오고 싶어서가 아니라, 더 이상 스스로를 억제하지 못하고 그 여자의 육체가 정신의 심한 흥분에 가담해야 할 것만 같았기 때문이다. 조금 전에 소메양트가로 가기 위해 철길을 죽 따라가다가, 그 여자는 게레를 보았던 것이다.(205)

이 같은 불안, 흥분, 동요 등이 나타나는 것이 정념 도식 첫 단계이다. 여기에서는 정념화된 주체의 긴장적 스타일이 자리 잡는다. 이처럼 형성화는 정념 행로 전체에 기호학적 스타일을 최초로 도입시키는 단계이다. S_1의 불안은 불쾌한 사건이 예상되는 두려움으로 전개되어 장치화가 이어진다.[21]

b. 감성화

형성화에 이어지는 단계는 감성화이다. 여기에는 장치화, 정념화, 정동화가 속하며, 이 단계는 정념 행로에서 차례로 이어지는 정념적 사행이다.

(a) 장치화

형성화가 정념 행로에 긴장적 스타일을 가져다주는 반면, 장치화는 행로에 양태적 스타일을 가져다준다. 이 단계에서는 형성화에서 긴장적 주체의 상태를 양태화할 수 있게 된다. 긴장적 변조 속에 잠긴 주체였던 S_1은 대상인 게레를 만남으로써 두려움을 느끼는 상태가 된다.

> 그 여자는 게레와 할 수 있는 대화에서 자신이 바랐던 것을 말하기가 매우 어려우며, 머리 속에서 앞날을 미리 예상하면 그 일이 일어나지 않을 수도 있다는 미신적인 두려움으로 그에 대해 생각하는 것조차 삼갔다.(243)

두려움은 앞날에의 예측을 불러일으키는 미래의 사건을 근거로 한다. 이것은 /~일 수 있음/, /~이 아니기를 원함/으로 양태화되며, 두려워하는 주체는 반대상과 연접 상태에 있고, 자신의 불쾌한 이미지와 접하게 된다.

'그 여자가 바랐던 것'은 '사랑하는 게레가 그 곳으로 오리라는 것'이며, '그 일이 일어나지 않을 수도 있다'는 것은 '사랑하는 게레가 오지 않을 수도 있다'는 것을 의미한다. 위의 양태에서 /이다/는 '그 일이 안 일어남'(게레가 오지 않음)이다. 따라서 /~일 수 있음/ 은 '그 일이 안 일어날 수 있음'(게레가 오지 않을 수 있음)이며, /~이 아니기를 원함/은 '그 일이 안 일어나지 않기를 원함'(게레가 안 오지 않기를 원함), 즉 '그 일이 일어나기를 원함'(게레가 오기를 원함)이라고 할 수 있다.

이와 같이 불안하고 두려운 상태 속에서 자리 잡지 못하고 떠도는 상태였던 주체는 다음 단계 정념화에서 스스로 드러내는 정념 덕분에 안정된다.

(b) 정념화

정념을 실현하는 단계로 정념 도식에서 가장 중요하다. 불안정한 행위소가 양태화되고 어휘화되며 유의미적 행위소로 자리 잡는다. 앞의 단계에서 S_1을 사로잡은 불안과 게레가 오지 않을까봐 몹시 걱정했던 두려움은 그녀가 일생을 두고 원했던 사랑으로 변형된다.

> 마흔 다섯 살에 그 여자의 정절은 열매를 맺어 그 여자에게 철늦은 무용한 사랑이라는 끔찍한 선물을 주었다. … … 그 여자는 자신이 평생 원했던 것은 바로 사랑이라는 것을 마침내 깨달았다.(244~5)

O를 찾아 오랫동안 사건이 일어난 곳을 배회하던 S_1은 자신이 하는 행동이 O를 사랑하기 때문이라는 것을 비로소 깨닫는다. 즉 S_1은 /~이기를 원함/(대상과 연접이기를 원함) 과 /~하기를 원함/(대상을 소유하기를 원함)의 양태를 투사하고 있다.

자신을 혼란으로부터 구해 주고 운명에 대한 확신을 되찾게 해줄 시간이 오기를 기다리느라 초조해하며 … 길 위를 거닐곤 한 것이 바로 그것 때문이 아니었던가?(246)

일생동안 사랑을 갈망했던 S_1은 사랑의 대상 O를 찾기 위해 방황하는 탐색의 주체이다. 마침내 사랑하는 대상을 찾았으나 S_1은 대상이 자신이 아닌 연적을 사랑한다는 것을 그의 말로서 확인한다.

- 당신은 그 여자를 증오하지 않았다고요? 왜 나에게 거짓말을 하세요? 왜 나를 두려워하세요? …
- 나는 당신에게 사실을 말했어요. 나는 그 여자에 대해 화가 나 있었지만, 그 여자를 증오한 것은 아니었어요. 오히려 반대지요. 내가 원했던 것은...(314)

S_1이 불안과 의심을 느끼다가 대상이 연적을 사랑함을 확인하는 것이 정념화 단계인데, 사랑하는 대상으로부터 연적에 대한 애정의 고백을 듣는다는 것은 S_1에게는 엄청난 괴로움이다. S_1의 괴로움은 자신이 대상과 /연접이어야 함/인데, 이것이 부정되어 /연접이어야 하지 않음/과 /연접이 아니어야 함/의 상태가 되는 데에서 비롯된다. 동시에 S_1은 대상과 연적이 /연접이기를 원치 않음/과 대상과 연적이 /연접임을 앎/의 양태를 투사한다.

S_1의 불쾌한 부정적인 감정은 질투에 뒤이어 증오, 분노, 복수의 감정으로 이어지며, 주체 고유의 신체는 표면상으로는 그대로이다. 그러나 다음 단계에서는 신체적 반응이 겉으로

드러난다.

(c) 정동화

주체의 신체는 정념적 변형에 반응하면서 놀라움, 격정, 전율을 드러낸다. 세 단계를 거치면서 정념은 완료되고 정동화의 신체적 표출만이 주체에 남아 있다. S_1은 O가 그 곳에 온 것은 자신이 아니라 S_2(연적)때문이었음을 확인하고 얼굴이 창백해진다. 여기서 S_1은 /~하지 않을 수 없음(얼굴이 창백해지지 않을 수 없음)/을 투사하고 있다.

> 그 여자는 그를 정면으로 바라보았다. 창백한 얼굴 속에서 두 눈은 더 이상 살아있는 것 같지 않았다. …(315)
> <사람이 이토록 괴로운데 어떻게 죽지 않을 수가 있단 말인가? 하고 그 여자는 생각하였다.> 그 여자는 게레를 생각하면 극심한 수치심으로 얼굴에 피가 솟구쳐 올랐다.(318)

위와 같이 S_1은 O가 자신을 만나기 위해 되돌아왔다고 믿은 것에 대해 치욕감을 느껴 얼굴이 붉어진다. 여기서도 S_1은 /~하지 않을 수 없음(얼굴이 붉어지지 않을 수 없음)/ 을 투사하고 있다.

c. 도덕화

주체는 도덕화 단계에서 자신과 타인을 위해 정념적 변형의 결과를 평가하거나 평가받는다. 텍스트에서 정념화된 주체 S_1의 감정은 기질적 변형에서 비롯되는 괴로움으로 가득차 있다. 괴로움의 기질적 변형은 인지적 성격으로 되어 있으며, 양태 시퀀스에서 /~임을 믿음/(O가 S_2와 연접임을 믿음)의 획득에서 비롯된다.

그 여자가 혼자 말하던, 사랑을 표현하는 몇몇 문장과 단어가 그 여자에게 참을 수 없는 조롱거리로 나타났다.(318)

지금 그 여자는 스스로가 치욕스러웠다. 무슨 권리로 그 여자는 사람들을 멸시했던가?(p.321)

그 여자의 삶은 결정적으로 실패했다.(322)

또한 S_1은 자신의 자존심과 명예가 손상되는 모욕을 당한 것으로 느낀다. 이런 모욕에 대한 응답으로 S_1은 복수하기 위해 S_2로 하여금 O를 경찰에 고발하게 한다.

≪맺음 말≫

정념 도식은 정념적 담화를 논리적으로 분절하는 것이며, 텍스트에는 일반적으로 등장인물을 중심으로 한 가지 혹은 여러 가지 정념 도식이 펼쳐져 있다고 할 수 있다. 주체의 정념 행로를 분석하기 위해서는 우선 행위자의 변화 없는 상태에서 미세한 변화(긴장, 감, 불안)가 나타나는 것을 포착해야 하며 이것이 바로 형성화 단계이다.

『화분』과 『인간이라는 괴물』은 모두 작중인물의 '질투'로 인해 사건이 대단원의 막을 내린다. 『화분』에서는 하녀 옥녀가 '질투'에 사로잡혀 세란과 단주의 부정을 고자질하여 현마가 그들에게 벌을 주는 것으로 소설이 끝나고, 『인간이라는 괴물』은 여주인공 그로조르주 부인이 앙젤에 대한 '질투'에 사로잡혀 그녀로 하여금 게레를 경찰에 고발하도록 하는 것으로 결말을 가져온다. 질투하는 주체 현마와 그로조르주 부인의 정념의 발생에서 완료까지를 정념 도식에 적용하여 알아보았다. 그 결과 정념 도식이 프랑스의 문학 텍스트뿐 아니라 사회적이고 문화적으로 상이한 우리나라 문학 텍스트에도 적용 가능한 보편성과 유효성을 갖춘 도식임을 알 수 있었다.

"정념 도식은 정념 발생과 완료를 논리적으로 분석하는 데 효용성과 보편성을 갖춘 도구로 현대인 감성 장애의 다양한 원인을 분석하고 치유하는 데 도움을 줄 수 있다. 정념 도식을 활용하여 주체의 정념 흐름을 파악한 후 감성 문화 콘텐츠 제작에 응용할 수 있는데, 정념 도식의 형성화와 장치화 단계에서 주체가 처한 상황에서 생성되는 정념의 발생 원인을 추적하며 정념화 단계부터는 의사의 상담을 권할 수 있다. 특히 우울증 경우 자신의 능력이 부족한 부분에 대해 순응하고 좌절감과 무기력감의 정념화 단계로 더 이상 넘어가지 않도록 도와줄 수 있다는 것이다. 이와 같이 정념 도식은 제3자의 평가가 이루어지는 도덕화 단계를 제외하고 형성화 단계부터 정동화 단계까지 각 단계에서 부정적 정념을 해소할 수 있는 방향으로 콘텐츠를 제작할 수 있는 기획 틀 역할을 할 수 있다." [22]

미주

1) 홍정표, 「그레마스 기호학에서 '정념 도식'의 적용과 한계」, 『기호학 연구』 제24집, 한국기호학회, 2008, 12 수정 보완.

2) J. Fontanille, "Le schéma des passions", in *Protée*, Québec, Vol. 21, 1993, pp.33~4 참고. (앞으로 *Protée*로 약칭)

3) *S. P.,* p.269.

4) *Protée*, pp.33~41.

5) 퐁타닐은 1999년 발표한 『기호학과 문학*Sémiotique et littérature*』(p.79)에서는 형성화를 정서적 자각[éveil affectif]으로, 정념화를 정념의 중심축[pivot passionnel]으로 명칭을 수정. 하지만 명칭의 통일성을 고려하여 원래대로 형성화, 정념화를 사용.

6) *Protée,* p.40 참고.

7) 혼융과 가치의 그림자는 선조건 층위의 여러 가지 속성인데, 기질의 총체라 할 수 있는 혼융의 바탕 위에서 가치의 그림자가 나타나고 이는 발랑스를 생성한다. 이것은 주체를 인력 혹은 척력으로 대상에 결합시킨다.

8) *S. P.,* p.161.

9) 아직 확실하게 알 수 없는 지식의 실재에 근거를 둔다. 따라서 이 주체는 긴장적 주체이며, 지식을 얻은 후에는 인지적 주체가 된다.

10) 사고 내용이 어떤 것에 집중되어 범위가 축소되는 것.

11) 재연동작용이란 가상체(가상 세계)에 빠져든 분리작용에서 다시 현실로 복귀하는 작용을 말한다. 정념화에서는 가상체에 빠져드는데, 정동화에서는 이 가상체에서 벗어나 다시 발화 행위로 복귀하면서 관찰 가능한 신체적 표출이 일어난다.(154쪽 주 53) 참고)

12) *S.P.,* p.169 참고.

13) *Protée,* p.39.

14) *S. P.,* p.271.

15) *Ibid.,* p.264.

16) 정음사, 1974.

17) 『정념 기호학』에서는 분노의 생성을 "선조건 층위의 개시, 점괄, 지속, 종결 변조가 기호-서사 층위에서 네 가지 양태로 된 후 담화 층위에 소환되어 기동상, 점괄상, 지속상, 종결상이 된다. 또한 선조건 층위의 강한 강도, 기동의 기호학적 스타일도 직접 담화 층위에 소환된다. 전자의 절차에 후자의 절차가 합하여 분노가 된다."고 설명하고 있다.
폿타닐은 *Sémiotique et littérature*에서 이를 층위 이론으로 설명하지 않고 담화에서 직접 생성되는 것으로 파악하고 있다. 이 분석에서는 그의 최근 이론을 따르고자 한다.

18) 홍정표, 「줄리앙 그린의 『인간이라는 괴물』에 나타난 주인공들의 정념 행로」, 앞의 글, 335~41쪽 수정 보완.

19) 201~2쪽 참고

20) 원문(Julien Green, Op. cit.)의 페이지.

21) 텍스트에서는 형성화에서 다음 단계 장치화로 진행되는 것이 아니라, 다시 선기호학적 단계stade présémiotique로 진행되는 과정이 주인공의 가상체로 이어지고 있다. 그 여자는 부자들의 영벌인 지독한 권태에 다시 빠졌다. ..... 그 여자는 그토록 원했던 사건이 일어나지 않을 것이라는 생각 속에서 아마도 어떤 휴식을 찾을 것이다. 그리고 이것은 그 여자가 게레를 다시 만난 이후 느꼈던 동요에 종지부를 찍을 것이었다(*Ibid.,* pp.242~3).

22) 백승국, 이혜지, 김강석, 「감성문화콘텐츠의 정념 기호학적 고찰」, 『기호학 연구』 제35집, 한국기호학회, 2013. 6, 141~2쪽 참고.

VII 질투 분석

1. 정의

질투[1]는 인간성 가운데 가장 불행한 것 중 하나일 것이다. 한 사람이 상대방을 제 삼자에 대한 관계 때문에 미워하는 감정으로, 한 쌍은 기본 관계이고, 상대방은 소위 개입자가 되는 삼각관계를 이룬다. 이러한 갈등에서 유발되는 질투는 관계의 변화에 유연하게 대처하지 못하는 자기 능력에 대한 불안감에 기반을 두고 있다. 질투는 자신이 소유한 것으로부터 즐거움을 찾지 못하고, 다른 사람이 소유한 것에서 괴로움을 느끼는 감정이라 할 수 있다.

프랑스 철학자 데카르트는 『정념론』에서 "질투는 어떤 좋은 것의 소유를 보존하기 위해 가지는 욕망과 관련된 일종의 두려움"[2]이며, "이 정념은 의혹과 불신에 관계될 따름"[3]이라 하였다. 또한 불어 사전 리트레에서는 "사랑에서 비롯되는 것으로 사랑하는 사람이 다른 사람을 더 좋아하지나 않을까 하는 두려움 때문에 일어나는 감정"[4]이라고 정의되어 있는 것처럼, 질투는 사랑과 가장 밀접한 관계가 있다. 즉 연적戀敵에게 사랑하는 사람을 빼앗길 위협을 느껴, 자신의 사랑을 보호하기 위해 일어나는 감정이 바로 질투인 것이다. 만일 이것이 건전하게 사용되면 열정에 불을 붙여 관계를 풍요롭게 한다. 반면에 파괴적으로 표출될 경우, 심리적 고통을 유발해 폭력으로 이어질 수 있으며, 결국 사랑하는 연인을 살해하는 극단적인 모습으로 나타난다.

프랑스 철학자 알랭은『감정, 정념 그리고 기호』에서 "질투란 아마도 사랑의 폭력에 대한 예감 이외의 아무 것도 아닌 것이다."[5] 따라서 "사랑에 빠진 사람은 상대방으로부터 경멸을 당하기보다 차라리 상대방을 죽이거나 자기가 살해당하고 싶다고 생각한다."[6]고 말한다.『황토기』에서 분이처럼 왜 어떤 사람은 가장 사랑하는 사람을 살해하거나 혹은 살해하고 싶어 하는가? 도가 지나친 사랑을 하기 때문일까, 혹은 경멸에 대한 두려움이 매우 크기 때문일까? 이처럼 말로 설명하기 어려운 사랑의 감정에서 그 모호함이 절정에 이르는 것이 바로 질투이며, 간혹 모순된 형태로 표출되기도 한다.

이와 같이 인간의 본성은 증오와 질투에 기울어질 때가 많으며, 질투는 증오 자체이거나 슬픔이다. 질투는 인간의 능력이나 노력을 저해하는 정념으로, 이로 인해 생기는 결과는 최악의 것이 되기 쉽다.

2. 어휘 의미적 접근[7]

기호학은 연속성의 실질을 아주 작은 단위의 기호학적 형식으로 재구성하여 드러내는 것이다. <질투>를 기호학적으로 연구하는 것은 연속적인 어휘소에 내포된 모든 의미를 끌어내어 그것의 의미 구조망을 밝히는 것이다.

그레마스와 퐁타닐이 참조한『쁘띠 로베르』사전에서 <질투>의 사전적 정의, 동의어, 반의어를 살펴보면, 그것은 주체와 대상, 제3자 연적이 매개자로 나타남으로써 성립된다는 것을 알 수 있다. 즉 <질투>의 정념은 주체(S_1)와 대상(O 혹은 S_3) 사이 <애착관계[attachement]>와 주체와 연적(S_2) 사이 <경쟁관계[rivalité]>의 교차점에 있다. 이 두 가지 형상계[8)]는 서로 연관성이 없는 것 같지만, <질투>에서는 세심하게 분절될 뿐 아니라, 상호 영향을 미치기도 한다. 주체의 대상에 대한 애착은 연적과의 경쟁으로 인해 더욱 강화되며, 따라서 경쟁관계는 애착관계에 자극을 준다고 할 수 있다.

이처럼 질투하는 주체는 경쟁관계에 있어서는 대상의 상실이 예상되어 괴롭고 쓰라린 감정을 느끼고, 더불어 애착관계에 있어서는 연적에 의한 두려움과 불안감에 사로잡히는 혼란스러운 상태에 놓인다.

2.1. 애착관계와 경쟁관계

어원적으로 질투하는 자는 <특히 ~에 매우 애착하거나 집착하는 자>이다. 질투의 속성인 애착은 주체와 대상 사이에 일어나는 모든 상황에 내재된 항수[constante]로서, 다양한 사건에도 전혀 영향을 받지 않는 필연성[nécessité]으로 여겨진다. 이것은 선조건 층위 점괄 변조에 의해 예시되며, 이 변조는 되어감을 중단시키고 변화의 잠재력을 중화시키는 변조이다. 점괄 변조는 연인의 애착 강도가 매우 높을 때는 어떠한 변화도 생각할 수 없으므로, 주체와 대상이 하나가 되는 상호 신뢰적 상태를 나타내는 변조이다. 이 변조는 이산화 작용에 의해 기호-서사 층위에서 /~이어야 함/이 된다.

이와 같이 감의 긴장적 공간에서 애착 강도가 강할수록 주체는 대상과 일체가 되어 둘 사이 간격이 사라진다고 할 수 있다. 최고의 강도는 행위소 미분화를 가져오면서 주체는 신뢰적 주체sujet fiduciaire가 되며, 질베르베르그는 이러한 신뢰적 주체에 대해 "대상이 가치를 전제한다면, 주체와 가치의 관계는 보통 믿음으로 맺어진다. 이 때 주체는 신뢰적 주체로 나타난다."[9]고 설명하였다.

주체가 대상에 투여하는 애착 강도는 두 가지 현상을 내포한다. 첫 번째 현상은 주체가 대상과 또 다른 대상의 애착관계 여부에 따라 강도가 정해지고, 두 번째 현상은 주체가 대상의 죽음 혹은 이별과 상관없이 분리작용과 재연동작용으로 대상과 연접을 상상할 수 있다는 것이다. 이처럼 주체의 대상에 대한 애착 강도는 선조건 층위를 언급함으로써 설명될 수 있다. 애착을 자세히 파악하기 위해 필요한 형상소에는 <소유>, <향유jouissance>, <열의zèle>, <배타성exclusivité>이 있다.

<소유>의 주체는 대상과 연접되어 대상을 누리는 것을 목적으로 한다는 점에서 기질적 차원에 속한다. <향유>는 주체로부터 투사된 의지와 대상이 줄 수 있는 능력의 합치로 이루어진다. 이처럼 정념화된 주체는 가치 대상에 /능력/의 양태를 투사함으로써 가치 대상을 능력 주체sujet compétent화 한다. 그래서 가치 대상은 기질적 조작 주체sujet opérateur thymique[10](S_3)와 실제적 가치 대상objet de valeur pragmatique(O)의 두 역할을 내포한다고 할 수 있다. <열의>에는 애착이 전제되어 있으며 그 강도는 열기로 표출되고 감정 이행의 준비가 되어 있다. 특히 이것은 애착을 강화하고 도덕화하는 형상소이다. <열의>와 <질투>는 강한 애착이라는 공통된 의미소[11]를 갖고 있지만[12], 열의는 긍정적으로, 질투는 부정적으로 도덕화된 정념이라 할 수 있다. <배타성>은 타인과 모든 분배나 공유를 거부하는 것으로, 이것의 양태화는 주체 입장에서 대상은 다른 사람과 연접/이 아니어야 함/이다. 질투하는 주체는

대상에 대해 연적과 공유를 거부하고 배타성을 주장한다. 그 결과 경쟁자가 개입할 수 있는 여지가 마련되어 비로소 경쟁관계가 성립되는 것이다.

김동리의 『황토기』에서 여주인공 분이는 득보와 억쇠에게 계속 애착하고, 그들의 관심을 받는 설희와 사랑을 공유하거나 분배하기를 거부하는 배타성을 주장한다. 하지만 억쇠와 득보의 관심은 여전히 설희에게로 향하고 분이에게서는 오히려 멀어진다. 따라서 억제할 수 없는 분노를 느낀 분이는 결국 심한 질투심에 사로잡혀 설희를 살해한다. 이처럼 질투의 주체가 대상을 배타적으로 독점하기를 원한다는 것은 부정적으로 도덕화하는 것이고 그 결과 극단적인 상황으로 몰고 갈 수 있다.

경쟁관계는 질투에 내재된 또 다른 의미인데, 이를 나타내는 형상소는 <경쟁>, <경합[concurrence]>, <대항[compétition]>, <선망[envie]>, <선한 경쟁심[émulation]>, <시기심[ombrage]>이 있다.

『쁘띠 로베르 사전』에 의하면 <경쟁>은 '어떤 것을 겨루는 두 사람 혹은 여러 사람의 상황'을 말한다. 이 때 상황은 '어떤 일의 상태나 형편'을 가리키는 것으로, 정념적 표출과는 상관없이 행위소적 및 서사적 장치를 가리킬 뿐이다. <경합>은 '같은 목적을 추구하는 여러 사람의 대립'인데, 동일한 대상을 지향하고 유사한 서사 프로그램을 상대자에게 부여함으로써 대립을 형성한다. <대항>도 경합의 특징에 동시적 추구이며 시간적이고 상적인 담화 행로를 추가한다. <경쟁>, <경합>, <대항>은 모두 감정이 들어 있지 않은 상황으로 간주되며, 정념적 역할[rôle pathémique13)]이 아니다.

반면에 <선망>, <선한 경쟁심>, <시기심>은 정념적 역할로 간주된다. <선망>의 사전적 정의는 '타인의 것과 동등한 이점, 기쁨을 누리고자 하는 욕구'로 규정되어 있다. <선망>의 주체는 가치 대상이나 경쟁자의 중재를 통해 전달되는 양태 존재, 대상이나 경쟁자와 동일한 상태/이기를 원함/의 중개에 의해서만 양태 주체가 된다. <선망>은 대상이나 경쟁자와 동일한 상태이기를 원할 뿐 그 상태에 도달하기 위해 특정한 행위를 하는 것은 아니며, 이것은 양태 존재만으로 이해가능하고 양태 역량을 고려할 필요는 없다고 할 수 있다.

또 다른 형상소 <선한 경쟁심>은 '어떤 사람과 장점, 지식, 일에 있어서 동등하려 하거나 그를 능가하려는 감정'이며, 고대에는 질투, 경쟁과 동의어이었다. <선망>과 달리 <선한 경쟁심>은 대상이나 경쟁자와 동일한 상태에 도달하기 위해 행위를 수행한다. 이것은 주체(S_1)와 경쟁자(S_2) 역량의 비교에 초점을 맞추며, 여기서 역량은 /~할 줄 알다/나 /~할 수 있다/를 말한다. 이와 같이 <선한 경쟁심>에서 S_1은 목표에 도달하기 위해 S_2의 역량을 참고로 하므로, 주체는 양태 역량 S_2만큼 혹은 더 잘 /하기를 원함/의 개입에 의해 양태 주체가 된다고 할 수 있다.

<시기심>은 특정한 사람에 압도되어 그늘 속에 묻힌 두려움 혹은 의혹을 나타내는 감정이다. <시기심>과 <선한 경쟁심>은 경쟁관계에 놓인 S_1과 S_2 두 주체 중 한 주체 관점에서 파악된 형상소라는 기본적 장치는 같다. 하지만 <선한 경쟁심>은 경쟁자(S_2)의 역량을 참고로 하는 반면, <시기심>은 자신(S_1)의 역량을 참고로 한다. 이것은 두 정념의 차이점인데, <선한 경쟁심>의 주체는 경쟁자를 압도하려고 하는 반면, <시기심>의 주체는 경쟁자에 의해 압도될 것을 두려워한다. 그래서 <선한 경쟁심>은 경쟁자의 우월성을 전제하여 긍정적으로 도덕화하는 반면, <시기심>은 경쟁자의 우월성을 두려워하여 부정적으로 도덕화한다.

<선한 경쟁심>과 <시기심>을 <질투>와 비교해볼 때, 질투는 선한 경쟁심보다 오히려 시기심에 가깝다. 왜냐하면 질투하는 주체의 관점은 항상 연적이 더 우세한 것으로 두려워하거나 괴로워하는 데 있으

며, <시기심>과 마찬가지로 자신의 역량과 비교하기 때문이다. 하지만 경쟁자의 역량과 비교하면, 그는 질투심에서 벗어나 보다 긍정적인 <선한 경쟁심>의 주체가 될 수 있다.

<질투>는 가장 복잡한 정념이라 할 수 있는데, $S_1/S_2/O(S_3)$의 행위소 장치에 근거를 두며, 유일한 주체 S_1의 관점에 놓인다. 질투하는 주체는 타인이 즐기는 것을 보고 괴로워하거나 혹은 대상을 잃을까봐 두려워하는데, 전자의 경우 S_2에, 후자의 경우 $O(S_3)$에 초점이 놓여진 것이다. 이처럼 질투하는 주체의 특성은 연적과 대상의 접합 상태를 항상 염두에 두고 그들의 관계를 감시하는 것이다.

2.2. 애착과 경쟁관계의 교차점에 있는 질투

<질투>는 애착과 경쟁관계의 교차점에 놓이고, 이 관계는 많은 상호 작용을 생성한다.

<질투>가 쁘띠 로베르 사전에서는 네 가지 의미소로 설명되어 있다.

① 애착: 강하면서도 의혹이 드리워진 애착

② 나쁜 감정: 다른 사람이 즐기는 것을 보면서 느끼는 나쁜 감정

③ 불안: 연적과 공유해야 한다는 두려움에서 비롯된 불안

④ 괴로운 감정: 불안한 사랑의 강요, 연인에 대한 배타적 소유의 욕망, 부정不貞에 대한 의심이나 확신으로 인한 괴로운 감정

위 네 가지 의미소는 애착과 경쟁관계인 두 형상계의 교차점 효과를 잘 나타내고 있으며, 의미소 ①과 ④는 애착관계에 우위를 두고, ②와 ③은 경쟁관계에 우위를 두고 있다. 또한 ②의 나쁜 감정은 연적과의 관계를 나타내며, ③의 불안은 대상과의 관계를 나타낸다.

③의 불안은 ①의 애착에서 비롯되는 <질투>의 중요한 변화로서 의구심의 출현과 함께 나타난다. 질투하는 주체는 불안한 상태이므로 동요와 불만족, 근심을 느낀다. 원하는 대상을 평온하게 누릴 수 없는 혼란은 쾌감과 불쾌감의 <동요>를 기반으로 한다. <동요>는 선조건 층위에서 양극화되지 못하는 감의 상태로, 주체가 사랑하는 대상과 연접이라고 해도 반드시 쾌감을 느끼는 것은 아니라는 것[14)]을 설명할 수 있다.

3. 통사적 구성

3.1. 질투 모형의 초안

질투는 주체, 연적, 대상(또 다른 주체) 세 행위소로 구성된 행위소 장치로 이루어진다.

S_1의 관점에서 성립되는 행위소 장치는 $S_1/O(S_3)$, S_1/S_2 그리고 $S_2/O(S_3)$ 세 가지로 구성되며, 다음과 같이 양태화될 수 있다.

① $S_1/O(S_3)$는 /~이어야 함/과 /~이기를 원함/

② S_1/S_2는 /~이 아니어야 함/

③ $S_2/O(S_3)$는 /~이 아니어야 함/과 /~이 아니기를 원함/

또한 S_1과 S_2는 O와 연접 혹은 이접 관계에 있으며, 이러한 접합은 네 가지를 들 수 있다.

① $S_1 \cap O$ / $S_2 \cap O$ (S_1이 배타적으로 소유하기를 원하는 O를 S_2가 누리는

것을 본다)

② S_1∩ O / S_2∪ O (S_1은 S_2와 O를 공유하게 되거나 S_2에게 O를 빼앗길지도 모르는 두려움을 예감한다)

③ S_1∪ O / S_2∩ O (S_1이 소유하지 못한 O를 S_2가 누리는 것을 본다)

④ S_1∪ O / S_2∪ O (S_1이 소유하지 못한 O를 S_2가 소유할지도 모르는 두려움을 예감한다)

(∩: 연접, ∪: 이접)

위의 다양한 접합은 모두 S_1에게 불쾌감을 일으키며 성립되고 있다. ①과 ③에서 S_1은 S_2가 O와 연접되어 <과거>에 대해 <괴로워하는> 주체이다(S_1은 과거에 S_2와 O가 연접 상태에 있었던 것 때문에 괴로워한다). ②와 ④에서 S_1은 S_2와 O가 이접 상태에 있으므로, <미래>에 대해 <두려워하는> 주체이다(현재는 S_2와 O가 이접이지만, 미래에는 두 사람이 연접이 될지도 모르는 것에 대해 두려워한다). 또한 질투하는 주체는 연적을 중요한 위치에 설정할 경우에는 시기심이 나타나고, 대상을 중요한 위치에 놓을 때는 의심이 생긴다고 할 수 있다.

3.2. 불안, 의혹과 불신

불안은 만성적이고 반복적인 정념으로 질투하는 주체의 정념적 역량의 항수로 인정되어 기본적인 통사적 구성의 한 요소로 간주된다. 이것은 정념화된 주체에게 미세한 느낌을 느끼도록 함으로써 기본적인 감적 동요[ébranlement phorique]를 일으킨다. 동요는 그 항을 고정시킬 수 없어 양극화되지 못하는 혼합된 형상소 내 영원한 망설임과 같은 것이다.

쾌감과 불쾌감 사이 동요는 불안한 주체에게 탐색의 주체가 되는 양극화를 저지시킨다. 따라서 동요는 생성 행로에서 역행[régression]에 의해 범주화 이전 감적 긴장성 층위에 불안한 주체를 귀착시킨다. 이런 맥락에서 불안한 주체는 선조건 층위 긴장적 변조 안에 잠긴 주체로 이해될 수 있으며, 정념화된 주체의 원형으로 간주될 수 있다. 불안은 미래의 피해에 대한 예상에 기반을 두므로, 주체는 긴장을 풀지 못하고 간직한 채 긴장성 공간 선조건 층위에 잠재해 있다.

불안한 주체에 해당하는 양태 장치나 존재 행로parcours existentiel는 파악될 수 없다. 왜냐하면 네 가지 양태 /원하다/, /알다/, /할 수 있다/, /해야 하다/는 모두 불안을 기반으로 할 수 있으며, 주체의 존재적 가상체 잠재된, 현실화된, 가능화된, 실현된 주체도 모두 불안할 수 있기 때문에, 불안한 주체는 정념화된 주체의 원형이라 할 수 있다.

불안은 두려움이나 의구심ombrage보다 더 총체적인 감정이다. 두려움은 일시적이고 부차적인 감정으로 미래 사건과 관계되는 상황이며, 의구심은 연적의 그림자ombre가 서서히 나타나는 것으로 <질투>나 불안의 일시적인 양상이다. 통사적으로 불안은 연속된 사건에 내재해 있으며, 연적이 나타날 때는 의구심, 불쾌한 사건이 예상될 때는 두려움으로 표현된다.

불안을 공포와 비교해 보면, 공포는 예리하고 강도가 높지만 지속기간이 짧은 감정이며, 그 대상이라 할 수 있는 위험이 지나가면 사라진다. 반면에 불안은 그 강도가 낮거나 보통이며, 괴로운 상태가 계속 유지되거나 혹은 되풀이되고, 공포와 다르게 일정한 대상이 없다. 불안이 애착관계에 작용하면, 자신이 애착하는 것을 잃을까 두려워하는 불안, /~이어야 함/을 혼란시키는 것이 된다. 이처럼 불안과 애착의 만남에서 이루어지는 형상소는 근심souci이라 할 수 있는데, 이는 집요하게 물러나지 않는 지속적인 것이다. 따라서 근심은 애착의 양태적 틀을 부여받은 불안이라고 말할 수 있다.

의혹과 불신을 신뢰적 차원dimension fiduciaire에서 알아보면, 이 차원은 애착과 배타성의 양태화를 동시에 포함한다. 애착의 양태화 /~이어야 함/은 주체를 대상에 한정시키는 신뢰적 기대감을 결정짓고, 배타성의 양태화 /~이 아니어야 함/은 신뢰적 기대감의 부정 형태이며, 이것으로써 주체는 자신의 영역을 보호할 수 있다. <질투>의 경우 긍정적 확신은 애착에서 비롯되어 신뢰로 표출되는 반면, 부정적 확신은 배타성에서 생겨 불신으로 표출된다.

질투하는 주체가 연적의 그림자를 느껴 나타나는 의구심은 신뢰감을 사라지게 하며 의혹을 불러일으킨다. 이것은 첫 번째 변형으로 신뢰에서 의혹으로 넘어가는 것이며, 질투의 위기가 일어나기 전에 사소한 동기로 이루어지고, 질투하는 주체는 애착의 균형을 깨뜨리는 동기, 실마리나 징조의 수신자이다. 그리고 신뢰감이 없어져 나타나는 의혹은 연적의 행위로부터 촉발되는 질투하는 주체의 정념적 역할이며, 연적의 행위는 메타지식을 전달하는 정보적 역할을 실행한다고도 볼 수 있다. 이 단계에서 질투하는 주체는 메타지식을 알아내기 위한 인지적 탐색을 시작한다.

두 번째 변형은 의혹에서 불신으로 넘어가는 것이며, 질투하는 주체는 상상으로 연적과 대상에 대해 가능한 시나리오를 투사하는데 확신으로 굳어지게 하기 위해서는 어떤 증거가 필요하다. 그리고 질투하는 주체가 확실한 증거를 얻으면 불신에 이르게 된다. 이러한 행로는 역동적 기호 사각형으로 나타낼 수 있다.

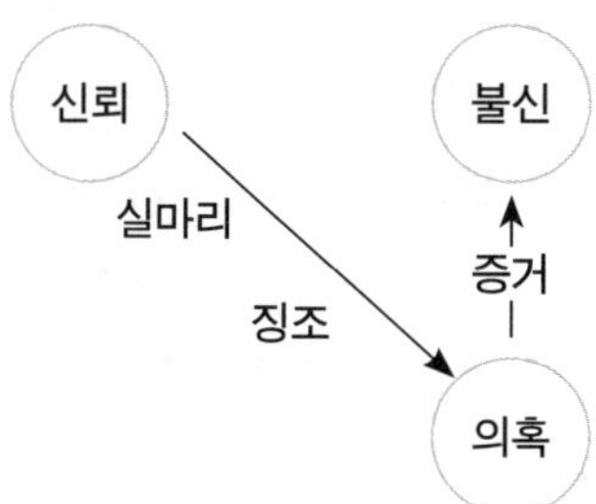

질투하는 주체가 불안과 의혹의 상태에서 증거를 얻고 불신에 이르기까지 상적 행로parcours aspectuel는 다음과 같이 나타난다.

기동상	지속상, 반복상	종결상[15]
≪불안≫과 ≪의혹≫	≪조사≫과 ≪가추법≫	≪증거의 앙금≫과 확신
(동요)	(긴장 상승)	(긴장 이완)

3.3. 거시 시퀀스와 미시 시퀀스

질투심이 불러일으키는 여러 가지 괴로움과 증오에 찬 공격적인 표출은 대상에 대한 애착을 통사적으로 전제함으로써 나타날 수 있다. 이런 관점에서 질투의 통사론을 고찰해 보면, 정념적 거시 시퀀스와 미시 시퀀스가 있다. 거시 시퀀스는 전체적인 윤곽을 특징지으며, 미시 시퀀스는 여러 장치 중 질투의 정념적 변형이 일어나는 장치를 가리킨다. 거시 시퀀스는 미시 시퀀스를 포함하고, 미시 시퀀스는 거시 시퀀스에 포함됨으로써, 서로 규정된다고 할 수 있다.

3.3.1 거시 시퀀스

거시 시퀀스의 각 요소는 양태 장치로 구성되어 양태 결합 시퀀스를 이룬다. 시퀀스 전체는 상호 양태적 변형을 따르면서 미래 전망적 방식뿐 아니라 과거 회상적 방식으로도 이해될 수 있다. 미래 전망적 방식의 경우 시퀀스의 첫 단계 애착은 의혹을 품은 애착(의혹의 그림자)으로 변형되고, 그 다음 질투로 변형되며 이 단계를 거친 후, 질투는 결국 더 <강렬한 사랑>이나 <파괴적인 증오>로 재활성화되며 다음과 같은 순서를 밟는다.

애착 → 의혹의 그림자 → 질투 → 사랑 혹은 증오

위 단계에는 제약이 따르는데, 두 번째 단계 의혹은 주체와 대상이 일체가 된 애착에 미세한 틈새가 생기는 것으로 연적의 그림자가 예감되거나 나타날 때만 가능하다. 왜냐하면 연적이 없다면 불행한 사랑의 사건은 질투가 아니라 원통함이나 슬픔으로 그칠 것이기 때문이다. 이처럼 의혹에는 논리적으로 애착이 전제되며, 마지막 단계 재활성화된 욕망, 사랑이나 증오에는 세 번째 단계 질투하는 주체가 표출하는 관찰 가능한 행동이나 태도가 전제된다고 할 수 있다.

거시 시퀀스는 그 구성 요소에서 알 수 있는 것처럼, 경쟁이 지배적 역할을 하는 논쟁적 시퀀스의 전개를 택하고 있다. 애착과 의혹의 그림자가 서로 충돌하며, 의혹의 그림자는 신뢰적 상태에 위기를 가져와 주체의 정신을 지배하게 된다. 이 단계에서 질투하는 주체는 연적이 자신보다 우세할 것이라고 상상하며 스스로 가치를 하락시키는 질투의 첫 번째 단계 불안에 사로잡히는데, 미시 시퀀스의 첫 단계라 할 수 있다.

또한 거시 시퀀스는 양태 통사론에 일치하는 양태 결합 시퀀스를 구성하는데, 거시 시퀀스의 네 가지 구성 요소를 양태를 분석 도구로 삼아 체계적으로 기술하는 것이다. 그러면 주체(S_1)의 관점에서 구성 요소의 전제를 살펴보기 위해 마지막 단계부터 거슬러 올라가 알아보기로 한다. 이 단계에 나타나는 사랑 혹은 증오는 /~이기를 원함/이나 /~하기를 원함/으로 표현할 수 있으며, /~이기를 원함/은 상태 주체와 대상의 관계를 양태화하고, /~하기를 원함/은 소유적이거나 배타적인 행위 주체를 양태화한다. 즉 /원함(의지)/이 양태 시퀀스의 귀착점이 된다.

/원함(의지)/은 정념적 위기뿐 아니라 기질적 변형을 가져오는 세 번째 단계 질투를 전제한다. 이 단계는 대상이 질투하는 주체를 거부하는 것으로 규정짓는다. 즉 주체는 대상과 연접/일 수 없음/과 이로 인해 유도되는 주체는 대상과 연접/이 아님을 믿음/에 기반을 두며, 대상의 부정이나 주체의 실패를 확신한다.

이와 같은 세 번째 단계는 두 번째 단계 의혹과 의구심을 전제하는데, 주체는 대상과 연접/이 아닐 수 있음/과 이로 인해 야기되는 주체는 대상과 연접/임을 믿지 않음/에 기반을 둔다.

그리고 의혹은 첫 번째 단계 애착을 전제하며, 이를 양태화하면 주체와 대상이 연접/이어야 함/과 주체와 대상이 연접/임을 믿음/으로 표현될 수 있다.

또한 S_1의 관점에서 연적의 양태 결합 시퀀스를 살펴보면, 질투하는 주체가 연적에게 투사하는 양태화인데, 마지막 단계에서 S_1은 결국 연적에게서 대상을 빼앗기를 원한다. 즉 연적과 대상이 연접/이 아니기를 원함/을 투사하는데, 연적의 성공에 대한 믿음인 세 번째 단계, 즉 연적과 대상이 연접/임을 믿음/을 전제한다.

세 번째 단계는 두 번째 단계 연적의 그림자가 드리워짐, 연적과 대상이 연접/일 수 있음/을 전제하며, 두 번째 단계는 연적과 대상이 연접/이 아니어야 함/으로 표현되어 배타성을 주장하는 첫 번째 단계를 전제한다.

S_1의 네 단계 양태화는 S_2에서 반대의 양태화를 전제한다고 할 수 있다. 양태 결합 시퀀스와 이에 해당하는 정념적 역할은 아래와 같이 나타낼 수 있다.

(S_1)	(S_2)	정념적 역할
/~이어야 함/ /~임을 믿음/	/~이 아니어야 함/	배타적 애착
↓	↓	↓
/~이 아닐 수 있음/ /~임을 믿지 않음/	/~일 수 있음/	의혹의 그림자
↓	↓	↓
/~일 수 없음/ /~이 아님을 믿음/	/~임을 믿음/	질투적 위기
↓	↓	↓
/~이기를 원함/ /~하기를 원함/	/~이 아니기를 원함/	활기를 되찾은 사랑/증오[16]

3.3.2. 미시 시퀀스

미시 시퀀스는 거시 시퀀스 세 번째 단계로 정념의 논리를 따른다. 질투하는 주체는 연적이 자신보다 우세할 것이라고 상상하며 스스로 가치를 하락시켜 미시 시퀀스 첫 단계 불안에 사로잡힌다. 이처럼 애착에서 의혹이 싹터 불안을 느끼게 된 주체에게는 그 다음 단계로 의심이 자리잡는다. 의심을 품은 질투자에게 연적과 대상이 함께 있고 자신은 제외된 광경이 펼쳐지게 되고, 그 결과 질투하는 주체가 관찰 가능한 행태를 표출하는 정동화가 이어진다. 그리고 마지막으로 이런 행태에 대한 평가를 하는 도덕화가 이어진다. 즉 이 시퀀스는 다음과 같은 순서가 된다.

불안 → 의심 → 제외된 광경 → 정동화 → 도덕화

위의 다섯 단계는 거시 시퀀스 세 번째 단계 질투에 해당하는 것이며 질투 위치에 삽입하면 다음과 같은 도식이 성립된다.

불안
의심
(배타적) 애착 → 의혹의 그림자 → 제외된 광경 → 사랑 혹은 증오
정동화
도덕화

미시 시퀀스는 표준 정념 도식 5단계, 형성화, 장치화, 정념화, 정동화, 도덕화에 일치한다고 할 수 있다. 이 도식을 간단히 설명하면, 첫 번째 단계 불안은 긴장적 주체에서 재연동작용을 함으로써, 정념화된 주체가 형성된다. 이 단계는 형성화라고 명명되며, 정념화된 주체의 긴장적 스타일이 규정되는데 양극화되지 않은 기질적 동요의 형태를 띤다.

불안에서 비롯되는 의심은 세 번째 단계 제외된 광경을 위해 필요한 자질을 질투하는 주체에게 부여한다. 즉 의심은 질투하는 주체에게 감성화된 양태 장치를 설정하도록 한다는 점에서 장치화에 해당한다.

또한 질투하는 주체는 불안과 의심에 사로잡힌 가운데, 자신이 제외된 광경을 포착하고 확신하게 됨으로써 괴로운 감정에 도달하게 된다. 이처럼 정념을 체험하는 단계는 정념화라 한다.

그 다음은 정념적 변형의 기질적 결과로 질투하는 주체가 느끼는 모든 것이 신체적 반응을 통해 겉으로 드러나는 정동화 단계이다.

마지막 단계 도덕화에서 주체는 정념 변형의 결과를 평가하거나 평가받는다. 이 단계에서는 주체의 형성화를 주재하는 긴장적 스타일, 장치화에 내재된 인지적 역량, 정념적 변형에 내재한 행위소 장치, 신체적 표출의 정동화를 도덕화한다고 할 수 있다.[17]

≪텍스트 분석≫

질투를 분석하는 도구와 장치를 김동리의 『황토기』, 김동인의 『감자』, 모파상의 『고해성사』, 스탕달의 『적과 흑』에 적용하여 알아보고자 한다.

1. 『황토기』

김동리가 1939년 5월 『문장』 제4호에 발표한 단편 소설이고, 우리 민족 문학의 특색을 강하게 지닐 뿐 아니라 세계성을 띤 작품으로 알려져 있다. 『황토기』의 의미는 일제 강점기 하에 핍박받은 우리 조상들의 울부짖음과 선혈이 이 땅을 황토 지대로 물들였다는 데서 비롯되었으며, 주제는 운명론적 삶에 대한 허무주의이다.

1.1. 줄거리

초두에는 용이 승천의 기회를 놓치고 굴러 떨어져 흘린 피와 혈을 찔러 맥이 끊어진 산이 흘린 피로 이루어졌다는 상룡설 및 절맥설의 황토골 유래를 통해, 추락과 저주 및 거세의 함축적 의미를 제시한다.

용냇가의 두레패와 떨어져 혼자 논을 메고 있던 억쇠는 분이를 기다리고, 술동이를 이고 온 분이는 설희와 득보를 한 칼에 찔러 죽이겠다고 악을 쓰다 풀 위에서 잠을 잔다. 억쇠는 원래 황토골의 타고 난 장사이지만, 장사가 나면 불길한 조짐이라는 속설이 전해지고 이에 따른 어른들의 경고 때문에 힘쓰기를 삼간다. 한번 제대로 힘 쓸 날을 기다리며 분이의 주막에서 허무함에 젖어 술 마시는 것으로 소일하던 어느 날, 그는 득보라는 또 다른 장사를 만난다. 그리고 그에게 맞은 편 냇가에 오두막 한 채를 마련해 준다.

억쇠와 득보는 둘다 힘이 센 만큼 금새 가까워졌고, 득보가 분이를 억쇠에게 주며 데리고 살라고 한 이후로는 분이를 트집 잡아 늘 허무한 싸움을 계속한다. 분이의 마음은 항상 득보에게 있었지만 억쇠와 득보 사이를 왔다 갔다 하며 생활하는데, 득보가 여자를 얻어 오면 어떤 구실을 붙여서라도 쫓아내곤 한다.

그러던 중 억쇠는 혈육 한 점 없는 것에 마음 쓰여 노모와 상의 끝에, 용모와 행실이 바른 설희라는 여자를 얻어 함께 살게 된다. 그러나 득보마저 설희에게 마음이 쏠리자 분이는 억쇠의 어머니가 돌아가시던 날, 임신을 한 설희를 죽이고 자고 있던 득보마저 칼로 찌른 후 사라진다. 다행히 목숨을 건진 득보는 분이를 기다리다 그녀를 찾아 마을을 떠나고, 그는 분이 대신 딸을 데려 온다. 억쇠는 득보가 사라질까봐 노심초사한다. 억쇠와 득보는 마지막 대결을 위해서 용냇가로 내려간다.

1.2. 분석

주인공 억쇠와 득보는 힘센 장사라는 공통점이 있지만, 성격과 기질 면에서는 완전히 대조적으로 억쇠는 도덕적 주체이고, 분이는 비도덕적 주체이다. 또한 이들 사이 갈등의 원인을 제공하는 두 여자 분이와 설희가 등장하는데, 이들도 분이는 비도덕적 주체인 반면, 설희는 도덕적 주체이다. 억쇠와 설희가 생의 본능을, 득보와 분이는 죽음의 본능을 나타내고, 억쇠와 설희의 삶은 득보와 분이에 의해 파멸된다. 분이는 억쇠의 아이를 가진 설희에 대해 극심한 질투에 사로잡혀 그 여자를 살해함으로써, 대를 이을 혈육을 남기

고자 하는 억쇠의 절실한 희망을 좌절시킨다. 이처럼 분이가 질투로 설희를 살해하는 것은 허무한 텍스트를 더욱 짙은 허무감으로 물들인다. 분석은 이와 같은 분이의 질투에 초점이 맞춰져 이루어지며, 질투의 감정이 잘 드러나 있는 1장과 4, 5, 6장 일부를 분석하고자 한다.

a. 제 1장은 분이가 질투에 사로잡혀 설희와 득보를 살해하는 장면을 상상하는 것으로 시작되며, 이는 후반부의 내용과 일치한다.

억쇠는 분이의 손에서 사발과 술동이를 나꾸듯이 빼앗는다.
동이 속에서 술이 출렁하며 밖으로 튀어 나온다.
사발과 동이를 빼앗기듯이 된 분이는 화통이 치미는지,
"흥, 이년을 어디 두고 보자"
하며 이를 오도독 갈아 붙인다. 설희를 두고 하는 욕질이지만
당치 않은 수작이다.
억쇠는 아랑곳없다는 듯이 술을 따라 마시고 있다. 그 동안 잔
뜩 독이 오른 눈으로 억쇠를 노려 보고 있던 분이는,
"연놈을 한칼에 푸욱……"
하고 또 한 번 이를 오도독 간다.
"이년아, 말버릇 그게 뭐여".
억쇠가 꾸짖자, 분이는,
"어디 임자 보고 말했나. 득보 말이지".
한다. (40~1)[18)]

연적 설희(S_2)와 대상 득보(O)가 함께 있고 질투하는 주체 분

이(S_1) 자신은 제외된 장면이 질투에 사로잡힌 S_1의 머리를 떠나지 않는다. 따라서 S_1은 보복하고자 하는 내장된 충동에 사로잡혀 있다("흥, 이 년을 어디 두고 보자"). 겉으로는 아무 일도 일어나지 않고 있지만, S_1의 상상적 차원은 인식적이고 감성적 사건의 중심이며 어떤 극단적 실행을 요구하는 내적 긴장의 장소이다.

S_1의 '화'는 선조건 층위 개시, 점괄, 종결, 지속 변조가 기호-서사 층위에서

/~이 아니기를 원함/ : S_2와 O가 연접이 아니기를 원함.

/~이 아니어야 함/ : S_2와 O가 연접이 아니어야 함.

/~임을 앎/ : S_2와 O가 연접임을 앎.

/~일 수 있음/ : S_2와 O는 연접일 수 있음.

의 양태로 된 후 담화 층위에 소환되어 이들 간에 상관관계로 나타난다. 또한 선조건 층위의 높은 강도의 긴장감과 기동의 기호학적 스타일도 담화 층위에 소환된다. 전자의 절차에 후자의 절차가 합한 것은 S_1에게 감성적 효과를 유발하여 어떤 행태로 표출되는데, 이 경우 S_1은 '이를 오도독 갈아 붙인다.'

S_1은 연이어 "연놈을 한 칼에 푸욱....."이라고 말하며 질투에 사로잡혀 S_2와 O를 살해하고자 하는 충동을 표출하고 있다. S_1은 잠재적 살인자로서 살인에 대한 환상을 키우고 무기를 상상하며(여기서는 칼) 단계적인 실행 계획을 세운다. 이처럼 질투로 인해 살해 충동이 일어날 경우 대개 대상의 성적 부정을 알게 되거나 대상이 질투자의 곁을 떠나버린 두 가지 사건에서 기인한다.

정념의 리듬에 관련된 도식은 직접적으로 지각되는 감성적 형태라 할 수 있고, 위의 인용문에서 이와 같은 리듬 도식을 알아

볼 수 있다. 즉 분이가 표출한 것은 '오도독'이라는 리듬 요소로 구성되어 있고, 이에 해당하는 상적 도식은 반복상으로(이를 오도독 갈아 붙인다(5째줄), 이를 오도독 간다(9째줄)) 구성되어 있다고 할 수 있다.

b. 분이가 걸핏하면 득보의 이야기를 끌어내는 것은 그녀의 마음이 거기 있는 까닭이요, 마음이 있는 곳에 몸도 대개 가 있어, 한 달 잡고 스무 날 밤은 억쇠가 홀아비로 자야 하였다. .... 잠자리까지 그러한 데는, 제 말대로 비록 제 외삼촌의 이복형제뻘쯤 된다 할지라도 바로 징검다리 이 쪽에 제 서방의 집을 두고 있는 처지에서는 해괴하기 짝이 없는 노릇이었다.

억쇠가 득보더러

"너 이놈, 분이는 왜 밤낮 네 집에 붙여 주는 거여?"

하고 꾸짖으면,

"늙은 놈이 계집 투정은 어지간히 한다."

하며 득보는 가래침을 탁 뱉곤 했다. (54~5쪽)

억쇠(S_1)는 분이(O)가 득보(S_2)집에 머무는 것을 원치 않는다("너 이놈, 분이는 왜 밤낮 네 집에 붙여 주는 거여?").

$$S_1/\text{원하다}/ \rightarrow (S_2 \cup O)$$

의 공식으로 표현될 수 있고, 이것은 S_1이 'S_2와 O가 이접이기를 원한다'는 의미이다. S_1이 S_2와 O가 연접/이기를 원치 않음/의 양태화를 투사하는 반면, S_2는 O와 연접/이기를 원함/의 양태화를 투사하므로, S_1과 S_2의 양태 존재는 서로 모순 관계에 있다.

또한 S_1은 S_2가 O의 외삼촌 이복형제이기 때문에, 그들은 서로 정을 통한다거나 잠자리를 같이 해서는 안 되고 할 수도 없다고 생각한다. 서방인 억쇠는 분이의 외삼촌 정도뻘인 득보에게 양태 역량 /~해서는 안 됨/과 /~할 수 없음/을 투사한다. 그러므로 S_2는 S_1의 프로그램에 포함된 가상체로 간주될 수 있다. 이 두 가지 양태 장치를 신뢰적 기대감의 공식을 사용할 수 있다.

$$S_1/\text{믿음}/\ [\ S_2/\text{해서는 안됨}/ \rightarrow (S_2 \cap O)\ ]$$

$$S_1/\text{믿음}/\ [\ S_2/\text{할 수 없음}/ \rightarrow (S_2 \cap O)\ ]$$

/해서는 안됨/과 /할 수 없음/에 따라 S_2의 역량에 대한 사각형을 다음과 같이 나타낼 수 있다.

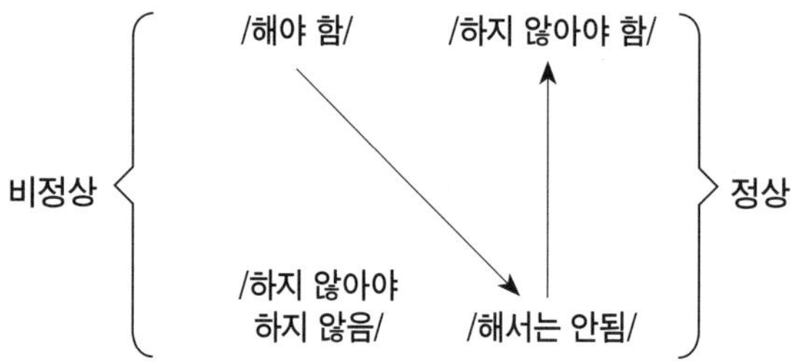

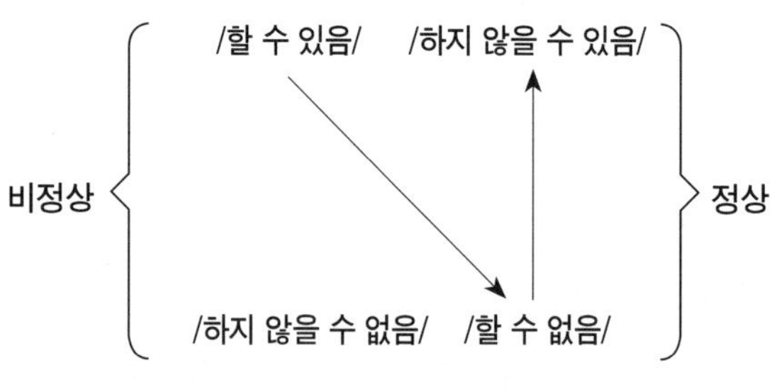

부정적인 수직축을 '정상'이라는 메타용어로 지칭할 수 있는

데, 이것은 S_1이 S_2에 부여하는 역량에 대한 평가이다. '정상'은 O가 S_2의 조카딸이라면 서로 정을 통해서는 안 되고 그럴 수도 없음을 의미한다. 그런데 S_2는 /할 수 있음/과 /하지 않을 수 없음/으로 행동함으로써 그에게 부여되는 /할 수 없음/과 /하지 않을 수 있음/을 부정한다. 이는 /해야 함/의 경우도 마찬가지이다.

이처럼 S_1이 상상으로 성립시킨 가상체(/~해서는 안됨/, /~할 수 없음/)를 S_2가 행사하는 역량(/~해야 함/, /~할 수 있음/)과 모순의 위치에 놓으면서, S_2는 '해야 하는'과 '할 수 있는' 자로서 행동한다. 따라서 모순되는 두 가지 프로그램을 앞에 놓고 S_1, S_2 두 주체 사이에는 서로 갈등이 일어나는데, S_1과 S_2가 허무한 싸움을 즐기기 위해 필요불가결한 요소로 작용한다.

c. 억쇠가 볼 때 더욱 해괴한 노릇은 분이가 득보를 두고 강짜를 노는 일이었다. 득보는 ..... 어디로 한 번 나가 며칠을 묵고 들어올 적에는 으레 낯선 계집 하나씩을 달고 들어오곤 하였다. 그런데 또 한 가지 망측한 일은 이렇게 득보가 가끔 달고 들어오는 계집들에게 분이가 번번이 강짜를 부린다는 사실이었다.(55~6)

질투하는 주체의 특성 배타성은 주체가 대상을 남과 공유하기를 거부하고 혼자만 소유하려는 것으로 /~이 아니어야 함/(대상은 타인과 공유가 아니어야 함)의 양태화와 행위소 장치 위에 투사된 수량화 quantification를 포함한다. 분이(S_1)는 자신 만이 득보(O)를 차지해야 하며 타인과 공유하기를 거부하는, 공유적 단위를 배타적 단위로 변형시키는 주체이다. 하지만 O는 여러 대상을 받아들일 수 있는 주체(S_3)이므로 S_1과 S_3(O) 간에는 충돌이 일어난다.

질투하는 주체 S_1의 역할은 애착관계와 배타적 소유의 주체를 포함하는데, 애착관계의 양태화는 /~이어야 함/이고, 배타적 소유의 양태화는 /~이 아니어야 함/으로 반대 관계에 있다. 따라서 S_1내면의 두 주체(애착관계의 주체와 배타적 소유의 주체) 사이에는 갈등이 일어난다. 즉 S_1이 애착관계를 지속시키기 위해서는 O에 대한 신뢰를 유지해야 하지만, 일체의 불이익으로부터 자신을 보호하기 위해서는 O를 불신해야 하는 것에서 모순이 기인하는데, 질투하는 주체 S_1은 신뢰와 불신 사이에서 항상 동요하는 주체이다.

d. 분이가 밤낮으로 징검다리를 건너고 있을 무렵, 억쇠는 맘 속으로 그녀를 단념하고, 그 대신, 그전부터 은근히 눈독을 들여오던 설희를 손아귀에 넣고 말았다…….

억쇠는……..자기 자신의 심정으로서도 자식 하나쯤은 기어이 남겨야 할 것 같이 생각되었다

그러나 마음씨나 몸가짐이 그러한 분이에게 이 일을 기대할 수는 없었고, 또 그러니만큼 그것을 통정하고 싶지도 않아서 그녀와는 상의없이 저 설희를 보게 되었던 것이다. 그러나 분이는 또 분이대로 잔뜩 배알이 틀리는지,

"흥, 씨 글러 못 낳지, 배 글러 못 낳는 줄 아나. 어느 년의 그건 어디 별난가 두고 보자!"하며 이를 갈아붙였다.(57~8)

분이는 아이를 못 낳기 때문에 자신감이 없어 항상 불안한 주체이다. 따라서 억쇠가 혈육을 낳아 대를 이을 생각으로 설희를 들인 것은 분이의 자존심을 상하게 한 일이다. 이 때 자존심이란 '자신으로부터 기인하는 것ce qui lui est dû'[19]에 바탕을 두므로

/~이어야 함/에 속한다. 이것은 애착의 양태화와 동류이다. 즉 /~이어야 함/이 정념적 역할인 질투로부터 전제될 때는 그 결과로 애착을 가져오지만, 주제적 역할로부터 소환될 때는 자존심을 초래한다. 아이가 생기지 않아 자신감에 문제가 있는 분이는 전제된 /~이어야 함/ 내에서 자신이 처해 있는 억쇠의 유일한 아내/일 수 없음/을 확인함으로써 극단적인 질투를 느끼게 된다.

질투는 연적의 가치를 인정한 고백이라 할 수 있는데, 연적의 가치를 인정/하지 않을 수 없음/의 양태화로 강제된 고백을 내포한다. 하지만 S_1은 S_2의 역량을 인정하지 않는다. 따라서 S_1은 O가 S_2를 아내로 들인 것에 대해 '잔뜩 배알이 틀린다'("흥, 씨글러 못 낳지,........"). 이것은 선조건 층위의 개시, 점괄, 가동, 종결 변조의 이산화작용으로 긴장적 주체는 기호-서사 층위로 전환된다. 이 층위에서 네 가지 변조는 아래의 양태로 된 후, 담화 층위에 소환되어 이들 간에 상관관계로 나타난다.

/~이기를 원함/ : S_1은 O의 유일한 아내이기를 원함.
/~이어야 함/ : S_1은 O의 유일한 아내이어야 함.
/~일 수 없음/ : S_1은 O의 유일한 아내일 수 없음.
/~이 아님을 앎/ : S_1은 O의 유일한 아내가 아님을 앎.

또한 선조건 층위 높은 강도의 긴장감과 기동의 기호학적 스타일도 담화 층위에 소환된다. 이 때 전자와 후자의 절차가 합하여 나타나는데 S_1은 이를 갈아붙이는 것으로 표출한다.

e. 다음은 억쇠가 방안의 사내에 대해 질투를 느끼는 대목으로 미시 시퀀스(5단계 표준 정념 도식)에 적용되어 분석된다. 따라서

텍스트의 분할 기준은 미시 시퀀스가 된다.

(a) 득보는 잔뜩 제 것이 될 줄로만 믿어 왔던 모양으로 설희가 억쇠와 함께 지내게 되었다는 소문을 듣자 으흥 하고 신음 소리를 내었다.

"늙은 놈이 계집을 둘씩이나 두고 거드렁거리다 쉬 자빠질라. 괜히 헛 욕심 부리지 말고 진작 하날랑 냉큼 내놓는 게 어때."

안냇벌에서 돌아오며 억쇠에게 하는 말이었다.

억쇠는 그냥

"그놈 주둥아릴……."

하고 말았지만 속으로는,

'이 놈이 끝내 그냥 있진 않겠구나.'

했던 것이다.

(b) 어느 날 밤에는 비가 부슬부슬 내리는데 한 이경이나 되어 억쇠가 설희에게로 가니 방문의 불빛은 여느 때와 마찬가지로 불그레하게 비쳐 있는데 그 안에서 사내의 코 고는 소리가 드르렁거렸다. 아차 싶어 신돌 위를 보니 아니나다를까, 그 침침한 불빛에서도 완연히 크고 낯익은 미투리 한 켤레가 놓여 있지 않은가. 순간 억쇠는 자기 자신도 모르게 주먹이 불끈 쥐어지며 온 몸의 피가 가슴으로 짜악 모여드는 듯하였다.

(c) 떨리는 손으로 막 문고리를 잡으려 할 때 저쪽 뜰 구석에서 사람의 기척 소리가 나는 듯 하여 얼른 머리를 돌려서 보니…….. 바로 설희였다.

설희는 억쇠의 턱 밑으로 다가 들어서며,

"득보요, 벌써 초저녁에 와서 어른을 찾데요. 안 계시다 고 해도 그냥 들어와서 어떻게 추군추군히 구는지, 할 수 없이 측간엘 간다고 나와서 뒤꼍에 숨어 안 있는교."

이렇게 소곤거렸다.

"으 -------"

하고 혼자 속으로

'죽일 놈이다.'

했다.

부들부들 떨리는 손으로 방문고리를 잡을 때는 '이 놈을 아주 잠이 든채 대가리 부숴 놔라' 했던 것이다.

....

(d) 억쇠는 문득 어떤 비창한 생각이 들었다. 그는 후들거리는 발길로 득보의 엉덩이를 걷어차며, ...

몸을 좀 꿈틀거리다 그대로 다시 코를 골기 시작하는 득보를 이번에는 좀더 거세게 걷어차며, ...

(e) "따로 매는 맞을 날이 있을 터이니 오늘 밤엔 우선 술이나 처먹어라.(58~60)

(a) 정념 도식의 형성화로 담화에서 정념적 주체가 최초로 드러나는 상황이다. 억쇠(S_1)가 설희(O)를 손에 넣자 평소에 그 여자를 마음에 두고 있던 득보는 분이나 설희 중 하나를 내놓으라고 으름장을 놓는다. 이 말에 억쇠는 득보가 가만있지 않으리라는 것을 감지한다. 이런 예감으로부터 겪게 될 모든 감정의 근원 정념의 형성화가 그에게 처음으로 형성되면서, 긴장의 영역이 설정되어 행로 전체의 긴장적 스타일이 규정된다. 긴장적 주체가 된 S_1은 불안한 상태로 선조건 층위 변조에 잠

긴 주체이다. 이 때 불안은 여러 가지 가상체를 만들어 내는 동요이다. S_1은 자신에게 닥칠지도 모르는 피해의 정확한 성격을 아직은 알 수 없을 뿐 아니라 내재된 위협 또한 추상적이고 모호하게 느낀다.

S_1은 불안한 긴장적 주체로서 잃어버릴 수 있는 것을 소유하고 있는 <실현된 주체>이다. 이처럼 긴장이 생성하는 감적 동요에 잠긴 주체는 인지적 탐색의 주체가 되어 정념적 분리 작용으로 가상체를 만든다. 이를테면 S_1은 자신의 부재 시에 S_2가 혹시 O를 건드리지나 않을까 등 여러가지 가상체를 투사한다. 이와 같이 불안의 동요를 확장시키면서 메타지식은 S_1의 장치화를 자리잡게 한다.

(b) 형성화의 연속으로 정념 변형에 논리적으로 필요한 단계이다. 정념화된 주체 S_1은 정념의 성립에 필요한 여러 가지 양태를 배치한다. S_1이 O의 방에서 사내의 코고는 소리가 들리고 신돌 위에 낯익은 미투리 한 켤레가 놓여 있는 것을 보는 순간, 선조건 층위의 개시, 점괄, 종결, 지속 변조가 기호-서사 층위에서

/~임을 원치 않음/ : O의 방에 사내가 있음을 원치 않음
/~이어서는 안됨/ : O의 방에 사내가 있어서는 안됨
/~일 수 있음/ : O의 방에 사내가 있을 수 있음
/~임을 앎/ : O의 방에 사내가 있음을 앎

의 양태로 된다. 이 양태는 담화 층위에 소환되어 이들 간에 상관관계로 나타난다. 또한 선조건 층위 높은 강도의 긴장감과 기동의 기호학적 스타일도 담화 층위에 소환된다. 전자의

절차에 후자의 절차가 합하여 행태로 표출되는데, 이 경우 S_1은 주먹이 불끈 쥐어지며 가슴으로 피가 모여드는 것을 느낀다. 전 단계에서 대상과 연접 상태이던 불안한 주체는 이 단계에서 대상과 비연접 상태가 되어 <잠재된 주체>가 된다.

(c) S_1은 O에 의해 사내의 정체가 득보(S_2)임을 확인한다. S_2가 O에게 추근대었음을 전해들은 S_1은 극심한 분노로 부들부들 떤다. 이 단계에서 S_1은 S_2의 불순한 행위를 알게 된 인지적 주체와 이에 따라 불쾌한 기질적 변형을 일으키는 기질적 주체의 두 역할을 내포한다. S_1은 인지적 차원에서 기질적 차원으로 넘어가면서 극도의 불쾌감에 사로잡힌 주체가 되었다. 그리고 S_2가 O에게 추근대는 것은 자신이 <제외된 광경>으로, S_1은 스스로를 O와 이접의 양식 위에 귀착시켜 <현실화된 주체>가 된다.

(d) S_1이 측정되고 평가될 수 있는 관찰 가능한 정념적 사건을 만드는 단계다. S_1은 S_2에 대해 폭력을 가함으로써 신체적 표출을 드러낸다. 전 단계 정념화에서 S_2를 '죽일놈'이라고 생각한 S_1은 S_2를 보는 순간 S_2를 구타/하지 않을 수 없음/의 양태적 가상체를 투사하여 S_2를 발길로 거세게 걷어차 감정을 표출한다. 전 단계에서 S_2와 O가 연접 상태인 것이 이 단계에서는 이접 상태로 되는 반면, S_1과 O는 비이접 상태가 되어 주체는 <가능화된 주체>가 된다.

(e) 도덕화에서는 이제까지 정념 행로를 총괄적으로 평가하거나 평가받는다. 모든 정념은 품행이나 예절에 따라 판단되는데, S_1은 S_2의 행위에 대해 부정적인 평가("따로 매는맞을 날이 있을 터이니...")를 내림으로써 자신의 행위(S_2를 발길로 걷어참)를 정당화시킨다. 동시에 첫 번째 단계에서 일어난 긴장이 완전히

해소된다. 전 단계에서 S_1과 O의 비이접 상태가 이 단계에서는 연접의 상태가 되며, 주체는 <실현된 주체>가 된다. 주체의 존재적 가상체를 기호 사각형에 다음과 같이 투사할 수 있다.

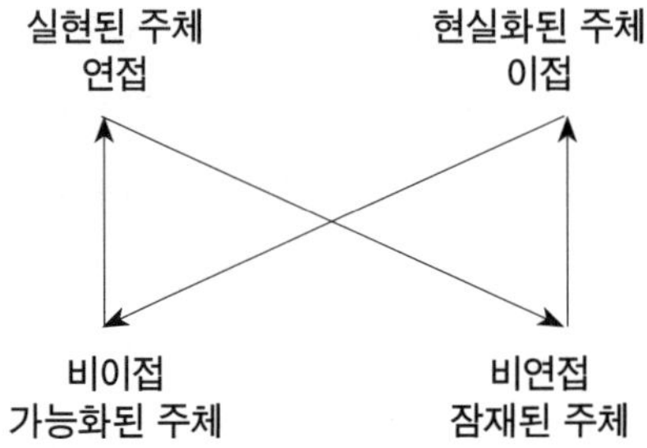

f. 한 번은 분이의 이야기를 하던 끝에 설희는,

"아주 떼내어 버려요."

하기에, 그때 역시 술기가 얼근하던 억쇠는, 농담삼아 또,

"그랬다가 자네마저 득보 놈이랑 어울려 버리면 어쩌라구."

했더니, 설희는 갑자기 낯빛이 파랗게 질리어 한참 앉아 있다가,

"나같이 팔자 험한 년이 앞으론들 좋기로사 바라겠소.....

그저 이 위에 더 팔자는 고치지 않을 작정..." (62)

인간의 감정은 언어적 발화 작용뿐 아니라 신체적 발화 작용으로도 표출될 수 있다. 신체적 표출은 일종의 형상적 약호로 표현된다. 위에서 설희의 얼굴빛이 파랗게 질리는 것은 강도 높은 감정 상태를 드러냄과 동시에 강한 부정의 의사 표현을 추론할 수 있게 해준다.

얼굴빛이 파랗게 질린 설희의 표정은 감정이 우선은 신체(여기서는 표정)와 관계된다는 것을 입증해 주고 있다. 서사 행위자가

파랗게 질린다는 것은 바로 발화 작용의 장소인 몸이 감정 표출을 책임진다는 것이다. 즉 언어적 고백에 앞서 신체적 고백이 확연히 드러난다. 이처럼 언어적 발화 작용이 있건 없건 신체적 표현은 느끼고 반응하는 하나의 발화 작용으로 간주할 수 있다. 설희는 자신의 얼굴 표정으로 감정을 표현하고 있으며, 이 같은 정념화된 주체의 신체적 발화 작용은 심상의 이야기로 분류할 수 있다.

g. 다음 대목은 정념적 거시 시퀀스에 적용되어 분석될 수 있다. 텍스트의 분할 기준은 거시 시퀀스가 되며, 시퀀스의 분할은 인용문에서 일련의 번호로 표시된다.

(a) 분이가 걸핏하면 득보의 이야기를 끌어 내는 것은 그녀의 마음이 거기 있는 까닭이요, (54)

....

(b) 억쇠와 득보 두 사람이 서로 겨루듯이 열을 내어 설희에게 다니기 시작한 뒤부터 분이의 낯빛과 거동엔 변화가 생겼다. 그녀는 전과 같이 수다스레 지껄이지도 노골적으로 입을 비쭉거리지도 않았다. 밤으로는 어디로 가 무엇을 하고 오는지 집안에 붙어 있지도 않다가, 낮이 되면 온종일 이불을 쓰고 잠을 자는 것이었다. 언제 어떻게 끼니를 치르는지 그녀는 거의 식음을 전폐하듯 하였다. 그녀의 낯빛은 이제 종잇장같이 되고, 입가에 언제나 뱅글거리던 웃음도 아주 흔적을 감추어 버렸다.

....

(c) 득보네 집에서 갑자기 싸우는 소리가 났다. 이윽고 분이의

비명 소리가 나고 그러고는 싸움 소리도 갑자기 그쳐 버렸다.

……….

(d) 그의 가엾은 설희는 그 뱃속에 또 하나 다른 생명을 넣고, 목에 푸른 비수가 꽂힌 채 그녀의 다난한 일생을 끝내고 말았다. 설희의 몸이 채 식기도 전에, 손과 소매와 치맛자락을 온통 피로 물들인 채, 분이는 다시 그 캄캄 어두운 홰나무 밑을 돌아 득보를 찾아가고 있었다.

……….

분이는 반무의식 상태에서 바른 손에 든 식칼로 어둠 속에 코를 골고 자는 득보의 목을 내리 찔렀다. 그러나 칼날은 그의 목을 치지 못하고 목에서 한 뼘이나 더 아래로 빗나가 그의 왼편 가슴을 찔렀다. (62~4)

(a) /~이어야 함/, /~임을 믿음/

분이(S_1)는 득보(O)에게 자신과 연접/이어야 함/과 연접/임을 믿음/을 투사한다. 이것은 O가 양태적 대상으로 변형되는 조작이다. 이와 같이 S_1은 4단계 시퀀스의 첫 단계인 배타적 애착관계의 정념적 역할을 대상에게 투사한다.

(b) /~이 아닐 수 있음/, /~임을 믿지 않음/

분이는 억쇠와 득보에 대해 배타적 소유를 요구하는 주체이다. 하지만 억쇠와 득보가 설희에게 다니기 시작한 후로 분이는 두 남자들에게 자신과 연접/이 아닐 수 있음/과 자신과 연접/임을 믿지 않음/을 투사한다. 즉 4단계 시퀀스의 두 번째 단계 의혹이 드리워진 애착의 정념적 역할이 등장한다.

S_1의 인지적 주체는 연적 설희(S_2)의 승리를 스스로에게 인

식시킴으로써(두 남자들이 경쟁하듯이 설희에게 다니므로), 자신의 또 다른 주체 기질적 주체에게 고통을 준다. 이처럼 S_1이 겪는 정신적 고통은 부정의 기질적 변형을 일으키는데, 이것은 반복상과 지속상 으로 나타난다.

S_1은 식음을 전폐하듯 하여 얼굴빛이 종잇장 같이 되고 입가에 웃음도 사라진 채, 삶의 희망과 의욕을 상실한 거의 절망적인 주체이다. 여기서 그 여자의 얼굴빛이 종잇장 같다는 것은 고뇌와 번민의 감정 상태를 신체적 발화 작용으로 표출하고 있는 것이며, 모든 행태의 변화는 두 대상에게 관심과 도움을 요청하는 필사적인 신호인 것이다.

분이가 질투를 느낀 더 큰 이유는 그 여자가 설희에 비해 사랑받을 만하지 않다는 사실이다. 분이는 임신을 하지 못했지만 설희는 임신하였고, 이런 사실은 그 여자의 자존심을 몹시 상하게 하였다. 분이가 자신감 있는 여자라면 억쇠와 득보가 설희에게 잠시 한 눈을 팔았다 해도 큰 문제는 아닐 것이다. 이 경우 분이 자신이 그들의 삶에 중요한 존재라는 사실을 의심하지 않을 것이다. 하지만 임신을 하지 못해 자신감을 상실한 분이는 가슴에 질투의 칼날을 맞았다. 그리하여 세 번째 단계 질투가 이어진다.

(c) /~일 수 없음/, /~이 아님을 믿음/

자신감의 상실은 질투의 감정을 일으키는 기초가 된다. S_1은 S_2에 대해 열등감을 느끼며 S_2가 대상을 차지하게 될 것을 두려워하여 괴로움에 사로잡힌 주체이다. 이런 이유로 S_1은 O와 심하게 싸워 O는 자신의 배타적 대상/일 수 없음/을 투사하고, 이로 인해 S_1은 O가 자신의 배타적 대상/이 아님을 믿음/을 확신하여, 질투적 위기의 정념적 역할이 작용한다.

가슴 깊이 질투의 칼날을 맞은 S_1은 자신을 불행하게 만든 S_2와 O에게 비수를 되돌리는 복수를 결심한다. 이처럼 그 여자는 질투, 시기심, 분노가 두루 섞인 무질서 상태에 놓여 있다. 결국 S_1은 자신을 배반한 사람을 비난하고 원망하는 가운데, 다음 단계인 폭력적이고 자멸적인 종말로 치닫게 된다.

(d) /~이기를 원함/, /~하기를 원함/

인간이 소유한 열정 가운데 질투는 가장 엄청난 폭력을 불러 오는 것이다. 불행한 S_1에게 유일한 해결책은 더 이상 대상을 사랑하지 않는 것, 즉 애착 관계를 끊는 것이다. 하지만 S_1은 여전히 O를 포기하지 못한다(/~이기를 원함/).

전 단계에서 S_1은 O와 비명 소리가 날 정도로 싸운 후, O를 S_2에게 빼앗겼다는 확신을 하고 증오심이 극에 달한다. 그래서 S_1은 자신을 불행에 빠지게 한 S_2와 O를 살해하고자 한다(/~하기를 원함/). 4단계 시퀀스의 마지막 단계 극심한 증오의 정념적 역할을 투사하여 S_1은 참을 수 없는 증오심으로 S_2를 살해하게 되는 것이다. 이것은 질투하는 주체가 가슴에 받은 비수를 가해자에게 되돌려 주는 복수의 일종이라 할 수 있으며, 다음과 같은 서사문으로 나타낼 수 있다.

$$F [S_2 \rightarrow (S_1 \cap O)] \rightarrow F [S_1 \rightarrow (S_2 \cap O)]$$

(S_1: 분이, S_2: 설희, O : 비수)

S_1은 S_2를 살해한 직후 O도 살해하고자 시도하지만 칼날은 빗나가고 만다. S_1은 O(억쇠와 득보)의 애정을 쟁취할 수 있는 S_2

의 능력을 질투하고, 두 남자가 자신에 대한 애정을 언제든지 타인에게 돌릴 수 있다는 사실에 시기심을 느낀다. 이렇게 S_1은 S_2와 O 모두를 시기하는 것이다. 따라서 S_1은 질투와 시기심이 뒤엉키고 적대감이 절정에 달한 상태로, 스스로를 제어할 수 없어 S_2뿐 아니라 O도 살해하고자 한 것이다.

그리고 S_1분이는 멀리 떠나 스스로 목숨을 끊는다. 이처럼 그 여자는 질투와 비극을 상징한다. S_1의 위협은 먼저 S_2인 설희와 O인 득보에게로 향했고, 그것은 다시 자신에게 되돌아와 자살로 나타났다고 할 수 있다.

2. 『감자』

1925년 조선 문단 4호에 발표된 짧은 형식의 단편 소설이다. 『감자』[20]는 복녀라는 가난하지만 정직한 농가에서 자란 여인이 환경의 영향을 받아 타락해 가는 과정을 그린 것으로, 인간의 부정적이고 어두운 면을 적나라하게 표현하였다.

2.1. 줄거리

복녀가 태어날 당시 아버지는 선비였는데 농민으로 전락하여 그 여자는 가난하게 성장한다. 그 여자 나이 열 다섯 살 때 스무살이나 많은 홀아비에게 팔려 시집을 간다. 게으른 남편의 행보로 인하여 그 여자의 삶은 황폐하게 전락해 간다.

최초의 부정은 타율적인 것이었으나, 복녀는 비정상적인 길에 접어들면서 기존의 가치관인 도덕관과 윤리관에 변화를 갖게 된다. 이러한 것은 빈민구제사업의 감독관과 도덕적 타락에 빠지면서부터 시작된다.

그 후 복녀는 왕 서방네 밭에서 감자(고구마)를 훔치다 들켜 그에 의해 타락하게 된다. 가난에서 오는 경제적인 조건을 타개하기 위해 왕 서방과 계속 만나던 중, 왕 서방이 처녀를 얻어 혼인하려 하자 복녀는 심한 질투심을 느끼게 된다. 마침내 질투심 때문에 왕 서방을 죽이려고 낫을 가지고 덤벼들다가 오히려 그녀가 살해된다. 왕 서방은 그녀의 죽음을 남편과 한의사에게 돈으로 매수하여 뇌일혈로 처리한 후 공동묘지에 매장한다.

2.2. 분석

복녀가 처녀에 대해 질투를 느끼는 대목을 거시 시퀀스와 미시 시퀀스로 분석하고자 한다. 그래서 텍스트의 분할 기준은 거시 시퀀스와 미시 시퀀스가 되며, 다음 인용문에서 거시 시퀀스의 분할은 (1), (2), (3)으로, 미시 시퀀스의 분할은 (3.1), (3.2), (3.3), (3.4), (3.5)로 표시된다. 행위소 장치에 있어서는 복녀가 질투하는 주체(S_1), 처녀가 연적(S_2), 왕 서방은 대상(O)이 된다.

(a) 그 뒤부터 왕 서방은 무시로 복녀를 찾아왔다. … 왕 서방이 분주하여 못 올 때가 있으면 복녀는 스스로 왕 서방의 집까지 찾아갈 때도 있었다.

(b) 그 겨울도 가고 봄이 이르렀다.
그때 왕 서방은 돈 백 원으로 어떤 처녀를 하나 마누라로 사오게 되었다. …
"복녀, 강짜하갔구만."
동네 여편네들이 이런 말을 하면 복녀는 흥하고 코웃음을 웃곤 하였다.

(c.1) 내가 강짜를 해? 그는 늘 힘있게 부인하곤 하였다. 그러나 그의 마음에 생기는 검은 그림자는 어찌할 수가 없었다.

(c.2) "이놈, 왕 서방, 네 두고 보자." …

(c.3) 마침내 색시가 오는 날이 이르렀다. 칠보 단장에 사인교를 탄 색시가 칠성문 밖 채마밭 가운데 있는 왕 서방의 집에 이르렀다.…
다른 중국인들은 새벽 두 시쯤 하여 돌아가는 것을 보면서 복녀는 왕 서방의 집안에 들어갔다. 복녀의 얼굴에는 분이 하얗게 발리어 있었다.

신랑 신부는 놀라서 그를 쳐다보았다. 그것을 무서운 눈으로 흘겨보면서 그는 왕 서방에게 가서 팔을 잡고 늘어졌다. 그의 입에서는 이상한 웃음이 흘렀다.

"자, 우리 집으로 가요."

왕 서방은 아무 말도 못하였다. 눈만 정처없이 두룩두룩하였다. 복녀는 다시 한 번 왕서방을 흔들었다.

"자, 어서."

"우리 오늘 밤 일이 있어 못 가."

"일은 밤중에 무슨 일?"

"그래두, 우리 일이....."

(c.4) 복녀의 입에 아직껏 떠돌던 이상한 웃음은 문득 없어졌다.

"이까짓 것!"

그는 발을 들어서 치장한 신부의 머리를 찼다.

"자, 가자우, 가자우."

왕 서방은 와들와들 떨었다. 왕 서방은 복녀의 손을 뿌리쳤다. 복녀는 쓰러졌다. 그러나 곧 일어섰다. 그가 다시 일어설 때는, 그의 손에는 얼른얼른하는 낫이 한 자루 들리어 있었다.

"이 되놈, 죽어라, 이놈, 나 때렸디! 이놈아, 아이구 사람 죽이누나."

그는 목을 놓고 처울면서 낫을 휘둘렀다. 칠성문 밖 외딴 밭 가운데 홀로 서 있는 왕 서방의 집에서는 일장의 활극이 일어났다. 그러나 그 활극도 곧 잠잠하게 되었다. 복녀의 손에 들리어 있던 낫은 어느 덧 왕서방의 손으로 넘어가고, 복녀는 목으로 피를 쏟으면서 그 자리에 고꾸라져 있었다. …

(c.5) 사흘이 지났다.

밤중 복녀의 시체는 왕 서방의 집에서 남편의 집으로 옮겼다. … 왕서방은 말없이 돈주머니를 꺼내어 십 원 지폐 석 장을 복녀의 남편에게 주었다. 한방 의사의 손에도 십 원 짜리 두 장이 갔다.

이튿날 복녀는 뇌일혈로 죽었다는 한방의의 진단으로 공동묘지로 가져갔다.

(a) 복녀(S_1)는 왕 서방(O)에게 자신과 연접/이어야 함/과 자신과 연접/임을 믿음/을 투사한다. 이것은 O가 양태 대상으로 변형되는 조작이다. 이와 같이 S_1은 거시 시퀀스(4단계 양태 결합 시퀀스) 첫 단계 배타적 애착의 정념적 역할을 대상에게 투사한다.

(b) S_1은 O에 대해 배타적 소유를 요구하는 주체이다. 즉 S_1은 자신 만이 O를 차지해야 하며 그를 타인과 공유하기를 거부한다. 하지만 O가 어떤 처녀를 마누라로 사오게 된 이후, S_1은 O에게 자신과 연접/이 아닐 수 있음/과 자신과 연접/임을 믿지 않음/을 투사한다. 즉 거시 시퀀스 두 번째 단계 의혹의 그림자라고 하는 정념적 역할이 등장한다.

(c) 거시 시퀀스 세 번째 단계는 질투적 위기의 정념적 역할이 등장하는데, 미시 시퀀스 (정념 도식)가 삽입되는 단계이다.

(c.1) 미시 시퀀스 첫 단계는 정념 도식의 형성화로 담화에서 정념적 주체가 최초로 드러나는 상황이다. S_1은 동네 여편네들이 자신이 강짜를 하겠다고 말하면 늘 부인하곤 했지만, 그의 마음에 싹트는 검은 그림자는 어찌할 수가 없었다. 이로부터 연이어 겪게 될 모든 감정의 근원 정념적 형성화가 S_1에

게 처음으로 형성된다. 또한 긴장의 영역이 설정되어 행로 전체의 긴장적 스타일이 규정된다. S_1은 S_2가 자신보다 우세할 것이라고 상상하며 스스로 가치를 하락시켜 불안감에 사로잡히는데, 긴장적 주체 S_1은 불안한 상태로 선조건 층위 변조에 잠긴 주체이다.

(c.2) 미시 시퀀스 두 번째 단계는 정념 도식의 장치화이다. O가 어떤 처녀를 마누라로 사오게 되었을 때, S_1의 자존심은 몹시 상했다. 자존심의 상실은 질투의 감정을 일으키는 기초가 된다.S_1은 S_2에 대해 열등감을 느끼고, S_2가 O를 차지하게 될 것을 두려워하며 괴로움에 사로잡힌 주체이다. 여기에서 정념화된 주체 S_1은

/~임을 원치 않음/(S_2와 O가 연접임을 원치 않음)
/~이어서는 안됨/(S_2와 O가 연접이어서는 안됨)
/~일 수 있음/(S_2와 O가 연접일 수 있음)
/~임을 앎/(S_2와 O가 연접임을 앎)

양태 상관관계의 결실과 그것이 일으키는 긴장의 결실로 감성적 효과가 표출되는데, 이 경우 검은 그림자는 네 가지 양태의 결합 혹은 충돌이 정념의 효과로 되어 표출된 것이라고 말할 수 있다.S_1은 O를 가만두지 않을 것을 다짐한다("이놈 왕 서방 네 두고 보자").

(c.3) 미시 시퀀스의 세 번째는 정념 도식의 정념화 단계이다.

의심을 품은 S_1은 연적과 대상 둘 만이 함께 있는 것을 실제로 목격함으로써 둘 사이의 관계를 확인하게 되어 괴로운 감정에 도달한다. 왕 서방 집 방안의 동정을 듣고 있다가 다

른 중국인들이 새벽 두 시 쯤 돌아가는 것을 보고, S_1은 신랑 신부 둘 만이 있는 방에 들어간다. S_1은 O가 자신의 유일한 남자/일 수 없음/을 확인하게 된 인지적 주체와 이에 따라 불쾌한 기질적 변형을 일으키는 기질적 주체의 두 가지 역할을 내면에 간직한다. 즉 S_1은 인지적 차원에서 기질적 차원으로 가면서 극도의 불쾌감에 사로잡힌 주체가 되었다.

(c.4) 미시 시퀀스 네 번째 단계는 정념 도식의 정동화이다. S_1은 관찰되고 평가될 수 있는 정념적 사건을 만든다. S_1은 이상한 웃음을 흘리며, O에게 자신의 집으로 가자고 한다. O가 오늘 밤에는 못 간다는 말을 하자, S_1은 치장한 신부 S_2에게 발길질을 하며 낫을 휘두른다.

질투는 매우 엄청난 폭력을 일으킨다. S_1은 "이 되놈, 죽어라, ..." 하며 목을 놓고 처울면서 낫을 휘둘렀다. S_1과 O 사이에 일장의 활극이 일어났고, S_1의 낫은 O 의 손으로 넘어가 S_1은 그가 휘두른 낫에 살해된다.

(c.5) 미시 시퀀스 다섯 번째 단계 도덕화에서는 정념 행로를 총괄적으로 평가하거나 평가받는다. 모든 정념은 품행이나 예절에 따라 판단되는데, S_1은 부정적이고 비윤리적 삶을 살다 결국은 살해되는 벌을 받는다. S_1이 살해되므로 거시 시퀀스의 마지막 단계 사랑 혹은 증오는 생략된다.

3. 『고해성사』[21]

3.1. 줄거리

프랑스 노르망디 지방의 귀족 자매를 다루고 있다. 자매는 넉넉한 환경에서 살고 있음에도 모두 불행하였다. 여주인공 마르그리트는 언니 쉬잔의 약혼자(앙리 드 상피에르)를 몹시 사랑한 나머지 언니에 대해 강한 질투심을 느껴 결국 그를 죽게 만든다. 약혼자가 죽은 후, 언니 쉬잔은 결혼하지 않고 독신으로 살아가며, 마르그리트도 또한 결혼하지 않은 채 처녀로 늙는다. 하지만 동생 마르그리트는 언니의 약혼자를 살해했다는 지독한 고문 속에 일생을 살아가며, 언니보다 더 빨리 늙고 질병에 시달리다 결국 불행한 삶을 마친다. 그 여자는 죽기 전 자신의 죄를 언니에게 고백함으로써 용서를 받는다.

기호학적으로, 언니 쉬잔은 도덕적 주체 동생 마르그리트는 비도덕적 주체인데, 동생은 언니보다 더 불행한 삶을 살아간다. 이 작품은 비도덕적 주체는 도덕적 주체와 비교하여 훨씬 더 불행할 수밖에 없다는 메시지와 죽음 앞에서 용서라는 화합의 메시지를 담고 있다.

3.2. 분석

동생 마르그리트가 언니 쉬잔에 대해 질투심을 느끼는 대목의 분석에서 S_1은 동생, S_2는 연적인 언니, O (S_3)는 대상 혹은 사랑받는 주체인 언니의 약혼자를 가리킨다.[22]

텍스트의 분할 기준은 거시 시퀀스가 된다.

(a) "내가 그를 보았을 때, 나는 완전히 반해버렸어. 정말 미남이라고 생각했어. … 나는 그 사람 생각만 했어. 나는 아주 작게 불러보았어. 앙리, 앙리 드 상피에르! 라고.

(b) 그 이후 그가 언니와 결혼할 거라고들 하더군. 정말 슬펐어. 아! 큰언니..... 정말 슬펐어..... 나는 사흘 밤을 한숨도 못잔 채 울었어. … 언니가 그에게 만들어 준 케이크를 그는 매우 좋아했어. '맛있네요' 라고 말하곤 했지. …

(c) 나는 질투를 느꼈어, 질투를! 어느 날 저녁 … 환한 달빛 아래 … 그 큰 전나무 아래에서 그 사람이 언니에게 키스를 했지. … 나는 언니와 그 사람을 지켜보았어. 거기 화단 안에 있었거든. 나는 너무도 화가 났어.

(d) 그리고 생각했지. "그 남자는 쉬잔하고 결혼 못해 절대로! 누구하고든 결혼 못해. 그러면 내가 너무 불행해지니까..." 그러다가 갑자기 나는 그를 지독하게 증오하기 시작했어. … 그 다음 날 언니가 작은 케이크를 만들었을 때, 나는 칼로 그것들을 잘라 그 속에 유리 가루를 넣었어. 그는 그것들을 세 개 먹었어. … 그리고 죽었어.

(a) 정념화된 주체의 변화 과정을 펼치는 담화의 분석에서 행위소 역할의 불안정성과 상호 교환성을 볼 수 있다.

첫 문장에서 S_1은 O에 완전히 반해서 주체가 대상이 되는 행위소 역할의 교환이 이루어지고 있다. 주체는 대상에 대한 애착이 강할수록 대상과 일체가 되기 쉽다. 이것은 애착의 높은 강도가 행위소의 분화를 중화시킨다는 긴장적 용어로 표현될 수 있다. 선조건 층위 혼융의 작용으로 선주체는 선대상과의 분화를 중단시켜 선주체에 선대상을, 혹은 선대상에 선주체를 부여하여 둘이 일체가 되도록 함으로써 융합의 상태가 된다. 대상에게 반하여 그 속에 푹 빠지는 심미적 감동의 주체는 심미적 행위의 대상이 될 수 있다. 자신을 사랑하는 대상에 동일시하여 상대방이 되고 싶을 때는 주체가 대상이 되는데, 대상에 애착하는 주체는 자신의 완전한 총체가 이 대상에 바쳐지게 될 주체라 할 수 있다.

주체 S_1은 대상이 미남이라는 인지적 행위를 통해 가치 대상을 인정하는데, 이것은 기질적 행위의 하위 프로그램이다. S_1은 사랑 받는 대상에게 자신과 연접/이어야 함/과 자신과 연접/임을 믿음/을 투사함으로써 O가 양태 대상으로 변형되는 조작을 볼 수 있다. S_1은 '4단계 양태 결합 시퀀스' 첫 단계 '독점적 애착 관계'의 정념적 역할을 대상에게 투사한다.

(b) 그러나 S_1의 이러한 양태 투사는 공유적 총체를 주장하는 가상체라 할 수 있는 다른 잠재적 소유자(S_2)의 가상체를 동시에 만들면서, S_1은 대상과 연접 양태화의 효과를 S_2로 이동시키고 불쾌감의 변형을 한다.(<그가 언니와 결혼할거래. 정말 슬펐어>)

그가 언니와 결혼할 것이라는 소문을 듣고 S_1은 O에게 자신과 연접/이 아닐 수 있음 /과 자신과 연접/임을 믿지 않음/을 투사한다. 4단계 양태 결합 시퀀스의 두 번째 단계 '막연한 의혹'의 정념적 역할이 등장한다.

주체가 인지적 차원에서 기질적 차원으로 이동하는 것은 고통을 느끼는 독점적 주체의 관점에서 이해된다. 독점적 주체는 대상이 연적과 결혼할 것임을 알리는 인지적 주체를 받아들여 기질적 주체에게 부정의 기질적 변형을 일으킴으로써 정신적 고통을 받는다. 이런 정신적 고통은 반복상과 지속상

으로 나타난다.(<나는 사흘 밤을 꼬박 울었어>)

(c) 대상이 연적을 칭찬할 때 질투하는 주체는 참을 수 없는 질투를 느낀다. S_1은 S_2가 만든 케이크를 O가 맛있다고 칭찬을 하자 S_2에 대해 심한 질투를 느낀다.

질투에서 괴로움은 질투자에게 실패의 확신을 주는 /~이 아님을 믿음/에 기반을 두며, 괴로움을 일으키는 조작인 괴롭히다faire-souffrir를 전제로 한다. 질투의 경우 기질적 변형은 주로 인지적 성격으로 되어 있다. 이 변형은 실제로 주체의 독립성에서 기인하는 /~일 수 없음/을 나타내는 어떤 이미지, 우연한 광경을 매개로 한다. 지식의 대상일뿐 아니라 믿도록 하는 주체의 역할을 하는 우연한 광경은 S_1에게 자신의 불운을 납득하게 하며 불쾌감의 변형을 일으킨다.

S_1은 O가 S_2에게 키스하는 것을 목격함으로써 자신은 O와 연접/일 수 없음/과 자신은 O와 연접/이 아님을 믿음/을 투사하여, 4단계 양태 결합 시퀀스의 세 번째 단계 '질투적 위기'의 정념적 역할이 등장한다.

(d) 질투하는 주체의 역할은 두 가지 구별되는 주체, 애착관계와 독점적 소유의 주체를 포함한다. 애착관계의 영속성과 독점적 소유의 여러 사건에 대한 저항은 정념이 괴로움을 지속시키기 위한 조건이다.

불행한 S_1에게 유일한 해결책은 더 이상 O를 사랑하지 않는 것, 애착관계를 단절하는 것이지만, 그 때까지 자신이 원하는 것이면 무엇이든지 했던 S_1은 O를 포기하지 못한다. S_1은 O를 S_2에게 빼앗긴다는 확신이 서자, 자신을 패배시키고 불행하게 만드는 O를 몹시 증오하게 되어 그를 죽이고 싶어 한다(/~이기를 원함/, /~하기를 원함/). 4단계 양태 결합 시퀀스의 마지막 단계 '극심한 증오'의 정념적 역할이 등장하여, S_1은 지독한 증오심으로 O를 독살하게 된다.

4. 『적과 흑』

4.1. 줄거리

주인공 줄리앙 소렐은 목수의 아들로, 베리에르 시장 레날씨 자녀들 가정교사로 들어간다. 그 집에서 그는 아름다운 레날씨 부인과 사랑을 하게 된다. 그들의 사랑이 깊어지고 이 사실이 탄로 나자, 줄리앙은 파리로 도망친다. 그 곳에서 그는 라 몰 후작의 비서로 들어가 후작의 신임을 얻게 된다. 그는 후작의 딸 마틸드와 사귀는 것만이 출세하는 길이라 생각하고, 온갖 술책을 동원하여 교만한 그녀의 마음을 사로잡는다. 둘의 결혼식이 거행되려 하고 줄리앙은 지상 목적인 권력 획득과 고관직을 머지않아 얻게 될 참이었다.

그러나 줄리앙은 그들의 결혼에 과거에 있었던 레날 부인과 사랑이 걸림돌이 되는 것으로 생각하고, 어느 날 교회당에서 그녀에게 권총 두 발을 쏜다. 이 사건으로 그는 체포되어 유죄 선고를 받고 사형을 당한다. 하지만 한 순간도 그의 영혼이 나약해진 적은 없었다. 그가 죽었다는 소식을 들은 레날 부인도 심신이 매우 허약해져 죽고 만다. 마틸드는 줄리앙을 호사스레 묻어 준다.

4.2. 분석

『적과 흑』 제 2부 18장[23)]과 30장[24)]을 분석할 것이며[25)], 이 대목에서는 줄리앙과 마틸드가 서로 번갈아가며 질투하는 주체와 대상이 되고 있다. 28장에서는 줄리앙이 질투자이고 마틸드가 대상인 반면, 30장에서는 마틸드가 질투자이고, 줄리앙이 대상이다.

a. 다음은 제2부 18장에서 인용한 것으로, 여주인공 마틸드를 사랑하는 주인공 줄리앙이 그녀가 남자 친구들에게 품었던 일시적 애정에 대해 무한한 질투를 느끼는 반면, 마틸드는 줄리앙의 이런 고뇌에 대해 내심으로 즐거움을 느끼는 대목이다. 여기에서 질투하는 주체(S_1)는 줄리앙, 연적(S_2)은 남자 친구들, 대상(O, S_3)은 마틸드인 삼각형이 성립된다.

> (a) 뭐라고요? 케일뤼스씨에게도요? 줄리앙은 외쳤다. 버림받은 애인의 쓰라린 질투가 이 말 속에 모두 스며 있었다. 마틸드는 이것을 알아차렸지만 조금도 기분이 상하지 않았다. …
>
> (b) 줄리앙은 마틸드가 아직도 눈에 선한 것을 생생하게 표현하고 있는 것 같았다. 말을 하면서 그 여자가 자신의 마음속에 있는 것을 찾아내고 있음을 깨닫고 괴로웠다. 질투의 고통은 극도에 달했다. 연적이 여전히 사랑 받고 있으리라는 의심부터가 상당한 고통이었는데, 자기가 사랑하는 여인에게서 그 연적에 대해 불러일으켜진 애정이 세심히 고백되는 것을 보는 것은 아마도 엄청난 괴로움이었을 것이다.
>
> (c) 케일뤼스, 크루아즈놔에 대한 자신의 우월을 믿고 있던 줄리앙의 자존심은 그 순간 얼마나 타격을 받았을까?

(a) 사랑은 점점 깊어가는데 대상이 다른 사람들의 사랑을 받을 때, 주체는 대상에 대해 배타적으로 되며, 다른 사람들에 대해서는 질투를 느낀다. 공격적이고 불쾌하기까지 한 질투의 표출은 애착을 전제함으로써 이루어지며, 애착의 강도는 대

상에 대한 주체의 투사 정도에 비례하여 나타난다. 이것은 감정의 강도뿐 아니라 배타적 소유의 욕구와도 관련된다.

마틸드(O)가 줄리앙(S_1)에게 과거에 사귀었던 애인 얘기를 한 것은 그 여자가 그에게 질투심을 일으키기 위해 조작한 것으로, 그 여자는 조작 주체이다. 조작 주체(S_3)와 조작된 주체(S_1)의 역량(/하게 하다[faire-faire]/)에 정념적 역할을 대치하는 것은 정념 조작의 특징이다. 그러므로 /하게 하다/에 조작된 주체에게는 /고통을 느끼게 하다[faire-pâtir]/, 그리고 조작 주체에게는 /즐거움을 느끼게 하다[faire-jouir]/를 대립시킬 수 있다.

조작 주체는 조작된 주체에게 기질적 계획을 실현하도록 하기 위해 그를 정념화 한다. S_3가 연적과 연접/일 수 있음/은 S_1만이 대상과 연접/이어야 함/으로 변형되어 S_1은 그렇지 못한 상황으로 괴로움을 느낀다. 이처럼 애착의 주체는 괴로운 소외감을 느끼는 주체가 된다.

반면에 S_3의 /즐거움을 느끼게 하다/는 S_1의 /~이어야 함/을 S_3의 /~일 수 있음/으로 변형시키는 것이며, 쾌감을 S_3의 양태화에 투사하는 것이다. 즉 S_1의 '자신만이 대상과 연접/이어야 함/'을 S_3는 'S_1뿐 아니라 S_2와도 연접/일 수 있음/'으로 변형시킴으로써 S_3는 쾌감을 느낀다. 그러므로 애인이 하는 질투는 여자들의 기분을 좋게 하며, 그 여자들의 자만심을 일으킨다. 이처럼 질투하는 주체 자신에 의한 역량의 평가는 사랑의 발생 시에 자신보다 대상을 우세한 입장에 놓으며, 질투의 순간에는 이런 입장을 재확인하게 된다.

(b) 주체 S_1은 대상 O에 정념적으로 애착심을 가질 때부터 대상에 종속된다. 기질적 차원에서 마틸드(O)에 애착하는 줄리

앙(S_1)의 기질은 완전히 그 여자에게 달려 있다. 따라서 대상은 기질적 조작 주체이다. 질투에서 주체와 대상 두 행위소 간에 양태화의 분배는 /~이기를 원함 혹은 존재-의지/를 소유하고 있는 것이 S_1이며, /~일 수 있음 혹은 존재-능력/을 소유하고 있는 것은 O라 할 수 있으므로, 질투에서는 대상이 능력주체가 된다.

정념의 상호작용은 정념적 분리 작용에서 생기는 가상체 안에서 작용한다. 질투하는 주체 S_1은 사랑하는 대상 O와 연적과의 관계에 대해 정념적 가상체를 만들며 이런 가상체의 내부에서 상호작용이 이루어진다. S_1의 의구심 있는 애착은 가상체 안에서 <그녀가 아직도 눈에 선한 것을 생생하게 표현하고 있다>는 것을 상상하면서 쓰라린 감정 을 느낀다.

질투하는 주체는 애착의 주체일 뿐 아니라 배타적 소유의 주체이다. 불변의 애착과 다양한 사건을 겪는 배타적 소유는 질투의 정념이 계속 괴로움을 겪는 조건이 된다. 이와 같이 질투하는 주체의 행로에서 괴로움은 거의 불변이지만, 괴로움의 근원, 강도, 결과는 각 단계마다 변화한다.

S_1은 O에게 애착하고 있으므로 O를 신뢰하는 동시에 '연적이 여전히 사랑받고 있으리라고 의심'함으로써 O를 불신하고 있다. 이와 같이 신뢰하면서도 불신하는 S_1의 상태는 긍정인 동시에 부정인 일종의 동요의 상태이며, 불안한 주체이다. 여기에서 긴장적 변조는 감의 덩어리를 동요시키며, 신뢰와 불신은 발랑스가 희미하게 모습을 나타내는 긴장적 변조의 총체 혼융으로부터 드러난다. 변조의 이산화와 범주화가 이루어질 때 혼융은 신뢰적 차원으로 전환된다.

S_1은 O와 S_2사이에 또 다른 연접의 가상체를 투사하면서 몸

시 괴로워한다. 질투의 기본 장면은 연적과 대상의 양태화된 접합의 장면이며 질투하는 주체는 관찰자로 접합의 관계에서 제외된다. 연적은 질투하는 주체가 부여하는 역할만을 할 뿐으로, S_2는 S_1이 투사하는 가상체에 불과하다. 눈앞에서 펼쳐지는 사건에 대해서까지도 행위자들은 S_1이 마음대로 투사하고 배치하는 가상체일 뿐이다. S_1인 줄리앙은 O인 마틸드가 <그의 연적에게 사랑받고 있으리라>는 가상체를 세우면서 극도의 질투에 사로잡힌 긴장적 주체이다.

(c) 질투는 연적의 가치가 인정된 고백과 같으며, /~하지 않을 수 없음/으로 양태화된 고백을 내포한다. 질투하는 주체는 연적이 능력 있고 가치 있는 사람이라는 것을 인정하며 자신보다 우월하므로 대상을 차지/하지 않을 수 없음/을 투사하면서, 연적에게 대상을 빼앗기게 될 것을 두려워한다. 그러므로 질투자 S_1의 열등감, 연적에 대한 가치의 인정은 전제된 암시적 메시지인 동시에, 그가 대상을 잃을 것이라는 두려움은 명시적 메시지이다.

자존심이란 원래 자신의 역량의 과대평가 상에 놓여 있는 것이다. S_1은 처음에는 긍정적으로 자신을 과대평가했으나, 나중에는 자신의 판단이 잘못되었다고 생각하며 스스로 멸시하고 있다. 질투하는 주체 S_1은 전제된 양태(S_1은 S_2보다 우월/해야 함/) 나 혹은 자신과 연적의 역량과 가치를 비교함으로써, S_1은 S_2보다 우월/할 수 없음/을 확인하며 자신의 자존심을 비난하거나 멸시한다.

b. 제2부 30장에서 주인공 줄리앙은 자신이 비서로 있는 라 몰

후작의 딸 마틸드를 차지하려고 애쓰며 러시아 사람 코라소프의 충고에 따라 계략을 쓴다. 그는 일부러 페르바끄 원수 부인에게 애정을 품고 있는 것처럼 꾸며, 자존심이 강한 마틸드의 질투심을 불러일으킨다. 아래에서는 앞의 인용문과는 달리, 질투하는 주체(S_1)는 마틸드, 연적(S_2)은 페르바끄 원수 부인, 대상(O, S_3)은 줄리앙인 삼각형이 이루어진다.

(a) (마틸드)는 자신이 얼마나 그(줄리앙)를 사랑하고 있는지 그에게 보여주기 위해서

(b) 내(줄리앙)가 원수 부인에게 애정을 느낄 수도 있습니다만…"

(c) 마틸드는 몸을 떨었다. 그 여자의 눈에는 이상야릇한 빛이 돌았다. 이제 곧 자신에 대한 판결을 들으려는 순간 같았다. 줄리앙은 마틸드의 이러한 동요를 조금도 놓치지 않았다.

(d) … "그것은 미칠 듯한 제 사랑과 당신에게서 버림받으면 제가 겪을 엄청난 불행입니다." 그 여자는 그의 두 손을 꼭 잡고 그에게로 몸을 돌리며 말했다.

질투의 분석 도구 중에서 4단계 양태 결합 시퀀스에 적용하여 보면,

(a) 마틸드는 줄리앙을 사랑하고 있다. 주체 S_1은 대상 O가 그 여자의 애인/이어야 함/과 그 여자의 애인/임을 믿음/을 투사한다. 즉 S_1은 배타적 애착관계의 정념적 역할을 O에게 투사하는 반면, S_2에게는 O의 애인/이 아니어야 함/을 투사한다.

(b) O가 S_2에게 관심을 보임에 따라, 질투하는 주체 S_1은 O가 자신의 애인/이 아닐 수 있음/과 O가 자신의 애인/임을 믿지 않음/을 투사한다. 따라서 막연한 의혹의 정념적 역할이 등장하는데, 이 경우 S_1은 S_2에게는 O의 애인/일 수 있음/을 투사한다.

S_1의 감정은 기질적 변형에서 비롯되는 괴로움으로 긴장적 용어로 말하자면 불쾌한 상태이다. 괴로움은 양태 시퀀스에서 S_1의 실패에 대한 확신을 주는 /~이 아님을 믿음/에 기반을 둔다. 질투의 경우 기질적 변형은 인지적 성격으로 되어 있으므로 S_1은 기질적 뿐 아니라 인지적 변형을 하고 있다. 위의 인용문에서 O가 <S_2에게 애정을 느낄 수도 있다>고 S_1에게 한 말은 지식의 대상과 동시에 /믿게 하는/ 주체의 역할을 하는 것이며, 또한 S_1에게 그녀의 불행을 납득시키는 불쾌한 기질적 변형을 일으켜서, 주체는 긴장적 주체가 되어 재연동작용을 한다. 여기에서 기질적 변형은 변형의 결과로 나타나는 상태(괴로움), 조작(S_3의 발언), 조작자(현장의 행위자)와 상태 주체(괴로워하는 질투의 주체)를 내포한다. O의 발언은 확실한 증거의 역할을 하며 S_1의 의혹에 확신을 준다. 이것을 신뢰 → 의혹 → 불신을 나타내는 기호 사각형에 놓을 수 있다.[26)]

(c) O는 S_2에게 <페르바끄 원수 부인에게 애정을 느낄 수 있다>고 말함으로써 S_1은 O의 애인/일 수 없음/과 S_1은 O의 애인/이 아님을 믿음/을 투사한다. 즉 질투적 위기의 정념적 역할이 작용한다. 반면에 S_1은 S_2에게는 O의 애인/임을 믿음/의 가상체를 투사한다.

또한 S_1의 기질적, 인지적 역할은 신체적이며 심적인 자세나 행태가 혼합된 형상소적 성격으로 표현되고 있다. S_1의 다시 솟아나는 사랑은 페르바끄 원수 부인(S_2)에 대한 질투를 전제한다. 인용된 텍스트에서 S_1의 질투는 노골적으로 드러나 직접 관찰할 수 있는 행태나 자세로 표출된다. S_1은 질투에 사로잡힌 주체에게서 가능한 몸짓과 표정을 표출하고 있다.(<마틸드는 몸을 떨었다. 그녀의 눈에는 이상야릇한 빛이 돌았다>)

(d) 마침내 질투에 떠는 긴장적 주체 S_1은 재연동화되어 그전보다 더욱 더 O를 사랑하게 된다. 이처럼 O는 S_1을 사랑의 노예로 굴복시킴으로써 O의 계략은 성공한다. 시퀀스의 마지막 단계에 나타나는 /~이기를 원함/과 /~하기를 원함/은 정념화된 주체의 총동원을 전제로 하는데, S_1은 S_2에게는 그의 애인/이 아니기를 원함/을 투사한다.

≪ 맺음 말 ≫

기호학은 세계의 모든 사실에 대한 우리의 이해 방식을 변형시킬 것이라는 기호학자 에노의 말처럼 질투의 기호학적 분석은 기존과는 다른 고찰 방식이다. 우선 그레마스와 퐁타닐은 어휘 의미적 접근으로 질투에 내재된 의미 구조를 과학적으로 정교하게 밝혔다. 그 다음에 정념은 합리적인 정신 작용으로 통사적 구조를 지니고 있다는 전제 하에 질투의 통사적 구성을 세밀히 살펴보았다. 질투 모형의 초안을 알아보고, 통사적 구성 요소인 불안, 의혹과 불신을 여러 가지 모형과 더불어 설명하였으며, 거시 시퀀스와 미시 시퀀스를 제시하였다. 그리고 이런 분석 도구와 개념 장치를『황토기』,『감자』,『고해성사』,『적과 흑』에 적용하고 분석하여 질투의 구조를 발견할 수 있었으며, 이같은 구조가 프랑스의 문학 텍스트와 사회·문화적 차이가 있는 우리나라 문학 텍스트에도 적용이 가능하다는 것을 알 수 있었다. 질투의 구조라 할 수 있는 4단계 양태 결합 시퀀스, 신뢰의 표준 통사 행로, 거시와 미시 시퀀스는 각각 하나의 뼈대와 같은 것이다. 분석한 텍스트는 이 같은 뼈대로서 질투 구조 위에 다양한 살을 붙인 것이라 생각한다.

『감자』는 거시와 미시 시퀀스로 분석할 수 있는 독특한 구조를 지니고 있다. 그러나『황토기』는 거시 시퀀스의 세 번째 단계에 미시 시퀀스를 삽입하여 분석하는 것이 적합하지 않았다. 하지만 두 시퀀스를 개별적으로 적용하는 것은 가능하였고, 사실 이것이 비교적 보편적인 구조라고 할 수 있다. 억쇠의 질투는 정념 도식 5단계에 일치할 뿐 아니라, 존재적 가상체의 기호 사각형에도 적용 가능하였다. 그리고 분이의 질투는 거시 시퀀스로 분석할 수 있었으며, 4단계 양태 결합 시퀀스에 일치되는 것을 알 수 있었다.

이밖에도 신체 언어로 분석할 수 있는 표현이 다양하게 표출되어 있다. 설희의 경우 강한 부정을 나타낼 때 얼굴빛이 파랗게 질리는 것과, 분이의 얼굴에 그믐달빛 같은 독기가 서리는 것, 그리고 그 여자가 고뇌와 번민으로 안색이 종잇장 같이 되는 것에 주목할 수 있다. 이처럼 감정이 안색으로 드러나는 것과 같은 신체적 발화 작용은 앞으로 계속 수행해야 할 과제라고 생각한다.

미주

1) 홍정표, 「김동리의 단편 소설 『황토기』에 나타난 질투의 기호학적 분석」, 『기호학 연구』 제22집, 한국기호학회, 2007. 12 수정 보완.

2) Descartes, Op. cit., p.150.

3) *Ibid.*, p.151.

4) Emile Littré, *Dictionnaire de la langue française Tome 4*, Gallimard Hachette, 1964, p.1196.

5) Alain, *Sentiments, passions et signes*, Gallimard, 1935, p.31.

6) *Ibid.,* p.28.

7) '질투 분석'은 Ⅳ에서 다룬 '분노에 대하여'과 마찬가지로 사전을 기초한 어휘 의미적 분석이지만, 어휘 의미적 구성뿐 아니라 <통사적 구성>을 규명했다는 점에서 한 단계 더 진보한 분석임.

8) 형상계는 이것이 연상시킬 수 있는 일체의 형상소를 포괄한다(A. J. Greimas, *Du Sens II*, *Op. cit.*, p. 63). 애착 관계의 형상계에는 질투, 소유, 향유, 열의, 배타성 등의 형상소가 속하며, 경쟁 관계의 형상계에는 경합, 대항, 선망, 선한 경쟁심, 의구심, 질투 등의 형상소가 속한다.
형상계는 다양한 형상소 간의 유사점, 공통점을 지칭하며, 일련의 잠재적 의미로 나타나는데, 다음 도식으로 나타낼 수 있다.

- 형상계	<애착 관계>
- 정의	어떤 사람이나 물건 등을 사랑하여 그것과 떨어질 수 없는 마음
	❘ ❘ ❘ ❘ ❘
- 형상소	질투 소유 향유 열의 배타성 …

9) Cl. Zilberberg, *Raison et Poétique du Sens*, PUF, 1988, p.125.

10) 조작 주체는 가치 대상에게 능력이 주어졌으므로, 가치 대상이 주체를 조종할 수 있는 조작 주체의 역할을 내포한다는 의미임.

11) 의미소는 의미적이고 통합적인 성질을 내포하는 잠재적 요소를 지칭하며, 기의(내용)의 단위이다. 반면에 어휘소는 기표와 기의, 옐름슬레우의 용어로 표현과 내용을 모두 갖춘 계열적 단위를 말한다. 즉 어휘소의 잠재적 의미가 문장 속에서 특정한 의미소로 실현되는 것이라고 말할 수 있다.

12) 열의와 질투는 공통의 어원에 속하며, 라틴어로는 zelosus이고, 그리스어로는 zêlos임.

13) 정념적 역할은 행위자의 정념을 드러내는 형상소를 말한다. 예컨대 질투자의 정념적 역할은 <독점욕이 강한>, <의심 많은> 등을 들 수 있다. 이것은 행위소 행로의 분할체로 나타나며, 하나의 상투어구인 주제적 행로의 감성화된 분할체이다. 우리는 담화에서 주제적 역할(행위자를 드러내는 형상소를 일컬음)에서부터 정념적 역할로의 이동을 찾아볼 수 있다. 즉 역할의 반복이 무질서하게 진행되면서 이것이 주제의 확산에 더 이상 따르지 않으면, 이때부터 정념적 역할과 관계된다고 할 수 있다.
주제적 역할과 정념적 역할을 구별하는 것은 미묘한 문제이다. <어머니>의 역할과 같은 행위가 부적절하게 반복될 때 정념으로 나타날 수 있다. 발자크의 『가재잡는 여인La Rabouilleuse』에서 브리도 부인Mme Bridau은 정념화된 어머니의 원형이다. 어머니는 작은 아들 죠제프Joseph에 대해서는 그를 돕고 보살피고 식사를 준비하는 등 단순히 주제화된 어머니이다. 반면에 나쁜 인물로 등장하는 큰 아들 필립Philippe에 대해서는 정념화된 어머니이다. 그는 착복, 채무, 횡령 등 여러 가지 죄를 짓지만 그의 어머니는 그런 행동을 아들의 것으로 인정하지 못하며, 그의 모든 잘못을 용서하는 식으로 처신한다. 이런 정념적 역할은 여인의 죽음 직전에 이루어지는 고백 시에 도덕적 판단의 대상이 되고 있다(*S. P.,* p.177 참고).

14) 감의 상태로 그대로 있을 뿐이며, 그 다음 단계 쾌감과 불쾌감으로 아직 이산화되지 못하고 있으므로 쾌감을 느끼지 못한다는 것.

15) *S. P.,* p.298.

16) *Ibid.,* pp.253~5 참고.

17) *Ibid.,* pp.268~70 참고.

18) 김동리, 『무녀도 외』, 소담 출판사, 2001. 괄호 안에 표시된 숫자는 『황토기』 원문의

쪽수.

19) 불어에서 dû의 원형은 devoir이므로, 자존심은 /devoir-être/에 속한다. 그리고 앞에서 설명한 대로 /devoir-être/는 /~이어야 함/ 혹은 /존재-의무/로 번역된다.

20) 김동인, 『감자 · 배따라기』, 문학창조사, 2003, 67~77쪽.

21) Guy de Maupassant, "La Confession" in *Contes et nouvelles*, Gallimard, 1944, pp.1037~8.

22) 홍정표, 「정념의 독점성과 미시체계 연구」, 『프랑스학연구』, 제25권, 프랑스학회, 2003년 봄, 328~32쪽 수정 보완.

23) Stendhal, Op. cit., pp.373~4.

24) *Ibid.,* pp.447~8.

25) 홍정표, 「질투에 관해서」, 『불어불문학 연구』 제39집, 한국불어불문학회, 1999년 가을, 282~6쪽 수정 보완.

26) 197쪽 참고.

VIII

새로운 정념 분석

『정념 기호학』에서는 정념이 의미 생성 행로 세 층위를 통해 표출된다고 하였다. 정념이 선조건 층위 감의 긴장적 공간에서 연속적 변조가 이산화하여 기호-서사 층위에 도달한 후 이 층위의 양태 장치가 담화 층위에 소환되어 상화되며, 또한 선조건 층위 변조가 담화 층위에 직접 소환되고 상화되어, 이 두 절차가 동시에 표출되는 것이라고 설명하였다. 하지만 이런 방법으로 분석할 경우, 주체의 신체적 떨림, 흥분, 허무감과 같은 현존적 참여의 분석은 결여되어 있으며, 발화가 행해지는 방식과 발화작용이 범주를 선택, 결합, 정리, 변형시키는 방식을 설명하지 못한다고 할 수 있다.

이런 점을 보완하기 위해 퐁타닐은 『기호학과 문학』[1] 및 2002년 새로이 발표한 「정념 기호학」[2]에서 정념을 의미 생성 행로 방식이 아니라, 상보적인 <구성 요소constituants>와 <현시 요소exposants>로 분석하고 있다. 이렇게 함으로써 정념 효과는 생성 행로에서 파악되는 것이 아니라 담화에서 직접 파악되고 있다. 다만 의미 생성 행로에서 정립된 개념은 그대로 활용되고 있다.

<구성 요소>와 <현시 요소>는 원래 옐름슬레우가 사용한 용어이며,[3] 그는 이것을 자연 언어의 표현면에서 발전시킨다. 그는 음절의 기능 작용을 분석하면서, 음소에 해당하는 <구성 요소>와 음의 강세와 장단에 해당하는 <현시 요소>를 구분한다. 또한 이 구분을 문장과 텍스트로 확장시키면서, 통사적 단위 <구성 요소>, 통합체와, 일치, 술어의 방향 지시, 발화 작용 일반에 속하는 문법 요소 전체 <현시 요소>를 설정한다.

<구성 요소>는 문장 혹은 서사적 술어 기능의 불연속 단위이고, <현시 요소>는 담화에 내재하며 발화에 나타나는 연속적 변조, 현존의 변조이다. 담화의 감성적 차원과 관련해서, <구성 요소>는 서사적 술어의 양태를 가리키고, <현시 요소>는 긴장성, 담화의 현존 양태(관점, 신체적 및 형상적 표현)이며 더 일반적으로는 강도와 범위의 표출을 말한다.[4]

그러므로 <양태 구성 요소>는 양태 주체의 상상적 투사를 바탕으로 존재(이다)의 양태 배열인 양태 장치를 구성하는 양태 분석이 될 것이다. <긴장 현시 요소>는 감성적 표현의 강도와 범위의 가치를 기반으로 할 긴장 분석이 될 것이다.

1. 양태 구성 요소

양태 이론은 정념 기호학을 향한 첫 걸음이었다. 정념 효과의 분석이 가능한 것은 서사성에서 비롯된 양태 구성 요소 덕분이다. 정념 효과는 각기 양태의 조합으로 축소될 수 있다. 그레마스를 중심으로 한 파리기호학파는 1975년에 양태 이론을 기호학 연구에 도입함으로써 새로운 연구 의욕을 불러일으켰고, 이때부터 양태는 기호학의 핵심 연구 주제가 되었다. 쿠르테스는 "양태의 분야는 우리의 말을 초월하여 실제로 존재하는 하나의 광대한 영역이다"[5]라고 하였다. 또한 에노는 "양태에 관한 연구는 상호주관적 관계의 영역에서 실제의 사고思考를 형식 용어로 표현하는 방법을 제시해 준다"[6]고 말하였다. 이러한 양태는 간단히 말해 술어를 변화시키는 것으로 정의된다.

예로 <그는 노래하기 원한다>라는 문장에서 술어 <노래하다>를 변화시키는 <원하다>를 양태라고 한다. 또 다른 예를 들어 보면, <그는 노래할 줄 알기를 매우 원할 것이다>라는 문장이 있다고 할 때, <노래하다>는 <알다>로 양태변화 되어 있고, <알다>는 <원하다>에 의해 양태변화 되어 있다. 그리고 <원하다>는 두 번 양태변화 되었는데, 첫 번째는 부사 <매우>를 통해서, 두 번째는 논증을 완화시키는 표현 <~일 것이다>를 통해서이다. 따라서 양태변화는 기본 술어에 대한 통제를 증가시키고, 역전시킬 수 있는 긴장, 경도 등을 동시에 도입한다고 말할 수 있다.[7]

1.1. 사행의 존재태

이제 양태의 두 가지 위상이라 할 수 있는 사행의 존재태와 사행에 전제된 조건, 양태의 유형학, 행위소의 정체성 구축을 위한 양태화를 알아보기로 한다.

사행의 존재태는 담화에서 양태에 의해 변화된다고 할 수 있다. 예로, 아래에서 비교해 볼 수 있다.

① 그는 노래한다.

② 그는 노래할 줄 안다.

③ 그는 노래할 줄 알기를 원한다.

①에서 <노래하다>는 실현되어 있으므로 실현태이다. ②에서 <알다>는 실제로 <노래하다>의 실현은 유보되어 있는 현실태이다. ③에서 <원하다>는 <알다>와 <노래하다>의 실현이 유보되어 있는 잠재태이다. 양태는 ②에서 <알다> 한 가지인 반면, ③에서는 <알다>와 <원하다> 두 가지로 ②보다 양태 조건의 수가 많다. 이처럼 양태 조건의 수가 많을수록 사행의 실현은 그만큼 더 뒷전으로 물러나게 된다는 것을 알 수 있다. 양태 조건의 관점에서 사행이 파악될 때, 사행의 실현은 별로 중요시되지 않고, 양태의 조건이 중요시되는 관점이 택해진다. 이처럼 양태는 담화에서 사행의 존재태를 변화시키고(②에서는 양태가 <알다>로 현실태인 반면, ③에서는 양태가 <원하다>로 잠재태이므로 양태가 사행의 존재태를 변화시킨 것임), 더 나아가 삶의 행로에서 주체의 역할과 태도를 규정하는 가치라 할 수 있다.

1.2. 사행에 전제된 조건

양태 술어는 양태화된 술어를 전제한다. 앞에 인용한 예문 <그는 노래하기 원한다>에서 양태 술어 <원하다>는 양태화된 술어 <노래하다>를 전제한다고 말할 수 있다. 그런데 <그가 노래하다>라는 문장처럼 문장에 양태가 표현되어 있지 않다 하더라도, 우리는 <그가 노래하다>에 /원하다/, /알다/, /할 수 있다/, /해야 하다/, /믿다/ 양태가 전제되어 있다고 생각할 수 있다.

『표류도』에서 다음의 대목을 살펴보면, 상현의 얼굴이 어둡게 흐려지는 것과 약간의 고통은 양태적 복합성의 결실이다.

> "자꾸 그런 말을 하는데, 어째서 친할 수 없습니까"
> "저는 자존심이 강하니까요."
> 순간 그의 얼굴이 어둡게 흐려진다. 약간 고통스러워 보인다. 필경 그는 그의 아내 생각을 했을 것이다. 처자가 있는 조건과 내 자존심을 결부시켰을 것이다. [8)]

아래 양태의 상관관계가 전제되고, 긴장의 결실로 감성적 효과가 표출되는데, 이 경우 S_1의 표정이 어두워지고 약간 괴로워하는 것처럼 나타난다. [9)]

/~이기를 원함/(현회와 친하기를 원함)
/~이어서는 안 됨/(현회와 친해서는 안 됨)
/ ~일 수 없음/(현회와 친할 수 없음)
/~임을 앎/(현회와 친함을 앎)
(* /이다/는 현회와 친함을 나타냄)

이처럼 양태는 문장에 표현되었거나 혹은 표현되지 않았거나 간에 담화에서 술어가 완료되고 하나의 사실이 되기 위한 조건이다. 양태의 이 같은 전제된 조건의 위상은 다른 술어와 구별되는 위상으로 간주되고 있다. 양태는 행위소를 변형시키는 행동에 임의적인 혹은 필수적인 조건이다.

양태가 행동의 실현 조건일 때는 사행 전체에 영향을 미치거나 혹은 술어 사건 전체에 영향을 준다. 양태는 실현 이전의 존재태(잠재태, 현실태, 가능태) 중 하나 혹은 그 이상의 존재태를 가리킨다는 점에서 <

술어>에 영향을 준다는 것이고, 양태의 의미론적 내용이 행동을 실현하기 위해 필요한 특성인 행위소 자체의 특성으로 간주될 수 있다는 점에서 <행위소>에도 역시 영향을 준다는 것이다. 이처럼 양태는 술어와 그 행위소에 동시에 영향을 준다고 할 수 있다.

1.3. 양태의 유형학

양태의 유형학은 양태의 두 가지 위상, 사행에 전제된 조건과 사행의 존재태에 따라 제시된다고 할 수 있다. 퐁타닐은 네 가지 계열체[10]를 제시하고 있다.

믿음 → 동기 → 자질 → 실행[11]

<믿음>은 내부와 외부 믿음 두 가지로 분류된다. 내부에서 믿음는 주체가 자신의 역량을 내부로부터 자율적으로 수용한다는 점에서 /수용하다[assumer]/라고 말할 수 있으며, 자율적 주체의 양태 /원하다/, /알다/, /이다/와 함께 내인성의 양태로 분류된다. 외부에서 믿음은 주체가 외부로부터 타율적으로 자신의 역량에 접착된다는 점에서 /동조하다[adhérer]/라고 말할 수 있으며, 타율적 주체의 양태 /해야 하다/, /할 수 있다/, /하다/와 함께 외인성의 양태로 분류된다.

네 가지 존재태와 계열체, 그리고 내인성과 외인성 여덟 가지 양태는 다음과 같이 하나의 도표로 작성될 수 있다.[12]

/원하다/의 양태가 지배했을 경우에는 욕구나 의지의 정념이며, /할 수 있다/의 양태가 지배했을 경우에는 능력의 정념이라고 말할 수 있다. 중요한 것은 정념 효과를 생산하기 위해서는 서로 상관관계에 있

	가능화된	잠재화된	현실화된	실현된
내인성	/수용하다/	/원하다/	/알다/	/이다/
외인성	/동조하다/	/해야 하다/	/할 수 있다/	/하다/
	믿음	동기	자질	실행

는 두 가지 양태가 최소한 필요하다는 것이다. /원하다/, /할 수 있다/ 등 하나의 양태만으로는 감성 효과를 만들 수 없고, /이다/나 /하다/와의 조합으로 /~이기를 원하다/, /~일 수 있다/, /~하기를 원하다/, /~할 수 있다/와 같이 두 가지 양태를 상관관계에 놓아야 정념 효과가 발생한다. 그리고 이 양태는 긴장의 변조와 결합하는데 이로써 양태의 강도와 수량의 경도를 고찰할 수 있다(256쪽 2. 긴장 현시 요소 참고).

1.4. 행위소의 정체성 구축을 위한 양태화[13)]

담화의 양태 술어는 부분적으로 자율적 차원으로 나타나면서 서사 차원과는 다른 특별한 상상계를 펼칠 수 있다. 자율적인 양태 발화체는 실제 이야기가 없을 때에도 상상에 의해 행위와 서사 구조에 접근할 수 있게 해주기 때문에, 양태 연구에 상당한 진전을 가져왔다.

양태는 명시적인 표출이나 실현된 사행이 없을 때에도 나타날 수 있으며, 이런 특성을 이용하여 행위소의 정체성을 구축할 수 있다. 담화의 양태 차원은 행위소가 정체성을 양태의 축적, 결합 혹은 변형을 통해 점차 구축하는 차원으로 간주될 수 있다. 행위소의 양태 정체성은 규정짓는 양태의 수와 수용하는 조합의 성격에 의해 특징지어진다. 따라서 우선적으로 양태의 수와 각 수에 대해 예상 가능한 조합을 규정해야 한다. 퐁타닐은 이것을 M_0행위소에서 M_4행위소까지 다섯 가지로 분류하고 있다.

첫째, 양태화되지 않은 M_0행위소는 사건에서 즉시 실현된 하나의 행위소이며 하나의 신체이다. 이 행위소는 아무런 <양태 구성 요소>도 갖추지 않고, 감각적이고 정서적인 <긴장 현시 요소>만을 갖추고 있는 행위소이다. M_0행위소는 형성 중에 있는 담화의 장에서 현상학적 현동태의 위상을 가진다.

둘째, 한 가지 양태를 갖춘 M_1행위소는 행동하거나 존재하는 데 기본적으로 필요한 양태 /~할 수 있음/(능력)이나 /~일 수 있음/(가능성)만을 갖추고 있다. 즉 이 행위소는 /의지/, /의무/, /지식/은 없고 일종의 기계처럼 단지 /능력 혹은 가능성/만 갖추고 있기 때문에, 그보다 더 많은 양태를 갖추고 있는 다른 행위소에 반드시 종속된다.

셋째, 두 가지 양태를 갖춘 M_2행위소는 /능력/을 다른 양태와 조합하는 행위소이다. 예로 <충동적으로 행동하다>는 깊이 생각해 보기도 전에 외계의 자극에 대해 즉각적으로 반응하는 것인데, 양태 정체성의 관점에서 보면 /능력/과 /의지/의 조절 하에서만 행동하는 것이다. 여기에 <긴장 현시 요소>가 양태 연쇄에 작용하는데 강한 강도가 /의지/ 위에 놓여, 이는 행위소의 정체성을 지배하는 주 구성요소가 되고, /능력/은 종 구성요소가 된다(256쪽 2. 긴장 현시 요소 참고). 이와는 달리 아무런 정념의 투입이 없이 단지 체계적으로만 행동하는 것은 /능력/과 /지식/을 갖춘 행위소이다. 이밖에 일종의 노예 같은 행위소는 /능력/에 /의무/를 조합하는 행위소라 할 수 있다.

넷째, 세 가지 양태를 갖춘 M_3행위소는 대부분의 양태를 조합하기 때문에 거의 완전한 정체성을 갖추고 있다고 생각할 수 있다. 예로 /능력/에 /지식/과 자율적 행위소에 대해서는 /의지/를, 타율적 행위소에 대해서는 /의무/를 덧붙인다. 이 두 경우 /지식/ 대신에 /믿음/이 나타날 수 있다.

다섯째, 네 가지 양태를 갖춘 M_4행위소에서는 조합의 수가 증가하면서 정체성의 새로운 차원이 나타난다. 가능한 조합 가운데 /지식/과 /믿음/의 조합, 그리고 /의지/와 /의무/의 조합은 중복될 수도 있고 서로 모순될 수도 있다. 따라서 이 양태 간에 위계 관계[14]를 고찰하여, 이것으로 주체가 그 행로나 행위를 /수용하는/ 방식을 이해할 수 있다. 어떤 것을 /알고/ 또 그것을 /믿을/ 경우에는 알고 있는 것을 개인적으로 /수용/하는 것이라고 생각할 수 있다. 또한 무언가를 /해야 하고/ 또 그것을 /원할/ 경우에도 해야 하는 것을 /수용/하는 것이라고 말할 수 있다. 그러므로 여기서는 /수용/의 차원이 등장한다.[15]

박경리의 중편 소설『재귀열』(1959)[16]에 등장하는 행위소의 양태 정체성을 분석해 보면, 여주인공 난우를 사랑하는 서상철은 밀수업자로서 두 명의 부하를 거느리고 있다. 그는 /능력/, /의지/, /의무/, /지식/을 모두 갖춘 M_4행위소이다. 반면에 그의 지배하에 있는 부하들은 /의지/는 없고 /능력/에 /믿음/과 /의무/만을 갖춘 M_3행위소이다. 하지만 텍스트의 끝부분에서 그들은 서상철에게 거의 희망이 없음을 깨닫고 정체성의 변화를 가져와 도주한다. 그들은 서상철을 배신함으로써, /할 수 있고(능력)/, /동조하며(믿음)/, /해야 하는(의무)/ 타율적인 M_3행위소의 정체성을 바꿔, /할 수 있고(능력)/, /알고(지식)/, /원하는(의지)/ 자율적인 M_3행위소로 된다. 즉 그들은 상관에 반항함으로써 /의무/와 /의지/의 위계 관계에서 /의지/에 더 우위를 둔 행위소로 변화하는 것이라고 할 수 있다.

두 가지 양태 /의지/와 /의무/ 간 위계 관계만을 고찰하여 행위소를 분석해 보기로 한다. 우선 텍스트에서 /의지/보다 /의무/에 더 치중하는 행위소를 알아보면, 난우의 언니 송우와 그녀의 옛 애인 강상훈을 예로 들 수 있겠다. 두 연인은 수년 후 우연히 서로 만나 다시 사랑을 하여 강상훈은 미국으로 돌아가는 것을 망설인다. 하지만 미국의 부인에게 돌아감으로써 두 사람 다 /의지/보다 /의무/를 더 중요시한 도덕적 주체라고 말할 수 있다. 반면에 남주인공 영민의 홀로 된 형수 선숙은 시동생을 사랑해서는 안 되는 /의무/를 저버리고 그를 사랑함으로써 /의지/에 더 비중을 둔 주체이며, 그 여자에게는 비도덕적 주체의 역할이 부여된다. 이처럼 주체의 /의무/가 우세할 때는 도덕적 주체의 역할이 부여되고, /의지/가 우세할 때는 비도덕적 주체의 역할이 부여된다고 말할 수 있다.

2. 긴장 현시 요소

긴장은 담화나 텍스트 전개에서 추상적으로 감지되는 것이다. 퐁타닐은 『정념 기호학』에서 긴장을 의미 발생 층위인 선조건 층위에 위치시키는 등 의미 생성 행로를 새로이 정립하였으나, 담화 기호학으로 넘어가면서 발화 실천의 관점을 더 중요시한다. 발화 실천이란 발화 작용을 일종의 실천으로 간주하는 것이며, 이에 따라 담화는 역동적인 발화 실천이 이루어지는 장소가 된다.

그는 1998년 질베르베르그와 함께 저술한 『긴장과 의미작용』에서 "연속적인 변조 효과는 양태 술어의 단계적인 중첩 한정에 의해 생산된 담화적 복합화의 결과"[17]라고 설명하고 있다. 이처럼 그는 이제 정념 효과를 생성 행로인 세 가지 층위로 파악하지 않고 담화에서 직접 파악하고 있다. 실제로 『기호학과 문학』에서 "생성 행로는… 오늘날 재평가되어야 한다"[18]고 주장하고 있다.

퐁타닐은 담화에서 제시되는 복합적이고 혼합된 형상을 파악하기 위해, 우선 감각적이고 가지적인 것 사이의 관계와 그 이행 과정을 정의한다. 그 다음에 현상에 대한 감각적인 접근과 지각에 의해 나타난 속성을 분절한다. 신체는 담화 주체에게 우선 감각적 현존présence sensible이다. 이런 관점에서 지각의 첫 번째 분절로 현존을 규정할 수 있다. 현존은 강도, 범위, 양quantité의 용어로 표현된다. 감각적인 현존 효과는 현존으로 규정되기 위해 힘의 강도, 그리고 위치의 범위와 양을 결합한다. 여기서 강도의 효과는 내적인 것으로 나타나고, 범위의 효과는 외적인 것으로 나타난다. "주체 고유의 신체는 기호학적 관계의 형태 자체가 되고 기호학적 행위에 의해 이와 같이 도식화된 현상은 내적인 영역(에너지)과 외적인 영역(범위)을 갖춘다."[19)]

이러한 강도, 범위, 양 등을 구체적인 정념을 예로 들어 설명해 보면, 어떤 정념에서 특히 강도를 포착할 수 있을까? 이에 해당하는 정념의 예로 충동성을 들 수 있겠다. 충동적인 사람은 자신을 사로잡는 동작에 즉시 반응하는 자이다. 그의 양태 정체성은 단지 /의지/와 /능력/으로만 구성되어 있다. 동시에 <긴장 현시 요소>가 양태 연쇄에 작용하는데, 강한 강도가 /의지/에 주어진다. 강도는 /의지/를 행위소의 정체를 지배하는 요소가 되게 하면서 /능력/에까지 영향을 미친다. 이처럼 충동성에서는 <현시 요소>인 강도가 중요하게 작용한다고 말할 수 있다.

반대로 양과 범위가 중요하게 작용하는 정념이 있다. 탐욕과 쩨쩨함이 그러한데, 이것에 있어서 강도는 별로 중요하지 않고 대상의 범위와 양만이 중요하게 작용한다. 탐욕은 그 범위와 양이 쩨쩨함보다 더 넓다고 할 수 있다.

그리고 두 차원 강도와 범위의 영역을 각각 선택하여 관계 맺는 것을 상관관계corrélation라 한다. 상관관계에서 기호학적 형상이 형성되고 안정될 수 있다. 강도와 범위의 차원은 점이적인 차원이므로, 이것의 상관관계는 아래의 도표처럼 조절의 두 축 위에 공간의 점으로 표현될 수 있다.

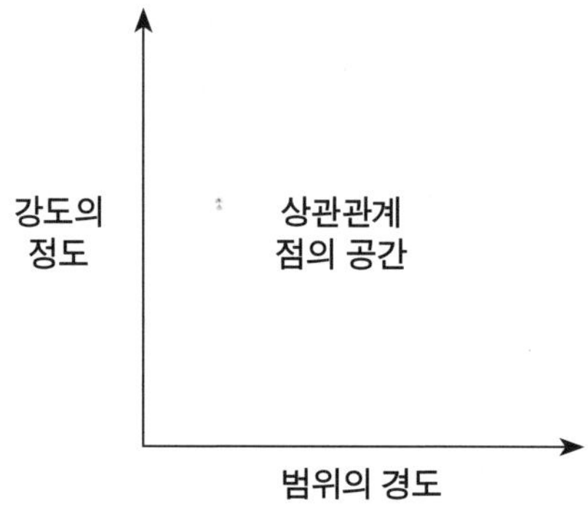

"언어활동의 두 면의 정의에 따라 :

(1) 강도는 내수용적인, 내적인 영역을 특징짓고, 내용 면이 될 것이다.
(2) 범위는 외수용적인, 외적인 영역을 특징짓고, 표현 면이 될 것이다.
(3) 두 영역 사이의 상관관계는 감각적인 현존 효과의 중심인 신체 자체의 위치 결정에서부터 비롯된다. 그러므로 상관관계는 자기수용적이다."[20]

위와 같이 지각 신체는 내적인 영역(강도)과 외적인 영역(범위) 사이에 하나의 위치를 공유함으로써 감각의 현존을 도식화할 수 있다.

퐁타닐은 긴장과 범위의 속성을 기반으로 하여 정념을 분절하고 있다. 그는 담화의 여러 가지 효과에서 특히 감성적인 효과를 설명하기 위해 형상적 장champ figuratif을 발화 작용 현존의 장에 위치시킨다. 즉 어떤 존재에 대한 지각의 강도 및 범위의 정도에 따라 네 가지 현존의 정도를 정의하고 여기에 기본 정념을 대입시키고 있다.

첫째, 강한 강도에 매우 약한 범위가 결합된 변조의 경우 <결핍>으로 규정되고, '기대감이나 향수'의 정념이 이에 해당한다.

둘째, 강한 강도에 넓은 범위가 결합된 변조는 <충만감>으로 규정되며 해당되는 정념은 '행복'이다.

셋째, 약한 강도에 좁은 범위가 결합된 변조로서 <무력감>이 정의되고 '권태'의 정념이 대입된다.

넷째, <공허감>은 약한 강도에 넓은 범위가 결합된 변조로 이에 대입되는 정념은 '허무'라 할 수 있다. 이와 같이 현존의 장의 서로 다른 정서적 상태에서 강도와 범위의 여러 변수를 직접 도출할 수 있다.

정념에 대한 지각의 강도와 범위를 다음과 같이 도표로 나타낼 수 있다.[21)]

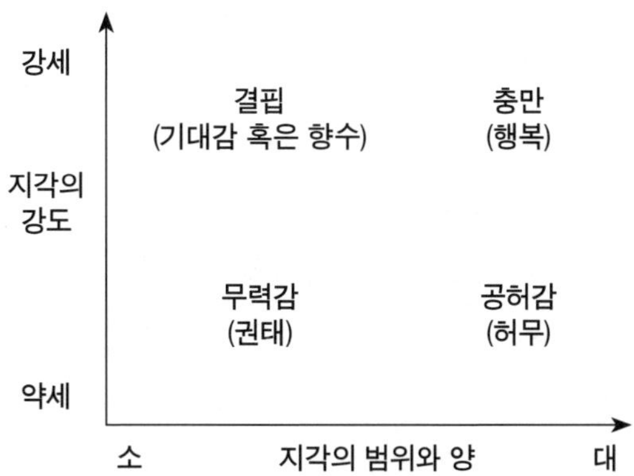

위의 도표를 『표류도』에서 보면, 지각의 강도가 강할수록 삶에 대한 의욕이 높아지는 반면, 약할수록 의욕이 떨어지는 것을 나타내고 있

다. 광희(S_1)는 민우(O)에 대한 일말의 기대감을 갖고 있었으나, 민우는 미국으로 떠나고 자신은 창녀로 전락하여 감옥에 갇히고 병에 시달린다. 그 결과 S_1은 절망감으로 자살하고 만다. 즉 S_1에게 있어서 현존의 강도는 기대감의 강한 상태에서 여러 가지 나쁜 상황이 겹쳐 점차 약한 상태로 떨어지고, 동시에 범위는 공허감(허무)이 극대화된다.

이와 함께 S_1의 절망감에 대해 구성 요소인 양태 분석을 살펴보면, /~이기를 원함-S_1은 O와 연접이기를 원함/, /~이어야 함-S_1은 O와 연접이어야 함/, /~일 수 없음-S_1은 O와 연접일 수 없음/, /~이 아님을 앎-S_1은 O와 연접이 아님을 앎/으로 이루어진다. S_1은 위의 양태들을 감각적, 감정적으로 느껴, 그녀의 현존감은 기대감에서 공허감으로 내려간다. 이는 동시에 앞서 살펴본 약한 강도와 넓은 범위가 결합된 현존의 변조를 지각하게 함으로써, 정념적 주체는 살아갈 의욕을 완전히 상실하는데, 이 같은 감성적 상태는 자살이라는 구체적 행위로 이어진다고 말할 수 있다.

여기에서 '자살'의 구성 요소와 현시 요소를 더 자세히 살펴보기로 한다. 우선 구성 요소인 <양태 분석>을 보면,

/ne-pas-vouloir-vivre(살기를 원치 않음)/

/ne-pas-devoir-vivre(살아야 하지 않음)/

/ne-pas-pouvoir-vivre(살 수 없음)/

/ne-pas-savoir-vivre(사는 법을 알지 못함)/

네 가지 양태는 모두 부정적이며, 이것은 상관적으로 작용한다. 그리고 현시 요소인 <긴장 분석>에 있어서, 자살하는 주체는 약한 강도와 넓은 범위가 결합된 현존의 변조를 지각한다. 즉 자살하는 주체는 앞에 분석한 네 가지 양태를 감각적, 감정적으로 느껴 삶에 대한 의욕

을 상실하고, 현존감은 앞의 도표에서 <공허감>의 상태에 있으며 심한 '허무감'을 느낀다. 이러한 것이 자살하는 주체의 주된 감성적 상태라 할 수 있다.

퐁타닐은 「정념 기호학」(2002)에서 강도와 범위에 대해 더 자세하게 설명하고 있다. <긴장성>은 두 가지 범주로 분절될 수 있는데, "강도에 속하는 범주(힘, 에너지, 정동 등)와 범위에 속하는 범주(양, 발휘, 공간 및 시간, 인지 등)가 그것이다. 이 범주는 사행의 형성을 위해 매우 다양한 형태로, 특히 상성과 템포tempo 형태로 변화한다. 상성은 사행의 여러 국면 동안 내내 어조, 변조, 긴장을 나누고 헤아리고 분배한다. 템포는 주체의 자기 수용적 감각 위에 사행으로 생산된 효과를 관리한다. 왜냐하면 이 경우 사건의 측정 가능한 속도가 문제가 아니라, 사행의 포착과 서사적 전개의 가속이나 지연에 결합된 다량의 정동이 문제이기 때문이다."[22]

담화나 텍스트를 분석하기 위해서는 정념적인 것의 발현을 포착하기 위해 <감>과 <긴장>의 미세한 파동을 감지할 수 있어야 한다. 이러한 파동을 통해 비언어적 체험을 표층에서 파악할 수 있으며, 이것은 사행을 규정하는 세 가지 큰 범주로서, 양태성 그리고 템포와 상이다. 하나의 도표에 표시하면 다음과 같다.[23]

〈선조건〉	감	긴장성
〈기본 범주〉	쾌감 / 불쾌감	강도 / 범위
〈사행의 변화〉	양태화	템포, 상
〈텍스트의 변조〉	양태 구성 요소	긴장 현시 요소

도표에서 볼 수 있는 것처럼 선조건 층위에서 감적 긴장 공간의 두 차원, 기질적 범주 형태 <감>과 강도와 범위 간의 긴장적 상관관계 형

태 <긴장성>은 유기적으로 구성된다. 텍스트의 장치를 활용하여 직접 관찰할 수 있는 신체의 미세한 발현, 감적이고 긴장적인 변화를 포착하여 양태 구성 요소와 긴장 현시 요소로 구분할 수 있다. 두 요소는 담화에서 감성적 차원의 변조로 상보적인 형태로 제시되는 것이다.

3. 두 요소의 상보적 고찰과 분석

양태는 양태 가치가 될 때 지각적이고 감각적인 조절을 기반으로 한다. 이처럼 양태 가치는 지각의 강도와 양의 발랑스 조절 하에서만 나타난다. 관찰자는 양태의 강도와 범위(혹은 양)를 느끼고 평가하는데, 이로써 행위소의 역할이나 태도, 일시적인 정체성을 알아볼 수 있다. 예로 양태 /알다/의 가치는 강도와 범위 사이의 관계에서 생긴다. 교양인과 전문가를 비교해 보면, 교양인은 폭넓은 분야의 지식을 갖고 있지만, 한 가지 분야에 대해 깊이 알고 있지 않은 자이다. 반면에 전문가는 어떤 분야에 대해 깊이 파고들기 위해 폭넓은 분야의 지식에 대해서는 간과하는 자이다. 이를 긴장 도식에 나타내면 아래와 같다.

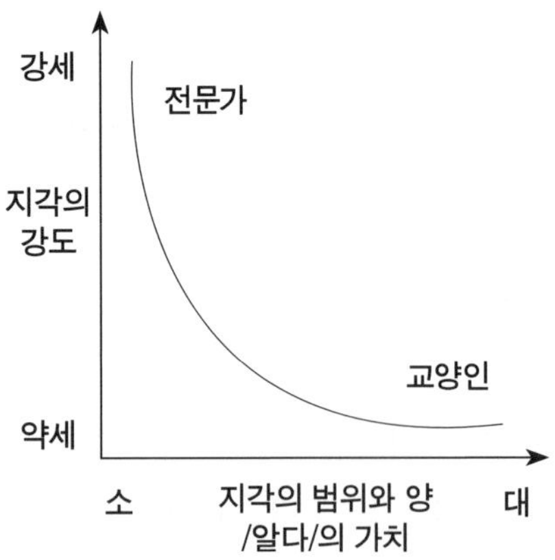

『재귀열』에서 보면, 밀수업자 서상철 부하들의 정념화된 성격은 강하고 편협한 믿음으로 강도 높게 긴장되어 있다. 이들이 서상철에 대해 마치 광신도처럼 무조건 신봉하는 것은 긴장 도식에서 높은 강도와 낮은 양이 된다. 하지만 서상철에 대한 신뢰가 서서히 무너지면서, 그들의 믿음의 강도는 약해지고 범위(집중도)도 분산되어 넓어진다. 이를 다음과 같이 긴장 도식에 나타낼 수 있다

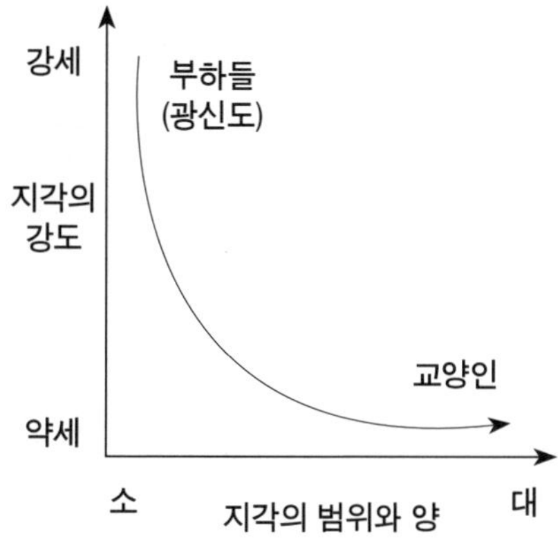

4. 새로운 담화 도식

『정념 기호학』과 퐁타닐이 프로테지에 발표한 「정념 도식」(1993)에서는 정념 도식 5단계에 해당하는 긴장 도식이 명확히 밝혀져 있지 않았다. 하지만 그가 『기호학의 문제들*Questions de sémiotique*』(2002)에 발표한 논문 「정념 기호학」에서는 새로운 담화 도식으로 정념 도식과 긴장 도식을 함께 소개하고 있다.

발화 작용은 지각을 토대로 하여 이루어지며, 우리는 지각의 점이적

인 변이 가운데 특히 긴장 차원의 변별성을 주목할 수 있다. 긴장은 강도와 범위의 조합을 바탕으로 하는데, 기본적인 긴장 구조는 점이적이고 방향지어진 강도의 축과 범위의 축을 조합하는 것이다. 퐁타닐은 정념 도식에 해당하는 긴장 도식을 다음과 같이 나타내고 있다.[24)]

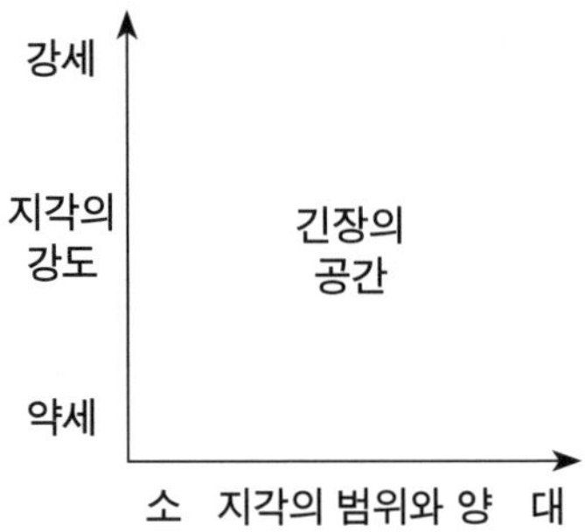

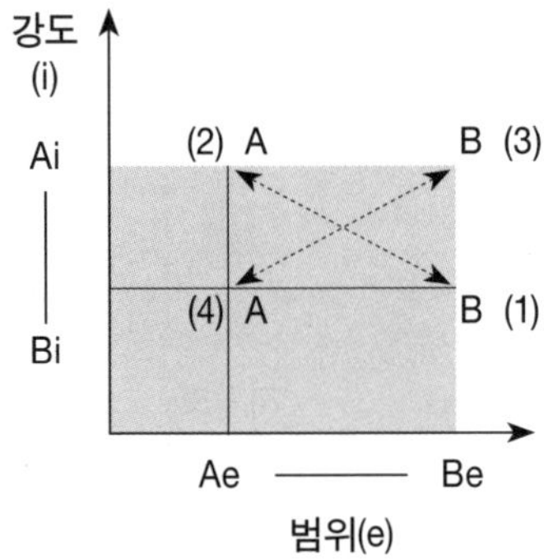

우측의 도식에 표시되어 있는 것처럼 강도의 축과 범위의 축에서 변이는 화살표 방향으로 움직인다. 여기에서 네 가지 유형의 변이라 할 수 있는 네 가지 긴장 도식을 관찰할 수 있다.

(1)은 강도의 역행과 범위의 순행 사이 조합으로 긴장 도식은 <하강>한다.

(2)는 강도의 순행과 범위의 역행 사이 조합으로 긴장 도식은 <상승>한다.

(3)은 강도와 범위 모두 순행의 조합으로 긴장 도식은 <확대>이다.

(4)는 강도와 범위 모두 역행의 조합으로 긴장 도식은 <축소>이다.

(* 여기서 순행은 Bi → Ai 혹은 Ae → Be를 가리키고, 역행은 Ai → Bi 혹은 Be → Ae를 가리킨다)

담화에서 정념 시퀀스의 전개에는 반드시 긴장의 변이가 동반한다. 정념 도식 5단계에 해당하는 긴장의 변이를 관찰하여, 각 단계마다 네 가지 긴장 도식 가운데 한 가지를 선택하여 적용할 수 있다.

정념 도식 첫 번째 단계 <형성화> 혹은 <정서적 자각>은 담화에서 주체가 처음으로 정념을 느끼는 단계이다. 주체의 감수성이 깨어나고 정서적 현존이 강도와 범위 안에 자리잡는다. 이 단계는 긴장 도식에서 행로 전체에 긴장적 스타일이 자리잡는 <상승> 단계(앞의 도식에서 2번)로 생각할 수 있다. 이 단계에서 주체는 감적 긴장의 주체로 아직 쾌감이나 불쾌감의 양극화에 도달하지 못하고 기질적 동요 형태로 있을 뿐이다. 따라서 긴장은 상승 상태에 있지만 그것이 미치는 범위는 좁다고 할 수 있다.

『재귀열』에서 하영민의 형수 선숙은 시동생에게 연모의 정을 느끼고 있다. 하지만 영민과 그의 애인 난우가 함께 있는 모습을 우연히 처음으로 보게 되자, "선숙의 눈에서는 파아란 불꽃이 일고 있었다"(303).[25] 이것은 그 여자가 계속해서 겪게 되는 정념의 원천, 곧 정념적 형성화가 그녀에게 최초로 형성되는 단계이다.

두 번째 단계 <장치화>는 주체가 정념을 겪기 위해 필요한 양태 정체성을 받아 들여 양태 코드들이 자리 잡는 단계이다. 앞의 단계에서 싹트는 불안은 이 단계에서 정념 주체에게 상상을 통해 여러 가지 양태 장치를 설정하게 하여 양태적 스타일이 자리 잡는다. 형성화에서는 단순히 메타 지식에 불과했던 것이 이 단계에서는 양태화되어 인지적 역량이 된다고 할 수 있다. 이 경우 주체는 긴장의 주체에서 인지적 탐색의 주체로 되어, 긴장의 강도는 앞 단계보다 떨어지고 이것이 미치는 범위는 더 넓어진다. 그러므로 이것은 <하강>의 단계(앞의 도식에서 1번)로 지칭된다.

"선숙은 말없이 파아란 불꽃이 타고 있는 눈을 난우(S_2)한테 박고 있었다"(303). 선숙은 상상으로 여러 가지 양태 장치, 즉 S_2는 O와 연접/이 아니기를 원함/, S_2는 O와 연접/이 아니어야 함/, S_2는 O와 연접/일 수 있음/, S_2는 O와 연접/임을 앎/을 설정한다.

세 번째 단계 <정념화> 혹은 <정념의 중심축>은 시퀀스에서 가장 중요한 단계인데, 주체의 정서 상태를 크게 변화시켜 정념을 실현화하는 단계이다. 이런 의미에서 긴장은 전 단계보다 <상승>의 움직임이다. 이처럼 이 단계는 강도의 증가와 인지적 표현 영역의 감소에 의해 전개된다. 여기에 정념(여기서는 질투)의 전형적인 형상적 장면(예를 들면 연인과 연적의 만남)이 자리 잡는데, 이는 사고 내용의 압축 곧 범위의 축소로 작용한다.(도식 2번)

"외출 준비를 하고 있던 선숙은 달리는 자동차 안의 영민을 보았다. 아름다운 여자하고 동승한 영민의 옆얼굴, 선숙은 입술을 깨물며 멀어져가는 자동차를 바라보고 서 있었다. (…) (영구씨 용서해요! (…) 그 일 다른 여자한테 빼앗기는 것이 견딜 수 없어요. 마치 당신을 빼앗기는 것만 같아요)"(318~319). 이와 같이 S_2와 O가 함께 있는 것을 처음으로 확인한 S_1은 인지적 주체가 되고 긴장의 강도는 증가한다. 인지적 주체는 곧바로 기질적 변형을 일으키는 기질적 주체가 되면서 극심한 불쾌감의 주체가 된다.

네 번째 단계 <정동화>는 정념 변형의 기질적 결과로 주체가 느끼는 모든 것이 신체적인 것으로 전환하는 단계이다. 지금까지는 주체의 신체가 표면상으로는 그대로였으나 이 단계에서 비로소 얼굴붉힘, 창백함, 소스라침, 전율, 경련, 흥분, 동요로 표출된다. 이 단계는 주체의 지각이 민감하게 반응하여 강도가 강해지며, 이것이 미칠 수 있는 범위가 넓어져 <확대>로 지칭될 수 있다.(도식 3번)

"선숙은 자기의 머리를 부여안고 울음소리를 죽인다. (…) 선숙은 피아노 모서리를 움켜쥐고 마음속으로 소리친다. 그러나 필연적으로 그것은 무력한 부르짖음에 지나지 못하다는 것을 스스로 깨달은 선숙은 다시 격렬한 울음 속에 파묻혀 버리는 것이었다"(319). S_1은 전 단계에서 표면상으로 큰 변화가 없는 불쾌한 기질적 주체였으나, 이 단계에서 더 이상 참을 수 없는 감정이 폭발하여 울음을 터트리면서 정신적 고통을 신체적인 것으로 전환한다.

다섯 번째 단계 <도덕화>에서는 주체의 형성화를 주재하는 긴장적 스타일, 주체에 내재된 인지적 역량을 표현하는 양태 장치, 정념의 변형에 내재하는 행위소 장치, 신체적 표출의 정동화를 도덕적으로 평가한다. 이 단계에서는 특히 감성의 전염, 즉 양태적이고 감성적인 긴장의 확산을 축소하는 것을 목표로 한다. 따라서 감성의 강도는 하락하며 평가의 영역은 좁아지므로, 긴장 도식에서 <축소>로 지칭할 수 있다.(도식 4번)

선숙은 패륜의 여자라고 자책하며 스스로 가치를 하락시키고 다량의 수면제를 먹고 자살한다(310~320). 즉 S_1은 자신이 사회적 /의무/를 무시하고 개인적 /의지/를 추구하려한 것에 대해 스스로에게 부정적인 평가를 하고 죄책감과 절망감으로 자살하고 만다.

5. 텍스트내 정념의 발현

정념은 텍스트에서 일반적으로 어휘소에 의해 표현되는데, 정념의 어휘소가 뚜렷이 표현되어 있지 않은 경우가 많다. 이 경우에는 정념 의미 효과를 산출하는 통사 형태와 도식을 이용하여 정념의 발현을 파악할 수 있다. 이것은 리듬과 긴장의 변화, 양태의 조합, 형상적 모티브 등이라고 말할 수 있는데. <긴장성>과 <감>의 공간은 정념 효과의 형성 장소이며, 신체로부터 출발하여 주관성의 형성 원리를 구성한다.

<긴장성>의 두 가지 의미 차원 강도와 범위는 일종의 변동 장치처럼 작동하면서 그 기능을 수행하며, <감>에서 생겨난 각 단계는 <긴장>과 상관관계를 이루는데, 텍스트 내 정념의 발현이라 할 수 있다.

텍스트 분석에서 어떤 정념의 발현이 포착될 수 있다면, 그것은 그 발현이 기호 공동체 내에서 체계를 형성하는 기호로 작동하기 때문이다. 이것은 어떤 규칙에 따라 이루어진다고 할 수 있으며, 이러한 규칙을 코드라 지칭한다. 퐁타닐은 이 가설을 다음과 같이 여섯 가지 코드로 분류하고 있다.[26)]

a. 신체에 적용된 긴장성은 신체적 표출을 일으키는 신체 코드.
b. 기질적 범주에 적용된 긴장성은 빈번한 동요를 일으키는 기질 코드.
c. 양태에 적용된 긴장성은 양태 가치로 변형되어 양태 장치를 구성하는 양태 코드.
d. 사행의 행위소 구조에 적용된 긴장성은 행위소의 관점에서 지향되는 관점 코드.
e. 사행의 상적 형태에 적용된 긴장성은 상과 리듬의 코드.
f. 형상적 구성 요소에 적용된 긴장성은 여러 가지 장면에 특별한 정서적 부하를 투입하는 형상 코드.

〈차원〉	〈텍스트의 코드〉	〈예〉
자기 신체	신체 코드	소스라침(놀람), 낯붉힘(수치심)
<움직이는 용기>		떨림(두려움), 뻣뻣함(경악)
기질적 범주	기질 코드	강하고 지속적인 불쾌감(우울)
양태	양태 코드	강한 의지와 약한 능력의 조합(억제)
사행의 행위소적 구조	관점 코드	지배된 주체의 관점에서 경쟁(선망)
사행의 상적 형태	리듬 코드	반복과 빈발(강박관념)
형상적 장면	형상 코드	연인과 연적의 만남(질투)
		<압축작용>과 <치환작용>[27]

a. 신체 코드

<긴장>의 강도와 양의 변화는 특징적인 신체 변화를 일으키는데, <몸을 움찔하기>나 <소스라침>은 강도와 감정이 농축된 움직임과 관계된다. 이와 같은 제스처, 피부색, 표정, 전율과 같은 신체적 발현은 자기 자신뿐 아니라 다른 사람에게 느낌이나 감정을 알리는 방식이라고 말할 수 있다.

통시태 언어의 표현과 마찬가지로 신체적 표현의 코드화된 성격은 사용에 의해 고착된 도식화의 결과이며, 정념의 신체 코드는 문화적 배경과 시대에 따라 다양하다고 할 수 있다. 코드는 사용자에게 서로 공통되는 것이어야 하는데, 그렇지 않으면 사용자 상호 간에 코드의 이해가 불가능하여 활용되기 어렵다.

텍스트에서 신체 코드를 찾아보면, 두려움과 관련된 신체 표현이 여러 곳에 있다.

- 아 그래요, 나 낮에 전화 건 서상철이야.

얼굴이 새파랗게 질린다. (…)

난우의 눈이 파아랗게 빛나고 있었다.(242)

서상철은 난우를 괴롭히는 남자이다. 그의 목소리를 듣고 난우가 두려워하는 것을 <새파랗게 질린다>로 표현하였다. 이밖에 <얼굴에서 핏기가 가셔졌다>, <몸을 가늘게 떨었다>(241), <머리끝이 꿋꿋하게 서는 것을 느낀다>, <전신이 후들후들 떨려옴을 느낀다>, <이가 빠드득 갈려졌다>(246), <입술을 깨문다>, <눈에 불을 켜고 이를 악물었다>(247), <얼굴이 새파랗게 질리더니>, <얼굴은 종잇장처럼 희었다>(259), <번득이는 눈빛 속에 무서운 살기를 발산하고 있다>(274), <핏기를 잃은 입술이 떨리고 있었다>(276), <얼굴 위에 구름이 확 낀다>(283), <얼굴이 유령처럼 새하얗게 보였다>(287), <팔이 발발 떨리고 있었다>, <머리카락이 온통 하늘로 쭈뼛이 서는 것을 느꼈다>, <손발이 와들와들 떨렸다>(288), <이를 뽀드득 갈았다>(289), <얼굴빛이 파아랗게 변했다>(320), <얼굴은 백지장처럼 창백해졌다>(343), <팔을 잡은 손이 파르르 떨렸다>(344) 등이 텍스트에서 주체의 두려운 감정을 표현하고 있다.

이와 같이 두려움의 신체적 분포는 다른 어떤 정념보다도 넓은 것이 특징이다. 그 중에서도 얼굴은 두려움을 나타내는 중심적인 신체 부위이며, 파랗다, 희다 등이 두려운 감정 상태의 주요 색채 반응으로 두려울 때 신체 부위에서 핏기가 사라진다는 것을 말해주고 있다.

또한 우리가 수치심을 느낄 때 신체적 반응이 여러 가지로 나타나는데 얼굴을 붉히는 것이 가장 대표적인 반응이다.

난우는 얼굴을 붉혔다. 마치 그렇게 되기를 바라고 말을 꺼내었던 것 같아서 수치스런 생각이 들었다.(272)

얼굴을 붉히는 것은 수치심 이외에 수줍음의 경우에도 나타난다. 텍스트에서 <영민은 약간 얼굴을 붉히며 말했다(310), <난우는 얼굴을 붉히며>, <난우 얼굴이 새빨개지는 걸>(341) 등이 주체의 수줍은 심정을 표현하고 있다.

b. 기질 코드

기질적 범주에 적용된 <긴장성>은 쾌감과 불쾌감 사이에서 많은 동요를 일으킨다. 담화에서 쾌감과 불쾌감을 기반으로 하는 강도와 수의 변이는 감성의 형성이나 인간의 행태를 암시하는 신호인데, 어떤 사건이나 상황은 쾌감이나 불쾌감을 유발하는 효과를 나타낼 수 있다.

난우는 서상철에게 강제로 납치된 후, <무언지 모르게 머리끝이 꼿꼿하게 서는 것을 느낀다>, <신음 같은 소리를 냈다>, <말없이 노려보고 서 있었다>, <찬물 같은 목소리>, <으스스 몸을 떨었다>, <이를 뽀드득 갈았다>(246~249) 등 신체 코드로 기질 코드인 불쾌감을 나타내고 있다.

c. 양태 코드

양태는 양태 가치로 전환되어야 하는데, 이것이 가치가 되기 위해서는 강도와 양이 결합된 점이적인 변이에 따라야 하며 어떤 양태의 강도와 변이는 다른 것의 변이를 일으키면서 서로 맞물려 조합될 수 있다. 이처럼 조합이 되면 양태는 정념의 특징을 이루는 분리할 수 없는 연쇄체를 형성하여 정념 효과를 생성한다. 양태에 적용된 <긴장성>은 양태를 양태 가치로 변형시키고, 이것은 연관된 양태 장치를 형성하는데 이것이 바로 양태 코드이다.

d. 관점 코드

행위소는 어떤 사행에서든지 술어적 방향성의 중심이 될 수 있으며, 불어에서 동작주 행위소, 대상, 매개자 ... 등이 문두에서 주어 기능을 주장할 수 있다. 이 일반적 상황은 관점화에 의해 해결될 수 있는 <긴장>의 원리이다. 하나 밖에 없는 주체의 자리를 차지하기 위해 행위소 간에 잠재적 경쟁이 일어나는데, 그 결과는 담화 현동태에 의해 택해진 위치에 의해 결정될 것이다.

사행의 행위소 구조에 적용된 <긴장성>은 각 행위소의 현존 비중을 결정한다. 사행은 다른 어떤 행위소보다 <긴장성>의 비중이 큰 행위소의 관점에서 방향이 정해지는데, 이 힘의 가중이 관점 코드를 결정한다고 할 수 있다. 서사적 조작이 관련된 행위소 가운데 한 행위소 관점에서 파악될 경우, 그 조작은 하나의 상실이나 획득이 될 수 있으며, 주체 행위소에게 분노, 만족, 향수, 절망의 감정을 불러일으킬 수 있다.

하영민과 서상철에서 이 코드를 살펴보면, 여주인공 난우는 하영민이 기점 행위소일 때 연접(획득)이 되어 만족감이 생기게 된다. 반대로 서상철이 기점 행위소가 될 때 하영민과 이접이 되어 절망감에 사로잡힌다. 또한 난우와 선숙의 경우도 마찬가지이다. 하영민은 난우가 기점 행위소일 때 연접이 되어 만족감이 생기게 되지만, 선숙이 기점 행위소가 될 때 이접이 되어 절망감이 일어나게 된다.

e. 리듬 코드

강도와 양(범위)의 <긴장>은 상과 템포로 된 형태와의 결합으로 새로운 효과를 산출한다. 예로 흥분은 약한 폭(범위)과 빠른 템포(강도)의 반복(상적 형태)을 조합하는 것이라 할 수 있다. 이처럼 인식할 수 있는 리듬군을 얻을 수 있으며, 이것은 대조에 대한 지각을 조절하고 요구하는데 리듬이 있는 곳에서 우리는 잠재적인 의미를 포착할 수 있다.

이 코드는 직접적으로 지각할 수 있는 감성적 형태로 실제의 행동이나 사고방식과는 무관한 하나의 형태이다.

정념 효과의 관점에서 보면, 리듬은 신체가 느낀 <긴장>의 단면이다. 완만한 리듬은 자기 수용적 지각을 완만하게 하고 홍분된 리듬은 자기 수용적 지각을 홍분시키며 절분된 리듬은 자기 수용적 지각을 절분시킨다. 난우 어머니의 한숨 소리, 영민의 홀로 된 형수 선숙의 한숨 소리, 서상철의 깊은 한숨은 템포와 반복상을 조합한 리듬 코드이며, 이 코드로 주체가 답답하거나 억울하고 불만에 차있는 상태임을 포착할 수 있다.

f. 형상 코드

정념 효과의 형상 코드는 정념의 전형적인 장면으로 정의되며, 빈번하게 사용되어 일종의 반복적인 주제가 될 수 있는 것을 말한다. 텍스트에서 연인과 연적이 함께 있지만 질투자는 배제된 장면이 가장 잘 알려진 전형적인 장면 가운데 하나이다.

정념화된 행위소는 가치와 관계있다고 할 수 있다. 가치는 형상 세계에 내재되어 나타나며 행위소에게 감각을 일으키는데, 이 감각이 최초의 가치론적 느낌인 기쁨과 고통의 기점이 된다. 이런 관점에서 형상 코드는 정념화된 행위소에게 가치론적 예감의 코드가 된다.

첫 번째 삼각관계에서 서상철은 자신은 제외된 채 난우와 영민이 다방에 같이 앉아 있는 것을 목격하고 불길처럼 타오르는 질투의 감정을 느낀다.

> 두 사람이 다방을 나가는 뒷 모습을 보고 있던 사나이, 모자의 챙을 깊숙이 내리고 앉아 있던 사나이는 재떨이에 담배를 던지고 슬그머니 일어서서 그들의 뒤를 따라 나간다. (…) 불길처럼 타오

> 르는 질투의 감정을 억제할 도리는 없었다.(275)

두 번째 삼각관계에서도 유사한 형상 코드가 발견되는데, 선숙은 자신은 배제된 가운데 영민과 난우가 함께 있는 것을 보고 심한 질투에 사로잡힌다.

> 그러한 영민과 난우의 모습을 뒤에서 바라보고 있는 여성이 있었다. 선숙이다. 영민의 형수인 선숙이었다.(303)

≪ 텍스트 분석 ≫

처음부터 지금까지 살펴본 분석 도구를 박경리의 『표류도』에 적용하여 그 가능성을 알아보고자 한다.[28)]

1. 『표류도』

박경리(1926~2008)는 전후 전통적 삶의 양식과 가치관이 파괴된 사회에서 인간의 비극적인 운명과 참담한 삶의 모습을 형상화한 수많은 작품을 발표하였으며, 그 당시 단편 소설이 주류를 이루고 있던 우리 문단에 장편 소설 『표류도』를 발표하여 내성문학상을 받았다. 이로써 장편 소설 작가로서 재능과 저력을 보여주고 우리 문단에 장편 소설의 가능성을 열어주었다.

박경리의 소설은 대개 여자의 운명을 중심으로 다루고 있으며 사랑의 실패로 끝나는 감상적인 실연담이다. 『표류도』도 마찬가지로 한 여성의 이룰 수 없는 사랑의 기록이다. 작품의 배경은 당시 이혼 제도가 발달하지 않고 여성의 지위가 억압되어 있는 폐쇄된 한국 사회이며, 이러한 시대에 감수할 수밖에 없었던 한 여성이 겪은 사랑의 불행에 초점을 맞추고 있다.

1.1. 줄거리

명문대 출신의 매우 지적인 다방 마담 주인공 현회의 시각으로 전개되고 있다. 현회는 한국 전쟁 초기에 동거하던 애인을 잃고 연로하신 어머니와 딸 훈아의 부양을 책임지고 힘겹게 살아가는 미망인이다. 생활비를 벌기 위해 다방을 경영하던 중에 자주 드나들던 대학 교수 이상현을 사귀게 되지만, 그는 처자가 있는 유부남이다. 그와의 사랑은 비단 도덕적 문제뿐 아니라 신분상의 차이도 커서 주인공은 끝없는 갈등에 처해 방황한다. 그러다가 어느 날 현회는 오해로 인해 이상현 부인에 대해 걷잡을 수 없는 질투에 사로잡혀 다방에 돌아와 앉아 있는데, 마침 그 때 자신에게 추근대는 최강사가 다른 사람에게 자신을 비하하는 말을 하는 것을 듣게 된다. 그 여자는 분노에 사로잡혀 충동적으로 그에게 청동화병을 던진다. 그로 인해 최강사는 죽고, 그 여자는 그 일로 형무소에 갔다 온 후, 진정으로 사랑하는 이상현과는 이별하고 현실적 사랑 김선생과 결합하는 것으로 이야기는 끝난다.

1.2. 분석

a. 현상학적[29] 만남

> 나는 어느새 안경 저편에 있는 그의 눈 속을 헤매고 있는 내 자신을 잊어버리고 있었던 것이다. 피차간에 그것은 일순간이었지만… . (13)[30]

인용문에서 '그의 눈 속을 헤매고 있는 내 자신'은 그(상현)의 눈 속에서 나(현회)의 존재를 확인하고 싶은 내 마음이다. 존재를 확인하고 싶은 나의 목표에 의해 그의 현존 영역이 정해진다. 내 마음은 그의 눈 속을 방황하는데, 둘 사이 영역을 가로지르는 흐름인 시선은 나에게서 그로 방향 지어져 있다. 이처럼 나는 그의 눈을 나 자신의 눈과 감정이입 관계에 있는 눈으로 인정한다. 이러한 감정이입은 그와의 애정 관계를 맺는 첫 단계로 작용하는데, 2장 내내 계속된다.

> 나는… 그를 내려다보았다. 그도… 나를 쳐다보았다. 강렬한 정감이 교차한다. (23)

위와 같이 보는 행위와 보여지는 것 사이에 일종의 융합, 즉 강렬한 정감이 일어난다. 그 순간에 느끼는 행위와 느껴지는 것 사이에 섬광이 번쩍인다. 이와 같은 감정이입으로 S_1과 O, 둘만의 첫 만남은 이루어진다. 아울러 S_1 내부의 도덕적 주체와 비도덕적 주체의 갈등도 시작된다.

b. 도덕적 주체와 비도덕적 주체

첫 만남을 시작으로 여주인공 현희(S_1)는 상현(O)과 사귀게 된다. 하지만 O는 기혼남이다. S_1은 O와의 사랑이 싹트면서 내면의 도덕적 주체와 비도덕적 주체가 서로 잠재적으로 갈등하고 부딪치는 충돌을 수없이 겪는다.

도덕적 주체는 O가 유부남이므로 결합 /해서는 안됨/과 결합 /할 수 없음/의 양태, /의무/와 /능력/의 양태를 부여한다. S_1은 "애정이란 구름 같은 거죠, 자기가 자기한테 기만당하는 환각 같은 것이죠"(44), "우리에게는 너무 그늘이 많아요"(143), "우린 체념해야죠"(144), "모두 환상이고 유희라 생각되요"(182) "이 상태가 계속 되어서는 안된다"(241)고 말한다.

그러나 비도덕적 주체는 O가 유부남임에도 불구하고 결합 /하기를 원함/과 결합 /할 수 있음/의 양태, /의지/와 /능력/의 양태를 부여한다. S_1은 "정말로 뺏아버릴까?"(117), "어떠한 폭풍의 예측도 우리의 행위를 막지는 못한다."(181)라고 스스로에게 말한다.

어느 봄 날 S_1과 O는 강가로 놀러 나가 모래사장에서 별을 보고 눕는다.

> 무엇이 우리들의 행동을 막았는가. 별빛이었던가. 넓은 공간이었던가. 아니었을 것이다. 우리들 속에 모래알만큼 남아 있었던 윤리 의식이 그 순간 확대되었을 것이다. 괴로운 패배였다. 그렇다면 사랑과 포옹과 이렇게 서로 쳐다보고 앉았는 것은 윤리 의식의 작용을 받지 않는단 말인가. (147)

S_1의 도덕적 주체는 유부남과의 행동을 막는데, 결합해서는 안 된다는 사회적 /의무/의 양태를 투사한다. 이 경우 개인적 /의지/가 있다 할지라도, 사회적 /의무/가 더 우세하므로 비도덕적 주체는 패배하게 된다.

몇 달 후 S_1과 O는 하룻밤을 기약하고 여행을 결행한다. S_1은 "사랑하면 할수록, 자주 만나면 만날수록, 육신이 가까워지면 가까워질수록, 욕망과 집착은 무한정하게 커갈 뿐이다"(171), "말이 없어도 즐겁고, 그리고 슬프다. 서로의 가슴마다에 벅찬 애정이 눈으로 오간다"(171) 등을 느낀다.

> 전등불이 꺼졌다. 달빛이 안개처럼 스며드는데 소상처럼 그의 장신이 서 있었다. 장지문이 닫혀졌다. …그는 나에게로 달려왔다. "현회! 얼마나 당신을 생각했는지 모르겠소…"
> 그는 부들부들 떨면서 내 머리를 움켜쥐었다… (178)

위에서는 비도덕적 주체의 승리이다. S_1과 O는 강도 높은 /

의지/ 양태를 투사하므로, /의무/ 양태는 물러앉는다. 이 경우에는 개인적 /의지/가 사회적 /의무/를 지배한다고 말할 수 있다. O와 사랑에 빠진 비도덕적 주체는 자신을 "죄를 범하는 천사"(180)로 미화시킨다.

첫 번째 인용문에서 S_1은 사회적 /의무/가 개인적/의지/를 지배하는 주체, 불륜을 범하지 않는 도덕적 주체이지만, 두 번째 인용문에서 S_1은 개인적 /의지/가 사회적 /의무/를 지배하는 주체, 불륜을 저지르는 비도덕적 주체라 할 수 있다.

이와 같이 두 주체에게 있어서 /의무/와 /의지/는 서로 역상관관계에 있다. 전자의 양태가 실현되면 후자의 그것은 약화되거나 부정되며, 후자의 양태가 우세하면 전자의 그것은 약화된다. 이처럼 양태 간 상관관계를 통해 정념 효과가 나타난다고 할 수 있다. 주체에게 투사되는 양태, 사회적 /의무/와 개인적 /의지/ 간의 갈등이 매우 심할 때, 그의 긴장은 최고도에 이르지만, 긴장이 이완될 때는 경우에 따라 고통과 후회가 뒤따를 수 있다.

S_1 내면에 도덕적 주체와 비도덕적 주체가 갈팡질팡하는 가운데, 우연한 사건이 둘 사이를 갈라놓는다. 출장에서 돌아온 날 O는 미국에서 온 여동생과 얘기하느라 S_1의 다방에 가지 않았다. 여동생을 O의 부인으로 오해하여 질투에 사로잡힌 S_1은 다방에서 자신을 폄하하던 최 강사에게 청동 꽃병을 던져 그는 즉사하게 된다. 이 일로 인해 S_1은 감옥생활을 하게 된다.

c. 질투의 4단계 양태 결합 시퀀스

현회는 미국에 갔던 이상현이 돌아온 것을 아직 모르고 있다. 빌린 돈을 갚기 위해 친구 계영의 집에 갔다가 창가에서 내려다보이는 언덕 아래 상현 집 거실을 보게 된다. 거기서 소파에 앉아 있는 상현의 뒷모습과 옆에 다정히 앉아 있는 여동생을 보게 되는데, 이 여자가 부인인 것으로 오해를 하고 통제할 수 없는 질투를 하게 된다.

(a) 사랑은 내 마음 속에 있는 것이고 사랑은 그 사람의, 상현 씨의 마음속에 있는 것이다.(117)

(b) 계영은 입을 비쭉거리며 코웃음을 친다…

"흥미가 없다고? 어제 저녁에 이상현 씨가 돌아왔는데두 흥미가 없어?" 그 말은 뛰놀고 있던 (현회의) 심장을 잠시 멎게 하였다.(248~9)

(c) "거봐, 얼굴빛이 그렇게 변하면서도 흥미가 없어? 바로 네가 지금 서 있는 창가에서 보이는 집이 그들의 가정이야. 평화스럽고 안락한 가정이란 말이야".

내 시선은 분별할 겨를도 없이 그 곳에 가 있었다. 아아, 상현 씨가 거기에 있다. 햇볕이 포근하게 내려쬐는 곳, 흰 창살의 유리문 안의 마루, 긴 소파가 있고 그 곳에 앉아 있는 그의 뒷모습…

여자가 기댄 소파 뒤에 팔을 얹고 여자의 얼굴을 쳐다보고 있는 상현 씨의 옆모습 …폭풍처럼 거센 질투, 생명이 새까맣게 지워져버리는 순간, 절망, 무질서하고 균형을 잃은 신경, 발광의 상태다

…

그러면서도 나는 손님이 문을 밀고 들어올 적마다 마에 끄들린 것처럼 그 곳으로 고개가 비틀어지는 것이었다. 상현 씨를 기다리는 것이다. 그러나 그는 종내 오지 않았

다.(249~251)

(d) "안돼 그건. 일전에 내가 부탁한 일 들어주어야 돼요. 스미스, 사실 저 여자는 말이야, 내 것인데 조건에 따라 양보할 수도 있어. 여자를 갖는 데는 낭비가 심해 골치야, 하하핫!"

눈에 불을 켜고 최 강사의 뒤통수를 뚫어져라 노려본다. 망치로 그 뒤통수를 바수어 죽이고 싶다. …광포한 피가 기름처럼 지글지글 끓고 있었고, 돌아앉은 최 강사의 뒤통수만이 새까만 점이 되어 눈 속에 밀려들어온다.

"이런 곳에 있는 여자는 레이디가 아니니까 손쉽고 또 뒤가 귀찮지 않거든…"

빈 청동 꽃병을 와락 잡아당겼다. 오직 최 강사의 뒤통수만이 흑점이 되어 뚜렷하게 나타난다.

순간 마돈나의 창문들이 모두 뒤틀리어 공중에서 교차했고, 막막한 속에 시뻘건 불덩어리가 출출 쏟아진다. 뒤통수, 까만 점이 흔들리며 앞으로 넘어진다. 보이지 않는다. (252)

(a) 첫 번째, S_1은 자신이 애착하는 대상과 연접되어 /있어야 하고/, 그렇게 되어 /있음을 믿는다/. 이것을 텍스트에 적용하면, 주체인 현희는 대상인 상현과 '연접 상태에 있어야 함'과 '연접 상태에 있다고 믿음'을 투사한다. 또한 이것은 신뢰의 표준통사행로에서 첫 번째 '신뢰'의 단계이다.

(b) 두 번째, S_1은 O의 태도에 대해 의혹을 품는다. 대상인 상현이 외국에서 돌아왔으나 자신을 만나러 오지 않았음을 알고 주체인 현희는 뛰놀고 있던 심장이 멎는 것 같음을 느낀다.

즉 S_1은 /~이 아닐 수 있음 -자신이 대상과 연접 상태에 있지 않을 수 있음/ 과 /~임을 믿지 않음 -자신이 대상과 연접 상태에 있음을 믿지 않음/을 투사한다.

이 단계는 신뢰의 표준통사행로 두 번째 '의혹'의 단계로서, S_1은 O가 귀국 즉시 자신을 만나러 오지 않았음을 알고 그에 대한 신뢰가 조금씩 무너진다.

(c) 세 번째, S_1은 제외되고 S_2와 O만이 함께 있는 장면을 목격함으로써 S_1은 O와 연접 상태/에 있을 수 없음/과 O와 연접 상태/가 아님을 믿음/을 투사한다. 텍스트에서 창문을 통해 현회는 상현과 부인이 나란히 앉아 있는 모습, 정답고 행복스럽게 오래간만에 만나 즐거움을 나누고 있는 모습을 보고 거센 질투를 느끼며 친구 계영의 집을 뛰쳐나오다시피 한다. 간신히 몸을 추슬러 다방에 돌아가 상현을 기다리지만 그는 종내 오지 않는다. 즉 주체 현회는 대상 상현과 연접 상태/에 있을 수 없고/, 연접 상태/가 아님/을 확신한다. 따라서 신뢰의 표준통사행로 마지막 '불신'의 단계가 된다.

(d) 네 번째, S_1이 활기를 되찾아 사랑이 다시 태어나거나, 반대로 극심한 증오에 사로잡히게 되는 /~이기를 원함/이나 /~하기를 원함/이 투사되는 단계인데, S_1이 극심한 증오에 사로잡혀 'O를 살해하기를 원함'의 잠재의식이 최 강사에 대해 표출된 것이다. 즉 S_1의 행위는 잠재의식적으로는 상현에 대한 것이고, 의식적으로는 최 강사에 대한 것이라고 할 수 있다. 이로써 질투의 4단계 양태 시퀀스는 마감된다.

극심한 질투의 감정에 사로잡혀 모든 눈물을 펑펑 쏟아 버리고 싶은 S_1은 전부터 본능적으로 싫어했고, 여러 번 유혹하려 했으나 거절당했던 최 강사가 외국 손님에게 자신을 비하하는 말을 하는 것을 듣게 된다. 이 때 그 여자는 충동적으로 앞에 놓인 빈 청동 꽃병을 와락 잡아 당겨 그의 뒤통수에 던진다. 이것은 도덕적 주체가 통제할 수 없는 비도덕적 주체의 충동성, '망치로 그 뒤통수를 바수어 죽이고 싶다'는 /의지/와 앞에 놓인 청동 꽃병을 던질 수 있는 /능력/의 양태가 순간상에 의해 표출된 것이다.

현회가 청동 꽃병을 던진 행위를 달리 표현해 보면, 제스처는 사유의 대체물로 의식이 구성하는 대상 가운데 하나이다. 현회의 행위는 총체적 발화 작용으로 신체의 사유라고 하는 육화의 한 현상이라 할 수 있다. 신체로서 주체는 청동 꽃병을 우발적으로 던지는 행위로 자신의 격분을 표출함으로써 최 강사가 자신에 대해 어떠한 모욕적인 말을 했는지 폭로하고 있다. 모욕적인 말에 대한 파악이 주체의 신체를 통해 이루어지고, 이 행위는 타자에 대한 비언어적 기호라 할 수 있는 가시적 지각작용으로 표출되고 있다.

d. 진리 검증 사각형

앞의 인용문 (c)에서 현회는 멀리 보이는 상현 옆 여자의 정체에 대한 불확실함을 상상으로 메우는데, 친구 계영의 말이 그녀의 상상에 덧붙여진다. 그래서 현회는 상현 옆 여인이 그의 부인인 것으로 오해하여 질투에 사로잡힌다. 하지만 그 여인은 그의 부인이 아니라 미국에서 온 여동생임이 나중에 밝혀진다. 이러한 사실을 진리 검증 사각형으로 분석해 보고자 한다.

현회는 처음에는 자신이 목격한 상현 옆 여인을 당연히 그의 부인으로 해석한다. 하지만 오해에서 비롯된 것으로 /비현상/으로 놓을 수 있다. 이 /비현상/에서 현회는 상현의 변심을 추정하게 되며, /비존재/로 놓을 수 있다. 즉 현회는 /비현상/ + /비존재/인 허위 상태에 있다. 하지만 /비현상/을 /현상/으로, 이어서 /비존재/를 /존재/로 돌려놓을 수 있는 표지가 나중에 상현이 무심히 던진 말에서 밝혀진다.

> "그날 제가 나갔어도 그런 사고는 일어나지 않았을 것입니다…
> 마침 미국에서 누이동생이 같이 나와 그 애하고 얘기를 좀 하느라고…" (269)

이처럼 상현 옆에 앉아 있던 여인은 그의 부인이 아니라 오랜만에 미국에서 온 여동생이다. 이로써 현회는 /현상/의 상태에 있게 됨과 동시에 상현의 변함없는 마음(/존재/)을 확인하여, /현상/ + /존재/ 진실의 상태에 있게 된다. 이러한 것을 다음과 같이 기호 사각형에 나타낼 수 있다.

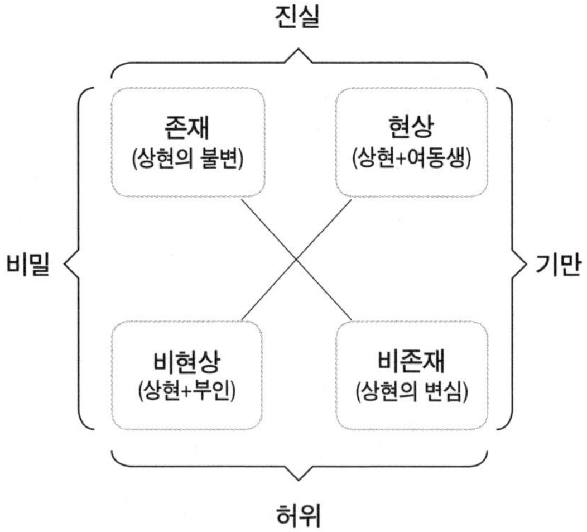

e. 독점성

> 머리카락 한 오라기까지도 나 아닌 누구에게도 줄 수 없고 그의 순간적인 생각까지도 나로부터 비켜서는 것을 원치 않는 강한 독점욕, 그 정열은 깊고 완강한 것이다. (218)

독점이란 가치 대상을 다른 사람과 공유하는 것을 거부하고 혼자서만 독차지하려는 것이다. 이것은 하나의 총체와 총체의 일부분 하나의 개체를 가정한다. 하나의 개체는 다른 사람과 공유하는 '공유적 개체'와 다른 사람과 공유를 거부하고 독점적 소유를 추구하는 '독점적 개체' 두 가지로 분류할 수 있다. 이런 관점에서 독점적 주체란 공동체에서 우선은 자신의 몫을 발견하고 그 다음에는 그 몫을 자신의 것으로 만드는 주체라 할 수 있다. 즉 사물이나 사람을 독점하기 위해서는 두 가지 조작이 필요한데, 첫 번째는 공유적 개체를 발견하는 것이고, 두 번째는 이것을 독점적 개체로 변형시키는 것이다.

S_1은 O에 독점성을 투사한다. S_1은 O인 공유적 개체와 교제해 감에 따라 점차 그를 독점적 개체로 변형시키고, 다른 사람과 어떠한 공유도 허용하지 않는다. 즉 S_1은 O의 "머리카락 한 오라기까지도", "그의 순간적인 생각까지도" 다른 사람과 공유/가 아니어야 함/을 투사한다.

f. 정직과 기만

정직과 기만은 나와 타자 사이 인간 관계에서뿐 아니라, 자기 자신과의 관계 속에서도 일어나는 문제이다. 이것은 S_1의 내면에 자신과의 관계 속에서 벌어지는 내적 사건이다. S_1은 의식적으로 표방하는 내용과 잠재의식적으로 욕망하는 실질적 내용이 다르다.

> 그를 사랑했었다. 그러나 나는 천연스럽게 그러한 것을 묵살할 수 있었다. 그가 십여 일 동안이나 나타나지 않았던 이전에 나는 애정에 대하여 무관심할 수 있다는 것을 자신했었다. 사랑은 환상이라 했다. 나는 지금도 그렇게 믿고 있다. …사랑이 꿈이 아니고 환상이 아닐 것을 바라는 마음에서… (14~6)

S_1은 O와 관련된 상황의 가치에 지배당하고 있기 때문에 실제적 감정을 감추게 된다. 의식적으로 '애정에 대하여 무관심할 수 있다는 것을 자신'하지만, 잠재의식적으로 O에 대한 욕망이 변함없이 깔려 있다. 또한 의식적으로 사랑을 환상이라 하지만, 잠재의식적으로 사랑이 환상이 아니기를 바란다. 이것은 O와 여행을 떠나 실제로 하룻밤을 같이 지내는 것과, "정말 뺏아버릴까?"라고 생각하는 것으로 드러난다. 이처럼 도덕적 주체는 사랑을 환상이라면서 스스로를 기만하는 반면, 비도덕적 주체는 사랑이 환상이 아니기를 바람으로써 진실되고 정직하다.

S_1은 하류 계급에서 자라난 사람인 반면, O는 상류 계급에서 자라난 사람으로 동일한 사회 계급에 속하지 않는다. S_1은 이러한 계급의 차이를 '흰 벽'과 '부글부글 끓는 하수도'(16)로 비유한다. 텍스트의 첫 부분에는 계급의식이 우세하여 사랑이 제자리에 머문다. 하지만 중간 부분에서는 사랑이 무르익고 그럴수록 계급의식은 뒤로 물러앉는다. S_1의 내적 세계에

있어서 상위로 올라가기 시작하는 사랑의 감정과 하위로 떨어지는 계급의식의 상호관계는 역상관관계로 아래 도식으로 표현할 수 있다.

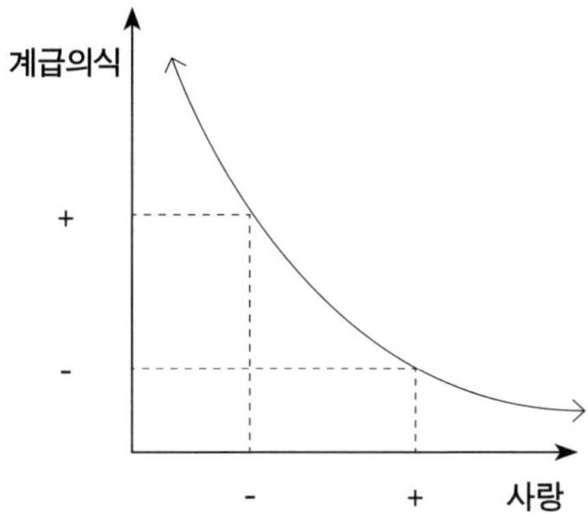

S_1과 O의 신분 차이는 S_1이 감옥 생활을 한 이후 더욱 더 벌어진다. 계급의식에 대한 인식이 한층 더 증가함에 따라, 그녀가 O와 결합해서는 안 된다는 /의무/ 양태는 더욱 더 우세해지는데, 그에 대한 사랑은 자신감을 잃어 /의지/ 양태는 점점 더 후퇴한다. 또한 두 양태의 갈등이 /의무/의 승리로 기울어지면서, 여기에서 비롯되었던 강도 높은 긴장감은 점차 완화된다. 이처럼 사회적 /의무/는 강해지고 개인적 /의지/는 약해지는 가운데, O는 S_1의 /의지/ 양태에 종지부를 찍게 될 결정적인 말을 한다.

> "현회 씨는 나하고 결혼하든지, 환규하고 결혼을 하든지 둘 중에 하나로 결정하시오". (302)

'나와 환규 둘 중에서'는 개인적 입장과 관계되는 반면, '하나로 결정하다'는 사회적 차원에서 S_1의 상황을 요약하고 있다. 따라서 O의 말에는 사회적인 것과 개인적인 것이 얽혀 있다. S_1은 두 남자와 사귀고 있으며 자신의 /의지/에 따라 그들 중에서 마음대로 선택할 수 있는 개인적 /능력/을 갖춘 주체이다. 그 여자가 한 남자만을 택해야 하는 것은 사회적 구속이므로, O는 S_1에게 위와 같이 사회적 양태의 언어로 말하고 있다.

S_1의 사유는 O의 발화 속을 거닐고 있다. 이것은 그 여자의 정신을 가득 메워 어떠한 것도 그 여자를 이 말로부터 떼어놓지 못한다. 그 여자는 O가 자신에게 '둘 중에 하나로 결정하라'고 한 말을 '당신이 꼭 나를 택하지 않아도 된다' 혹은 '당신이 그를 선택한다 해도 나는 상관없다, 괜찮다'로 해석한다. 만약 O가 S_1을 매우 사랑하여 그 여자 없이 살 수 없을 것 같으면 이런 말을 할 수 없을 것이기 때문에, S_1은 'O가 자신을 원하지 않는다'는 개인적 양태의 언어로, O의 /비의지/ 양태로 옮긴다.

S_1은 잠재의식적으로는 O를 사랑하고 또 O가 자신을 사랑함을 알고 있으면서도, 의식적으로 'O가 자신을 원하지 않는다'고 단정하여 스스로를 기만한다. 이와 같이 그 여자는 자기기만을 연출하여 이룰 수 없는 사랑의 마무리를 짓고, 독신이므로 결혼을 해도 사회적으로 거리낄 것이 없는 환규를 택한다. 결론적으로 S_1은 자신의 사랑의 감정에 대하여 정직하지 못하여, 남을 속이는 주체일 뿐 아니라 자기 자신도 속이는 주체라 할 수 있다.

≪ 맺음 말 ≫

새로운 정념 분석은 정념을 의미 생성 행로 세 층위로 분석하는 것이 아니라, <양태구성요소>와 <긴장 현시 요소>로 분석하는 것이다. 전자는 양태 주체의 상상적 투사를 기반으로 하여 양태 존재로 분석하는 양태 분석이고, 후자는 강도와 범위를 기반으로 하는 긴장 분석이라 할 수 있다.

인간의 내면세계를 세밀하게 분석할 수 있는 양태 분석을 이용하여 텍스트 내 행위소의 정체성을 구축할 수 있는데, 행위소의 양태 정체성은 M_0 행위소에서 M_4 행위소까지 다섯 가지로 분류할 수 있으며 박경리의 『재귀열』에 등장하는 작중 인물에 적용하여 알아보았다. 텍스트에는 대표적인 행위자 가운데 두 명의 비도덕적 주체(상철과 선숙)가 등장하며, 모두 /의무/를 저버리고 /의지/만을 주장하여 자살로 생을 마감한다는 점에서 공통점이 있다. 『재귀열』은 비도덕적 주체의 파멸과 도덕적 주체의 승리를 형상화한 작품이라고 할 수 있다.

담화 도식에서는 정념 도식 5단계에 해당하는 긴장 도식을 명시하였으며, 『재귀열』에 정념과 긴장 두 도식이 합해진 담화 도식을 적용하여 고찰하여 보았다. 텍스트에서 형수 선숙이 시동생 영민에게 연모의 정을 느끼는 형성화 단계부터 패륜의 여자라고 자책하며 수면제를 먹고 자살하는 마지막 단계까지를 5단계로 분석하였다.

남편이 먼저 세상을 떠나 홀로 된 선숙은 사랑하는 시동생에게 애인이 있다는 것을 알고 우울증에 걸린 것이라 생각할 수 있는데, 우울증의 경우 두 번째 장치화 단계에서 연적(난우)과 대상(영민)이 연접/이 아니기를 원함/, /이 아니어야 함/, /일 수 있음/, /임을 앎/과 같이 부정적이고 긍정적인 양태 조합으로 이루어진다. 이 단계에서 불안과 두려움 등 부정적 정념이 반복적으로 생성되는데, 정념화 단계로 넘어가기 전 의사의 상담을 받으면, 선숙의 경우처럼 /살기를 원치 않음/, /살아야 하지 않음/, /살 수 없음/, /사는 법을 알지 못함/과 같이 모두 부정적인 양태 조합으로 자살에 이르게 되는 것을 피할 수 있다고 생각한다. 그러므로 이 도식은 우울증이나 좌절감에 빠진 환자의 감성을 논리적으로 분석하고 치유하는 방법을 제시해 줄 수 있다고 말할 수 있다.

그리고 『표류도』에 산재해 있는 주요 정념 -주체와 대상의 첫 만남에서 마지막 헤어짐에 이르기까지 전개되는 다양한 주체의 정념- 을 정념의 기호학적 방법으로 분석하고 유효성과 가능성을 알아보았으며, 텍스트를 새로운 측면에서 이해할 수 있었다고 본다.

이 소설은 도덕적 주체와 비도덕적 주체가 여러 모습으로 변주하면서 이어지는 것이 핵심이다. 주인공을 통해 인간의 의식과 잠재의식 사이에는 언제나 크고 작고 견고한 간극이 놓여있음을 알 수 있었다. 『표류도』는 이 같은 의식과 잠재의식을 기호학적으로 분석할 수 있는 좋은 작품이라 생각한다.

미주

1) J. Fontanille, *Sémiotique et littérature*, Op. cit.

2) J. Fontanille, "*Sémiotique des passions*", Op. cit., pp.603~36

3) Louis Hjelmslev, "La syllabe en tant qu'unité structurale", *Nouveaux Essais*, Paris, PUF, 1985, pp.165~71. (J. Fontanille, , Op. cit., p.74에 재인용

4) J. Fontanille, *Sémiotique et littérature*, Op. cit., pp.74~5 참고.

5) Joseph Courtés, , Hachette, 1976, p.74.

6) Anne Hénault, , PUF, 1983, p.60. (홍정표 『역사, 일반 기호학』, 문학과 지성사, 2003, 64쪽)

7) 퐁타닐은 담화 기호학에 존재태를 현존과 관련하여 수와 강도 등으로 세밀히 분석하고, 힘의 논리, 위치의 논리 등으로 기호학 이론의 지평을 넓혀가고 있다.

8) 박경리, 『표류도』, 나남출판, 1999, 42쪽.

9) 홍정표, 「박경리의 『표류도』에 나타난 정념의 기호학적 분석」, 『기호학 연구』 제26집, 한국기호학회, 2009. 12., 410~1쪽 참고,

10) 서사 도식과 비교해 보면. 첫 단계 <믿음croyances>은 서사 도식의 조종에 해당하고, <동기motivations>와 <자질aptitudes>은 역량에, 그리고 <실행effectuations>은 수행에 해당한다고 할 수 있다.

11) J. Fontanille, *Sémiotique et littérature*, Op. cit., p.75.

12) J. Fontanille et Cl. Zilberberg, Op. cit., p.190.

13) 홍정표, 「정념의 기호학과 담화 기호학의 상호보완적 고찰」, 기호학 연구 제28집, 한국기호학회, 2010. 12, 292~312쪽 수정 보완.

14) 양태는 /원하다/ 혹은 /원하지 않다/와 같이 범주적인 방식으로 작용하는 것이 아니

라, 점이적인 방식으로 작용한다. <반항인>과 <체념한 사람>을 보면, 전자는 /의무/보다 /의지/를 더 중요시하는 반면, 후자는 /의지/보다 /의무/에 더 비중을 두는 자이다. 이와 같이 양태의 차이는 점이적 차원으로 되어 있으며, 이것이 양태 간에 위계 관계를 도입한다. 이런 양태의 위계 관계와 경도가 주체에게 어떤 역할이나 태도를 부여한다고 할 수 있다.

15) J. Fontanille, *Sémiotique du discours*, Op. cit., pp.181~3 참고.

16) 『박경리 문학 전집 10, 환상의 시기(중편집)』, 지식산업사, 1980.
조산원 산파인 난우는 밀수업자 서상철과 대학 동창이다. 서상철은 난우를 사랑하여 끈질기게 쫓아다니며 괴롭힌다. 난우의 언니 송우는 우연히 옛 애인인 강상훈과 마주치지만, 그는 이미 미국에서 그 나라 여자와 결혼한 상태이다. 송우는 그가 서울에 있는 동안 같이 자주 만났지만, 그는 가정에 충실한 남자로 결국 의무를 지키기 위해 미국으로 떠난다. 그가 떠난이후, 예전에 생활이 불건전했던 송우는 양재학원에 다니며 새로운 삶을 살기로 결심한다.
난우는 우연한 기회에 의사 하영민과 사귀게 된다. 그는 일찍 돌아가신 형의 뒤를 이어 받아 병원을 하고 있으나 홀로된 형수는 형을 많이 닮은 영민을 사랑한다. 하지만 영민에게 애인 난우가 있음을 알고 실의에 빠져 비관 자살을 한다. 또한 서상철도 부하들의 배신과 난우의 약혼, 그리고 자신이 경찰에 포위되었음을 알고 자살한다. 이런 수많은 우여곡절 끝에 난우와 영민의 사랑은 이루어진다.

17) J. Fontanille et Cl. Zilberberg, Op. cit., p.174.

18) J. Fontanille, *Sémiotique et littérature*, Op. cit., p.3.

19) J. Fontanille, *Sémiotique du discours*, Op. cit., p.71.

20) *Ibid.*, p.72.

21) J. Fontanille, “Sémiotique des passions”, Op. cit., p.636 참고.

22) *Ibid.*, p.607.

23) *Ibid.*, p.609.

24) *Ibid.*, pp.628~30 참고.

25) 『재귀열』 원문의 쪽수.

26) J. Fontanille, “Sémiotique des passions”, Op. cit., p.619~27 참고.

27) 치환작용은 자신이 원했던 대상을 상실했을 경우 이에 대체할 수 있는 사람이나 사물에 집착함으로써 자신의 욕망을 달성하려 하는 것.

28) 홍정표, 「박경리의 『표류도』에 나타난 정념의 기호학적 분석」, 『기호학 연구』 제26집, 한국기호학회, 2009. 12., 419~32쪽.

29) 현상학은 생활 세계의 체험과 시간과 공간의 제약 속에서 제기되는 상황의 의미, 원초적인 인간 생활의 적나라한 현상을 밝히려는 학문으로, 지각의 경험에서 출발하여 육화된 의식에 체험되는 현상을 기술하는 학문이라 할 수 있다. 퐁타닐은 모든 기호학은 지각과 감각에 부합하는 역할에 따라 … 현상학적 차원을 지닌다고 주장한다. (J. Fontanille, *Sémiotique et littérature*, Op. cit., p.228) 인용문은 현상학적 기호학으로 분석하는 것이 적합하다고 할 수 있다.

30) 괄호 안은 『표류도』 원문의 쪽수.

IX
결 론

정념 기호학은 세계에 대한 새로운 시각과 사물에 접근하는 새로운 방식을 가져왔으며, 현대의 새로운 현상을 이해하고 분석하기 위해서는 기호학과 같은 창의적이고 독특한 방법론이 필요하다고 생각한다. 이 이론은 텍스트에 표출된 정념을 지금까지와는 다른 방식으로 세분하여 분석함으로써 조직적이고 체계적이며 일목요연하게 이해할 수 있게 한다. 또한 연속성을 파악할 수 있는 개념 도구를 제공하고 복잡한 구조 내용을 가지적으로 도식화하여 논리적으로 알기 쉽게 이해하도록 하는 큰 장점을 지니고 있다고 본다. 그리고 기호학의 목적이 다양한 개별 담화를 공통적으로 다룰 수 있는 보편적인 틀을 제공하는 데 있는 만큼, 문학 이외에도 사회과학, 법률, 신학, 음악, 회화, 영화, 광고 등 복합 메시지 분석에도 적용 가능성이 있다고 생각한다.

정념 기호학은 서사 기호학이 연구 대상에서 배제한 무정형 연속적 상태를 연구 대상으로 채택하였다. 그레마스는 퐁타닐과 더불어 불연속적 상태가 되기 이전 무정형 연속체 분석을 시도하였으며, 이것이 선조건 층위이다. 새로이 정립된 선조건 층위는 감각의 분리 이전에 존재하는 느낌의 근원적 층을 나타낸다고 할 수 있다. 느낌을 통해 형성되는 주관과 객관은 아직 구분되지 않으며, 선주체와 선대상이 합해진 혼융의 상태이다. 느낌의 세계는 인간이 더 이상 거슬러 올라갈 수 없는 원초적인 사실이고 거기서부터 모든 가능성이 시작된다는 것이다. 그래서 정념 기호학에 대한 연구는 서사 기호학에서는 드러낼 수 없었던 인간의 심상을 독특한 방식으로 분석할 수 있게 할 뿐 아니라, 개별 텍스트에 나타나는 정념을 과학적이고 체계적으로 분석하여 보다 폭넓은 텍스트 이해에 도달하게 할 수 있다고 본다.

정념 도식 5단계를 이효석의 『화분』과 줄리앙 그린의 『인간이라는 괴물』에 적용하였는데 한계를 도출할 수 없었고, 이는 정념 도식이 보편적인 구조라고 설명될 수 있다. 이것은 다양한 텍스트를 분석하는 데 유용하게 활용될 수 있는 도구라 할 수 있으며, 감성 문화 콘텐츠 제작에도 응용될 수 있으리라 생각한다.

그레마스와 퐁타닐은 이야기에서 보편적으로 나타나는 정념을 찾으면서 특히 질투에 주목하게 되었다. 문학 텍스트에 공통적으로 나타나는 질투에 내재하는 불변 요소를 중심으로 질투를 분석하는 개념 장치와 도구를 정립하여 논리성이 없는 것 같은 질투에 질서를 부여하였다. 질투를 분석하기 위해 보다 효과적인 설명 체계를 모색하게 되었고, 텍스트에 드러나는 복합적인 정념 현상에 적용 가능한 모델을 정립하였다.

『황토기』, 『감자』, 『고해성사』, 『적과 흑』을 주인공의 질투에 초점을 맞춰 정념 기호학이라는 새로운 시각으로 작품을 조명해 보았다. 질투의 근원과 질투자의 악마적 본성에 대해 통찰하고자 하였으며, 이를 통해 질투가 조절 가능한 정념이 될 수 있기를 기대하였다. 김동리, 김동인, 모파상, 스탕달의 작품은 문학 작품 가운데 다양한 분석과 평가 방식을 도입할 수 있는 가능성이 무한하다고 생각한다. 문학 읽기에 있어 다원적 접근이 부족한 시점에 정념의 기호학적 방법론으로 작품을 새롭게 조명해 본 데 의의가 있다고 본다.

정념 기호학의 목표가 담화를 지배하는 정념의 원리, 규칙성을 규명하는 것이므로 문학적 랑그를 찾는 것이 목표라 할 수 있다. 규칙성을 찾고 텍스트를 분석한 결과 동일한 구조의 추출과 반복이었다. 그러나 이같은 동일한 구조는 진정한 구조로서의 가치와 생명력을 지니는 것이라 말할 수 있다. 본 저서는 여러 작품에 분석 도구를 적용하여 유효성과 가능성을 입증하였고, 분석 도구가 구조로서의 가치와 생명력을 지니는 것임을 규명하였다.

이처럼 문학 텍스트를 분석하면서, 랑그와 파롤 중 잠재적인 랑그만을 분석 대상으로 한 소쉬르의 주장에는 일치하면서도, 텍스트마다 상이한 방식으로 발현되는 모습인 파롤에 대한 연구를 간과한 구조주의 패러다임의 한계를 볼 수 있었다. 이제는 텍스트에 나타난 보편적 구조뿐 아니라, 각 텍스트마다 지니고 있는 개별적 구조의 연구에도 시선을 돌려야 할 것이다. 물론 오늘날 이런 연구가 시도되고 있는 것이 사실이지만, 이 연구는 소쉬르의 구조주의 패러다임을 전복하는 것이 아니라 이를 보완하는 연구가 되어야 하리라 생각한다.

정념 기호학 이론은 주요 연구의 중심이,

첫째는 분류학에서 통사론으로 이동이다. 정념의 분류학은 각 문화에 따라 다르고, 통사론만이 그 보편성을 주장할 수 있으므로, 통사적 방식을 택하게 된다.

둘째는 통사론에서 양태화로 이동이다. 서사 통사론이 부분적으로 양태 통사론이 되면서, 양태화는 정념 기호학에서 정념 효과의 기반을 보증하는 것이 된다.

셋째는 양태화에서 상화로 이동인데, 이때부터 주체의 양태 정체성이 정념의 유형을 특징짓는 상적, 리듬적 자질로 중첩 한정되는 것으로 고찰되기 시작한다.

넷째는 상화에서 강도로 이동이다. 담화에서 정념의 현상은 결국 강도를 조절하는 것으로 파악되기 시작한다. 이와 같이 이 연구의 중심은 서사 통사론에서 양태 통사론과 긴장 통사론으로 이동한 것으로 간주될 수 있다.

정념 기호학의 활용적 측면에서 보면, 이 이론은 특히 심리학, 정신분석학 등과 학제 간 연구를 할 수 있으며, 무엇보다도 심리학의 대화요법으로 정신 문제를 해결하는데 도움이 되고 있다. 실제로 프랑스에서는 치매나 우울증 환자와의 인터뷰를 통해 정념 기호학 이론을 이용한 병리학 논문이 발표되었다. 이 논문에서는 우선 병의 징후를 도출하기 위한 담화를 끌어내기 위해 환자와 인터뷰를 한 후, 이 담화를 기호학적으로 분석하여 병의 원인을 알아내고 이를 해결하는 방식이다. 이밖에 광고 기호학에서도 인간의 심리를 세심하게 분석하는 정념 기호학이 응용되고 있으며, 퐁타닐과 질베르베르그는 이 이론을 발전시켜 일반 회사에서 직원들의 업무 능력 개발, 사기 진작 등에 응용하고 있다.

“한국문학에서 기호학의 가능성은 무궁무진하며, 기호학 이론이 비교적 선도적으로 적용되기도 했지만, 적지 않은 논란과 오해를 가져오기도 하였다. 그 원인으로,

첫째, 한국문학 연구자들이 갖고 있는 ‘한국 중심성’으로부터 비롯된 배타성이라 할 수 있다. 연구자들은 한국문학을 연구하려면 한국에서 나온 자생적 이론이 필요하다고 하는데, 이론의 기원을 찾는 것보다는 그것의 활용성과 같은 생산적인 토론과 대화를 하는 것이 더

적합하다고 생각한다.

둘째, 기호학은 대상을 도식화한다는 선입견인데, 기호학이 과정을 중시하고 여러 도식이 활용되는 것을 도식화로 오해한 것이다. 도식을 만들어가는 과정은 의미가 생산되거나 읽혀지는 역동적 과정을 보여주는 것이며, 단지 도식으로 환원하는 것으로 오해해서는 안 될 것이다.

셋째, 기호학에 대한 절충적 입장이다. 기호학을 받아들이되, 기호학의 일정 부분만을 받아들인다는 입장이다. 한국문학 연구는 우리 중심주의를 해체하고 보편적인 인문학적 담론을 생산하는 소통의 장으로 나아가는 것이 바람직하다고 생각한다."[1]

퐁타닐은 1990년대 말 담화 기호학을 발표하여 기존의 불연속적 패러다임에서 벗어나 본격적으로 연속적 패러다임을 연구하였다.[2] 그래서 기존의 분석 도구, 의미 생성 행로, 서사 도식, 정념 도식, 기호 사각형과는 구별되는 다른 분석 도구, 긴장 도식, 표준 수사 도식, 현존, 변형 행위소, 위치 행위소를 마련하였다. 그는 담화를 완료되고 고정된 것으로 보지 않고, 진행 중인 관점으로 고찰하면서 기호학적 분석의 지평을 넓혔다고 할 수 있다. 이것은 또한 기호학이 문학적 담화를 특정한 발화 작용으로, 곧 하나의 문학적 파롤로 접근하는 것이라 생각한다. 이에 대한 심도있는 연구는 체계적이고 구체적인 담화 기호학이 해결해야 하는 과제라고 본다.

미주

1) 송효섭, 『기호학』, 한국문화사, 2010, 39~41쪽 참고.

2) 이런 의미에서 정념 기호학은 서사 기호학의 불연속적 패러다임에서 담화 기호학의 연속적 패러다임으로 넘어가는 과도기적 연구라고 말할 수 있다.

참고 문헌

김기국, 「문화콘텐츠의 디지털 스토리텔링을 위한 기호학적 분석 모형 구축」, 『기호학 연구』, 제34집, 한국기호학회, 2013, 27~52쪽.

김동윤, 「'그리다'(peindre)와 '보다'(voir)의 존재론적·미학적 층위 연구 -Merleau-Ponty와 Cézanne을 중심으로」, 『기호학 연구』, 제39집, 한국기호학회, 2014, 243~273쪽.

김성도, 『구조에서 감성으로』, 고려대학교 출판부, 2002.

______, 『기호, 리듬, 우주』, 인간사랑, 2007.

김영순·오장근, 『광고 텍스트 읽기의 즐거움』, 연극과 인간, 2004.

김운찬, 『현대 기호학과 문화 분석』, 열린 책들, 2005.

김춘미, 『김동인 연구』, 고려대학교 민족문학연구소, 1985.

김치수, 「비극의 미학과 개인의 한」, in 『박경리 -한국 문학의 현대적 해석 8-(조남현 편)』, 서강대학교 출판부, 1996.

박인철, 「정념의 기호학 연구 서설」, 『불어불문학 연구』, Vol. 50, 한국불어불문학회, 2002, 175~204쪽.

______, 『파리학파의 기호학』, 민음사, 2003.

______, 「정념의 근원」, 『탈경계 인문학』, 제3권 3호, 이화여자대학교 이화인문과학원, 2010, 121~156쪽.

박일우, 「'보이는 것의 기호학' 연구 서설」, 『기호학 연구』, 제28집, 한국기호학회, 2010, 107~132쪽.

백선기,『영화, 그 기호학적 해석의 즐거움』, 커뮤니케이션북스, 2010.
______,「영화에서 표출된 정념의 기호와 그 함축적 의미」,『기호학 연구』, 제28집, 한국기호학회, 2010, 135~170쪽.
백승국,「이문열의 소설 "시인"의 정념적 세계」,『어문논총』, 제14집, 1999.
______,『문화기호학과 문화콘텐츠』, 다할 미디어, 2004.
백승국, 이혜지, 김강석,「감성문화콘텐츠의 정념 기호학적 고찰」,『기호학 연구』, 제35집, 한국기호학회, 2013, 122~144쪽.
서정철,『기호에서 텍스트로』, 민음사, 1998.
송치만,「의미생성행로의 층위 전환 문제 연구」,『기호학 연구』, 제31집, 한국기호학회, 2012, 181~199쪽.
송효섭,『해체의 설화학』, 서강대학교 출판부, 2009.
______,『기호학』(한국문학이론과 비평총서 1), 한국문화사, 2010.
이상옥,『이효석의 삶과 문학』, 집문당, 2004.
장문정,『메를로 뽕띠의 살의 기호학』, 한국학술정보, 2005.
최용호,「가시성의 기호학과 빛의 세미오시스 -벨라스케스의 <시녀들>에 대한 푸코의 분석을 중심으로-」,『기호학 연구』, 제36집, 한국기호학회, 2013, 257~279쪽.
홍정표,「양태 이론 고찰」,『불어불문학 연구』, 제37집, 한국불어불문학회, 1998 가을, 839~851쪽.
______,「김동인의 단편 소설『배따라기』에 나타난 정념의 기호학적 분석」,『기호학 연구』, 제20집, 한국기호학회, 2006, 285~344쪽.
______,「김동리의 단편 소설『황토기』에 나타난 질투의 기호학적 분석」,『기호학 연구』, 제22집, 한국기호학회, 2007, 383~432쪽.
______,「그레마스 기호학에서 '정념 도식'의 적용과 한계」,『기호학 연구』, 제24집, 한국기호학회, 2008, 457~486쪽.

______, 「박경리의 『표류도』에 나타난 정념의 기호학적 분석」, 『기호학 연구』, 제26집, 한국기호학회, 2009, 403~437쪽.
______, 「정념의 기호학과 담화 기호학의 상 호보완적 고찰」, 『기호학 연구』, 제28집, 한국기호학회, 2010, 283~319쪽.

Adam J.-M., *Le récit*, Paris: PUF, 1984.
Alain, *Propos sur le bonheur*, Gallimard, 1928.
______, *Sentiments, passions et signes*, Gallimard, 1935.
Arrivé M., *Linguistique et psychanalyse*, Klincksieck, 1987. (최용호 옮김, 『언어학과 정신분석학』, 인간사랑, 1992)
Barthes R., *Fragments d'un discours amoureux*, Seuil, 1977. (김희영 옮김, 『사랑의 단상』, 문학과 지성사, 1991)
Benveniste E., *Problèmes de linguistique générale 1 et 2*, Paris, Gallimard, 1966, 1974.
Bertrand D., "L'énonciation passionnelle. Etude de cas", in *Bulletin*, 39, 1986.
______, *Analyse Sémiotique littéraire*, Nathan Université, 2002.
Castellana M., "La peur et l'invisible", in *Nouveaux Actes Sémiotiques*, Université de Limoges, 1998.
Copleston F., *The British Philosophers : Hobbes to Hume*, The Newman Presse, 1959. (이재영 옮김, 『영국 경험론』, 서광사, 1991)
Coquet J.-C., *Sémiotique : L'école de Paris*, Hachette, 1982.
______, *Le discours et son sujet I*, Klincksieck, 1984.
______, *La quête du sens*, PUF, 1997.
______, *Phusis et Logos*, Presses universitaires de Vincennes, 2007.

Courtés J., *Introduction à la sémiotique narrative et discursive*, Hachette, 1975.

_____, *Sémantique de l'énoncé : applications pratiques*, Paris: Hachette, 1989.

_____, *L'analyse sémiotique du discours*, Paris: Hachette, 1991.

Descartes, *Les passions de l'âme*, GF Flammarion, Paris, 1996.

Dictionnaire, *Les Notions Philosophiques*, PUF, 1990.

Dosse F., *Histoire du structuralisme I*, La Decouverte, 1991.

Dubois J., *Dictionnaire de linguistique*, Larousse, 1973.

Ducrot O. & Todorov T., *Dictionnaire encyclopédique des sciences du langage*, Seuil, 1972.

Everaert-desmedt N., *Sémiotique du récit, Bruxelles*: de Boeck, 1987.

Fontanille J., "Le désespoir", *Actes sémiotiques - Documents, II, 16,* 1980.

_____, "Pour une topique narrative anthropomorphe", in *Actes Sémiotiques-Documents, VI, 57,* 1984.

_____, *Les points de vue dans le discours,* thèse de doctorat d'état, Université de Paris III, vol. 2, 1984.

_____, "Sémiotique et médecine", *Association Française de Psychiatrie*, 1985

_____, "Le tumulte modal", *Actes Sémiotiques* XI, 39, 1986.

_____, *Le savoir partagé*, Amsterdam Hadès - Benjamins, 1987.

_____, "Les passions de l'asthme", *Nouveaux Actes Sémiotiques*, n°6, Limoges: Pulim, 1989.

_____, *Les espaces subjectifs. Introduction à la sémiotique de l'observateur*, Paris: Hachette, 1990.

_____, (dir), "Les formes de vie", in *RS/SI* 13, n.1-2, 1993.

_____, "Le schéma des passions", in *Protée*, Québec. Vol. 21, 1993.

_____, "Le schéma de la peur dans le voyage au bout de la nuit de Céline", *Journal International Semiotica*, 1993.

_____, "Modalisation et modulation passionnelles", *Revue Internationale de Philosophie*, n°3, 『Les passions』, Bruxelles- - Paris, 1995.

_____, "La base perceptive de la sémiotique", in *Degrés 81*, 1995.

_____, *Sémiotique du visible. Des mondes de lumière*, coll. 『For mes sémiotiques』, Paris : PUF, 1996.

_____, "Le tempo de l'échange: inceste, véridiction, et passion de l'échange", in éd. P. Oullet, *Action, passion, cognition,* Montréal : Nuit Blanche éditeur, 1997.

_____, *Sémiotique du discours,* Limoges : PULIM, 1999.

_____, *Sémiotique et littérature*: Essais de méthode, Paris: PUF, 1999. (김치수, 장인봉 옮김,『기호학과 문학』, 이화여자대학교 출판부, 2003)

_____, Soma *et Séma: figures du corps*, Maisonneuve & Larose.

_____, "Sémiotique des passions", in Anne Hénault, *Questions de sémiotique*, PUF, 2002.

_____, "Modes du sensible et syntaxe figurative", *Nouveaux Actes Sémiotiques*, Limoges, PULIM, 2001.

Fontanille J. & Zilberberg Cl., "La valeur", in *Nouveaux Actes Sémiotiques*, Limoges : PULIM, 1996.

_______________, *Tension et signification*, Mardaga, 1998.

Geninasca J., *La parole littéraire*, PUF, 1997.

Greimas A. J., *Sémantique structurale*, Paris: Larousse, 1966.

______, *Du sens*, Paris : Seuil, 1970.

______, *Essais de sémiotique poétique*, Paris: Larousse, 1972.

______, Un problème de sémiotique narrative; les objets de valeur, *Langages*, n°31, 1973(a).

______, Les actants, les acteurs et les figures, *Sémiotique narrative et textuelle*, Paris: Larousse, 1973(b).

______, *Sémiotique et sciences sociales*, Paris: Seuil, 1976.

______, *Maupassant, la sémiotique du texte: exercices pratiques*, Paris: Seuil, 1976.

______, *Du sens II-Essais sémiotiques*, Paris: Seuil, 1983. (김성도 옮김, 『의미에 관하여』, 인간사랑, 1997)

______, *De l'imperfection*, Périgueux : Pierre Fanlac, 1987.

Greimas A. J. & Courtés J., *Sémiotique, Dictionnaire raisonné de la théorie du langage*, Hachette, tome 1, 1979; tome 2, 1986.

Greimas A. J. & Fontanille J., *Sémiotique des passions ; Des états de choses aux états d'âme*, Paris: Seuil, 1991. (유기환, 최용호, 신정아 옮김,『정념의 기호학』, 강, 2014)

Groupe d'Entrevernes, *Analyse sémiotique des textes*, Presses universitaires de Lyon, 1988.

Hénault A., *Les enjeux de la sémiotique*, Paris: PUF, 1979. (홍정표 옮김 『기호학으로의 초대』, 어문학사, 1997)

______, *Narratologie* - Sémiotique générale, Paris: PUF, 1983. (홍정표 옮김,『서사, 일반 기호학』, 문학과 지성사, 2003)

______, "Structures aspectuelles du rôle passionnel", in : *Bulletin*, 39, 1986.

_____, *Histoire de la sémiotique*, coll. Que sais-je?, Paris: PUF, 1992. (박인철 옮김,『기호학사』, 한길사, 2000)

_____, *Le pouvoir comme passion*, coll. Formes sémiotiques, Paris: PUF, 1994.

Hjelmslev L., *Prolégomènes à une théorie du langage*, Paris: Minuit, 1971.

_____, *Nouveaux essais*, Paris: PUF, 1985.

Lalande A., *Vocabulaire technique* et critique de la philosophie, PUF, 1960

Landowski, E., *La société réfléchie*, Paris: Seuil, 1989.

Lévi-Strauss C., *De près et de loin*, Odile Jacob, 1988. (송태현 옮김,『가까이 그리고 멀리서』, 강, 2003)

Littré E., *Dictionnaire de la langue française Tome 4*, Gallimard Hachette, 1964.

Lyons J., *Sémantique linguistique*, Larousse, 1980.

Merleau-Ponty, *La structure du comportement*, Paris: PUF, 1942. (김웅권 옮김,『행동의 구조』, 동문선, 2008)

_____, *Phénoménologie de la perception*, Paris: Gallimard, 1976. (류의근 옮김,『지각의 현상학』, 문학과 지성사, 2002)

Nef F., *Structures élémentaires de la signification*, Complexe-PUF, 1976.

Parret H., *Les passions, Essai sur la mise en discours de la subjectivité*, Pierre Mardaga éditeur, 1986.

Petitot J.,, J., *Morphogenèse du sens I*, Paris: PUF, 1985.

Piaget J., *Le structuralisme*, Paris: PUF, 1968.

Propp V., *Morphologie du conte*, coll. Points, Paris: Seuil, 1970. (황

인덕 옮김, 『민담의 형태론』, 예림기획, 1998)

Rastier F., *Sémantique interprétative*, Paris: PUF, 1987.

_____, *Sens et textualité*, Paris: Hachette, 1989.

_____, *Sémiotique et recherches cognitives*, coll. 『Formes sémiotiques』, Paris: PUF, 1991.

_____, *Une introduction aux sciences de la culture*, Paris: PUF, 2002.

Rengstorf M., "Pour une quatrième modalité narrative", Langage 43, 1976.

Ricoeur P., "La grammaire narrative de Greimas", *Actes sémiotiques - Documents*, n°15, 1980.

_____, *Temps et récit I*, Paris: Seuil, 1983. (김한식, 이경래 옮김, 『시간과 이야기』, 문학과 지성사, 1999)

_____, *Temps et récit II*, Paris: Seuil, 1984. (김한식, 이경래 옮김, 『시간과 이야기』, 문학과 지성사, 2000)

Saussure F., *Cours de linguistique générale*, Paris: Payot, 1955.

Schleifer R., A. J. *Greimas and the nature of meaning*, University of Nebraska Press, 1987.

Tutescu M., *Précis de sémantique française*, Paris: Klincksieck, 1975.

Zilberberg Cl., *Essai sur les modalités tensives*, Amsterdam: John Benjamins, 1981.

_____, *Raison et poétique du sens*, Paris : PUF, 1988.

_____, "Modalités et pensée modale", *Nouveaux actes sémiotiques*, n°3, Pulim, Université de Limoges, 1989.

인용된 텍스트

김동리, 『황토기』, in 『무녀도 외』, 소담출판사, 2001.

김동인, 『감자, 배따라기』, 문학창조사, 2003.

나도향, 『물레방아』, 범우소설문고, 1976.

박경리, 『재귀열』, in 『박경리 문학 전집 10, 환상의 시기(중편집)』, 지식산업사. 1980.

_____, 『표류도』, 나남출판, 2000.

박종화, 『금삼의 피』, 민중서관, 1958.

이효석, 『화분』, 정음사, 1974.

Charles-Louis Philippe, "La rencontre", in *Les contes du matin*, Gallimard, 1916.

François Coppée, "Fille de tristesse", in *Contes Choisies*, Shina-sa, 1973.

Gérard de Nerval, "Les filles du feu" in *Oeuvres de Gérard de Nerval I*, Gallimard, 1966.

Guy de Maupassant, "La confession", in *Contes et Nouvelles*, Gallimard, 1944.

Julien Green, *Léviathan*, Plon, 1946.

Stendhal, *Le rouge et le noir*, Livre de poche, 1983.

색인

인명

ㅌ

ㅍ

ㅎ

일반

ㄱ

ㄴ

ㄷ

ㅅ

ㅇ

ㅈ

ㅊ

ㅋ

ㅌ

ㅍ

ㅎ

정념 기호학

문학 텍스트에 나타난 희로애락

초판 인쇄 2014년 8월 22일
초판 발행 2014년 8월 29일

지은이 홍 정 표
발행인 김 인 철
발행처 한국외국어대학교 출판부
130-791 서울특별시 동대문구 이문로 107
전화 02)2173-2495~7
팩스 02)2173-3363
홈페이지 http://press.hufs.ac.kr
전자우편 press@hufs.ac.kr
출판등록 제6-6호(1969. 4. 30)
디자인 · 편집 (주)이환디앤비 02)2254-4301
인쇄 · 제본 현문자현 031)902-1424

ISBN 978-89-7464-938-8 93170 정가 20,000원

*잘못된 책은 교환하여 드립니다.

HUEBOOKS는 한국외국어대학교출판부의 인문학도서 Sub Brand이다. 한국외대의 영문명인 HUFS, 사람을 위하는 Humanism, 교육의 Education, 색조의 Hue의 다의적인 뜻으로 해석할 수 있으며, 인문학도서 출판에 대한 의지가 담겨있다.